이방인이 기록한
전후 한국, 영화

시어도어 코넌트
컬렉션

이방인이 기록한 전후 한국, 영화

한국영상자료원 한국영화사연구소 엮음

Korean Film Archive
한국영상자료원

일러두기

1. 이 책에 수록된 사진은 한국영상자료원이 시어도어 코넌트로부터 직접 기증받은 사진과 그가 컬럼비아대학교 동아시아도서관에 기증한 사진을 디지털 복사 수집한 것으로, 사진 원본의 소장처는 다음과 같습니다. 뉴욕 컬럼비아대학교 컬럼비아대학교도서관, C.V. 스타 동아시아도서관, 시어도어 코넌트 컬렉션(Theodore Conant Colletion, C.V. Starr Library, Columbia University Libraries, Columbia University in the City of New York).

2. 이 책에 표기된 영상의 제목은 수집 당시의 영문 제명을 그대로 사용하는 것을 원칙으로 하되, 필요한 경우 우리말로 번역하고 최초 언급 시 수집 당시의 제명을 병기하였습니다.

3. 한국영상자료원 소장 시어도어 코넌트 영상 컬렉션의 일부는 2011년~2014년까지 한국학중앙연구원의 지원으로 고려대학교 한국사연구소 역사영상융합연구팀과 공동으로 복사 수집한 것으로, 책 2부 3장에 수록된 「부록 4: 소장 영상 목록」은 고려대학교 한국사연구소 역사영상융합연구팀이 작성한 내용을 바탕으로 단행본의 성격에 맞추어 정리한 것입니다.

4. 책의 기획과 구성은 한국영상자료원 한국영화사연구소가 진행하였으며, 책임 편집은 한국영화사연구소 연구원 이지윤이 맡았습니다. 책의 1·2부에 수록된 해제 원고 등에서 필요한 경우 편집자 주를 추가하였으며, 저자의 주와 편집자의 주를 구분하기 위해 후자의 경우에는 주석 내용의 끝에 '편집자'라 명기했습니다.

5. 1부에 수록된 시어도어 코넌트 구술 채록 정리는 김희윤(한국영상자료원 객원연구원, UCLA 박사과정 수료)이, 2부에 수록된 문서 및 사진 선별은 이길성(한국영상자료원 객원연구원, 중앙대학교 강사)이, 영상 컬렉션 목록 정리는 박선영(고려대학교 한국사연구소 연구교수)과 이지윤(한국영상자료원 한국영화사연구소 연구원)이, 소장 문서 번역은 전민성(영화연구자)과 이지윤이 맡았습니다.

6. 맞춤법과 띄어쓰기는 "한글 맞춤법"을 따랐습니다. 또한 영화 등의 작품명은 〈 〉, 노래 및 기사 제목은 " ", 신문과 잡지명은 《 》, 논문은 「 」, 단행본은 『 』로 표기하였습니다.

발간사

올해 한국영상자료원이 연구 도서를 기획하며 가장 크게 고민했던 것은 '자료원'이라는 특수성을 도서에 접목시키는 것이었습니다. 자료를 수집하고 보존하고 복원하는 '자료원'의 소임은 궁극적으로 동시대와 후대 국민들이 그 자료를 활용토록 하는 데 있습니다. 그리하여 우리는 자료를 더욱 폭넓게 공유하고 그 가치를 함께 만들어가기 위해 그간 수집해온 자료들을 정리하여 도서로 엮기로 했습니다.

그 첫걸음으로 우리는 '시어도어 코넌트 컬렉션'을 선택했습니다. 1950년대 초에 유엔 한국재건단 영화팀 소속으로 한국에 와 1960년 여름경 미국으로 돌아갈 때까지 시어도어 코넌트 씨가 기록하고 모은 각종 자료들은 1950년대 한국영화 관련 자료들이 부족한 지금 상황에서 귀중한 사료가 될 것이라 판단했기 때문입니다.

이러한 작업이 결코 짧은 시간 동안에 이뤄질 수 없는 것이기에, 이번 자료집을 기획·발간하는 데 참여하신 많은 선생님들의 노고는 더욱 값진 것이었습니다. 시어도어 코넌트 컬렉션에 대해 고증에 고증을 거치며 많은 수고를 해주신 연구원들을 비롯한 필자, 번역자 선생님께 진심으로 감사의 말씀 드립니다.

자료집 발간을 위한 막바지 작업에 매진하던 시점에 우리는 뒤늦게 슬픈 소식을 들었습니다. 시어도어 코넌트 씨가 10월 14일, 작고하셨다는 소식이었습니다. 이 자료집은 그가 생존 당시에 진행되었던 마지막 작업이 된 셈입니다. 그가 한국이라는 머나먼 타지에서 보낸 시간, 그의 한국사회와 영화에 대한 열정에 감사하며 삼가 고인의 명복을 빕니다.

한국영상자료원장

류재림

서문

한국영상자료원은 단순히 한국영화 필름뿐 아니라 방대한 분량의 포스터, 스틸 사진, 시나리오, 소품, 도서, 문서, 기타 자료들을 수집하여 보존하고 있다. 어떤 자료들은 여러 경로로 공개되어 활용되고 있지만, 어떤 자료들은 수집 이후 제대로 관심을 받지 못한 채 수장고에 잠들어 있기도 하다. 그간 한국영상자료원은 원로영화인 구술 채록, 각종 도서와 자료집을 통해 한국영화사의 사료를 발굴·공개해왔지만 정작 기왕에 자료원이 수집한 자료들을 제대로 연구하고 공개하지는 못했던 것이 사실이다. 자기 집안의 보물을 몰라본 셈이랄까. 이 책은 그러한 반성의 소산이다.

시어도어 코넌트(Theodore Richards Conant)는 1950년대 한국에서 활동한 영화인이다. 1952년 방한한 그는 유엔 한국재건단(United Nations Korean Reconstruction Agency: UNKRA, 운크라) 소속으로 이형표를 비롯한 한국의 영화인들과 깊은 교분을 쌓았고, 〈고집〉과 〈위기의 아이들〉 등의 영화를 만들었다. 또한 한국 정부, 유네스코와 운크라가 공동으로 설립한 신생활교육원에서 시청각 교육을 가르쳤고, 1958년 미 국무부와 시라큐스대학 간의 계약에 의해 영화 제작과 녹음 기술자 자격으로 초빙되어 대한민국 공보실의 영화 인력 양성과 기술 향상을 위해 일하다 1960년 중반 무렵, 미국으로 돌아갔다.

코넌트의 존재와 그의 활동은 이형표, 박익순, 이성철 등 일부 영화인들의 구술에서 간략하게 언급되지만, 특별한 자료나 정보는 없는 실정이었다. 2009년 한국영상자료원은 프린스턴대학교의 스티브 정 교수를 통해 코넌트가 컬럼비아대학교에 자신의 자료를 기증했다는 소식을 접하고, 당시 한국영상자료원 직원이었던 최소원, 김한상 두 분이 직접 그를 만나 인터뷰를 진행하는 한편 대학 측의 협조로 2015년까지 그의 자료를 단계적으로 수집해왔다. 문서, 사진, 영상 등 다양한 자료가 수집되었는데 그중 일부 영상 자료는 고려대학교 한국사연구소와의 협업 프로젝트의 일환으로 수집되었다.

최근, 해방 이후 1950년대까지(혹은 그 이후까지) 한국영화사의 토대 형성에 미국이 미친 영향에 대한 관심이 높아지고 있다. 나아가 이 주제는 단순히 한국영화사라는 좁은 범위를 넘어 한국사회·문화사, 당대 세계적인 규모로 진행되었던 냉전의 역사로까지 확장될 수 있다. 이에 따라 국제적 규모의 비교연구 역시 활발해지고 있는 실정이다. 그럼에도 실제 연구를 수행할 수 있는 국내 자료는 미비하거나, 이제 수집·조사의 단계에 머무르고 있는 것이 사실이다.

이 책은 그래서 의미가 있다. 물론 코넌트가 미국 정부를 대리하여 한국영화 정책이나 산업에 큰 영향을 미쳤거나 한국영화사에 길이 남을 압도적으로 중요한 공헌을 한 인물이라 보기 어려울지도 모른다. 그러나 그의 행로와 그가 남긴 자료들은 당시 한국과 미국의 문화적(영화적) 관계, 미국의 한국영화계에 대한 영향을 짐작할 수 있는 중요한 원천이 된다. 이 책을 통해 한국영화사, 한미관계사의 미시 영역에 대한 연구가 보다 진전되기를 기대한다.

이 도서가 출간되기까지 한국영상자료원 안팎 많은 분들의 수고와 도움이 있었다. 자료를 기꺼이 기증해주신 시어도어 코넌트 씨와 부인 엘러노어 코넌트 씨, 자료의 소재를 알려주신 스티브 정 교수님, 자료 제공의 번거로운 업무를 기꺼이 맡아주신 컬럼비아대학교 한국학 담당 사서 신희숙 선생님, 영상 수집과 카탈로깅을 함께 해주신 고려대학교 한국사연구소의 연구원들과 허은 교수님, 책의 기획 단계에서부터 큰 도움을 주시고 기꺼이 필자로도 참여해주신 이길성, 박선영, 김희윤 선생님, 소장 문서를 번역해주신 전민성 선생님께 감사드린다.

필자들을 대신하여
한국영화사연구소 연구부장 조준형

시어도어 코넌트 컬렉션 수집 과정

최영진 | 한국영상자료원 수집부 해외수집 코디네이터

한국영상자료원이 시어도어 코넌트 소장 자료 수집을 추진하기 시작한 지 어언 6년이 되었다. 2009년, 한국영상자료원은 시어도어 코넌트가 한국 관련 영상 자료를 소장하고 있다는 소식을 접수하고, 그해 11월, 미국 컬럼비아대학교 동아시아도서관과 그의 자택을 방문해 도서관에 기증되어 있는 '시어도어 코넌트 컬렉션' 및 그가 소장하고 있는 필름, 사진, 문서 자료 등을 확인하고 이에 대한 수집 협의를 진행했다. 또한 1950년대 영화사 연구를 위한 기초 사료 구축을 위해, 11월 26일부터 27일까지 양일간 시어도어 코넌트 구술 채록을 진행하였다. 그 결과, 한국영상자료원은 시어도어 코넌트로부터 기록영화 〈위기의 아이들 *Children in Crisis*〉(1955) 35mm 프린트 1벌과 운크라의 영화 제작 현장 및 작품 스틸, 공보실 영화제작소 사진 등 193건 206점(복본 13점 포함), 영화 제작 및 한국 내 활동 관련 문서 101건을 기증받았다.

이후 2010년, 한국영상자료원은 컬럼비아대학교 동아시아도서관 소장 '시어도어 코넌트 컬렉션' 기록영상물 복사 수집을 위해 동아시아도서관과 양해각서를 체결하였다. 그 결과 2011년, 1차로 김기영 감독이 연출한 문화영화 〈나는 트럭이다 *I'm a Truck*〉(1953)와 신상옥 감독이 편집 연습용으로 제작한 〈나쁜녀석 *Bad Boy*〉(제작연도 미상)을 각각 16mm 듀프 네거티브(DN)와 상영 프린트(RP)로, 그 밖의 11편을 HDCAM 테이프로 복사 수집하였다. 그해 2차 수집으로 시어도어 코넌트로부터 유엔 공보국 제작 다큐멘터리 〈긴 여정 *The Long Journey*〉(1954)의 35mm RP 3권, 미 공보원 제작 뉴스릴인 〈영화통신: 판문점의 상병포로 교환 *Operation Little Switch (Screen Report)*〉(1953년 추정) 16mm RP 1권, 기록영화 〈이상범 *Yi Song-bun*〉(제작연도 미상) 16mm RP 1권을 기증받았다. 한편 한국영상자료원은 2011년 말부터 2014년까지 고려대학교 한국사연구소 역사영상융합연구팀과 해외 소재 한국 기록영상물 수집에 대한 협력 사업(한국학중앙연구원 지원)을 진행하였고, 그 과정에서 컬럼비아대학교 동아시아도서관에 소장되어 있는 시어도어 코넌트 영상 컬렉션을 추가 복사 수집[2013년 43편

(HDCAM 25점), 2014년 13편(HDCAM 14점)]하였다.

현재 한국영상자료원은 컬럼비아대학교 동아시아도서관에 소장된 '시어도어 코넌트 사진 컬렉션' 1,309점의 사진 자료에 대한 디지털 복사 수집을 진행 중이다. 이 중 일부인 371건 374점(복본 3점 포함)은 이미 디지털 복사 수집을 완료하여(나머지 사진 자료들은 올 연말까지 복사 수집할 계획이다), 2009년 기 수집한 사진과 이번에 수집한 사진 중 특별한 주목이 필요한 사진들을 일부 선별하여 이 책에 수록하였다.

한국영상자료원이 수집한 시어도어 코넌트 영상 컬렉션 중 2009년과 2011년 수집분은 현재 한국영상자료원 영상도서관에서 열람할 수 있으며(이 중 김기영 감독의 〈나는 트럭이다〉는 한국영상자료원이 2014년 출시한 〈하녀〉(1960) 블루레이에 부가영상으로 수록되어 있다), 고려대학교 한국사연구소와 함께 2011년 말부터 수집한 영상은 연구 목적에 한해 추후 공개할 예정이다. 이 책에 수록된 문서·사진 자료 외의 전체 컬렉션 역시 향후 온라인 서비스를 통해 공개할 예정이다.

시어도어 코넌트 컬렉션 수집 경과 및 현황

수집연도	유형	목록	수집포맷	수집처
2009	문서	한국 내 활동 관련 문서 등 101건	디지털 파일	시어도어 코넌트
	사진	영화 스틸 및 현장 사진 등 193건 206점(복본 13점 포함)	디지털 파일	
	영상	〈위기의 아이들 *Children in Crisis*〉	35mm RP	
2011	영상	〈나는 트럭이다 *I'm a Truck*〉	16mm DN/RP	컬럼비아대학교 동아시아도서관
		〈나쁜 녀석 *Bad Boy*〉	16mm DN/RP	
		〈한국의 퀘이커 *With the Quakers in Korea*〉 포함 11편	HDCAM	
		〈긴 여정 *The Long Journey*〉	35mm RP	시어도어 코넌트
		〈이상범 *Yi Song-Bun*〉	16mm RP	
		〈영화통신: 판문점의 상병포로 교환 *Operation Little Switch(Screen Report)*〉	16mm RP	
2013 ~ 2014	영상	〈한국의 예술가 *Korean Artist*〉 포함 56편	HDCAM	컬럼비아대학교 동아시아도서관 (고려대학교 한 국사연구소 공동)
2015.08	사진	영화 스틸 및 현장 사진 등 371건 374점(복본 3점 포함)	디지털 파일	컬럼비아대학교 동아시아도서관
진행 중	사진	한국전쟁, 한국사회·문화 관련 사진 등 935점	디지털 파일	컬럼비아대학교 동아시아도서관

차례

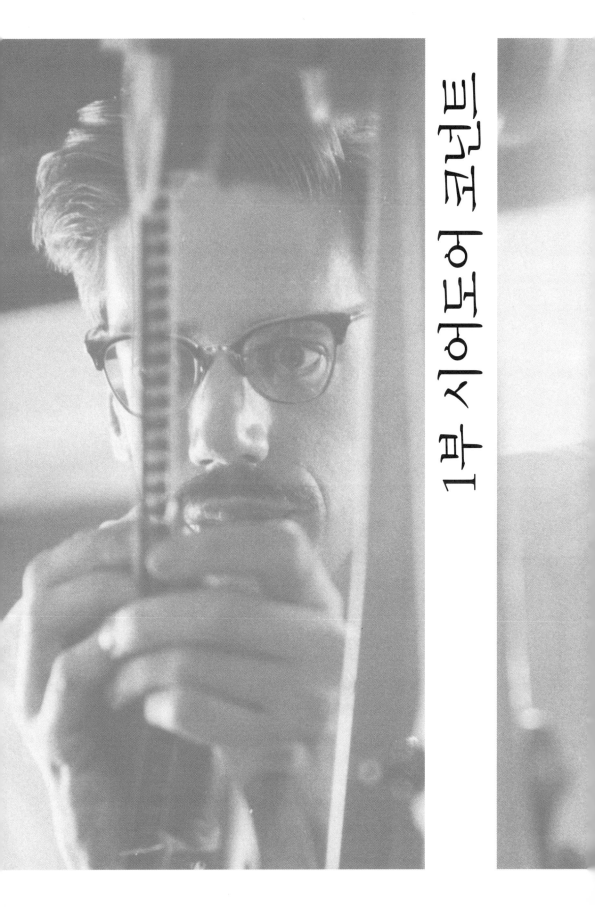

1부 시어도어 코넘트

시어도어 코넌트 Theodore Richards Conant (1926~2015)

시어도어 코넌트(테드 코넌트)는 1926년 7월 13일 케임브리지, 매사추세츠 주에서 유기화학자인 제임스 코넌트와 그레이스 리처드 코넌트의 둘째 아들로 태어났다. 영화와 사운드 녹음에 관심이 많아, 버몬트에서 고등학교를 다니던 중에 저명한 다큐멘터리 감독 로버트 플래허티(Robert J. Flaherty)의 영화 제작에 참여하기도 했다. 제2차 세계대전이 끝날 무렵, 3년간 미국 해안경비병 상선의 라디오 교환수로 일하면서 처음으로 아시아에 가게 되었다. 전쟁에서 돌아온 뒤에는 로버트 플래허티의 〈루이지애나 스토리 Louisiana Story〉 제작에 참여했으며, 스와스모어(Swarthmore)대학을 다니는 동안에도 〈범죄 The Crime〉와 같은 아방가르드 영화들을 만들었다. 1951년 대학을 졸업하고 뉴욕에서 영화 기술자로 일하다가, 유엔(United Nations: UN)이 한국전쟁에 관한 영화를 제작하자 그 작업에 참여했다. 한국전쟁 동안 영국 BBC의 〈크리스마스 제국 Christmas Empire〉 제작에 참여하였고 1952년, 유엔, BBC의 한국 재건에 관한 라디오 프로그램 녹음을 맡게 되었다. 이후 유엔 한국재건단(The United Nations Korean Reconstruction Agency: UNKRA, 운크라)의 영화팀(Film Unit)을 맡아 이끌면서 개인적으로 한국 문화에 관한 다큐멘터리들을 만들었다. 1956년, 유네스코(The United Nations Educational, Scientific and Cultural Organization: UNESCO)와 운크라가 한국 정부와 공동으로 설립한 신생활교육원(당시의 명칭은 '한국 신생활지도자훈련원')에서 시청각 교육을 가르치면서 교육영화 프로그램과 교재를 기획했다. 1958년, 미 국무부의 국제협조처(International Cooperation Administration: ICA)와 시라큐스대학과의 계약하에 영화 제작과 녹음 기술자 자격으로 초빙되어 대한민국 공보실(Office of Public Information: OPI) 영화 인력 양성과 기술 향상을 위해 일했다. 1960년, 미국으로 돌아와 9월부터 포드재단(The Ford Foundation)에서 교육용 텔레비전 프로그램을 기획했다. 또한 몇 년간 캐나다의 국립영화제작소(National Film Board: NFB)에서 영화와 텔레비전용 영화 세 편을 제작하면서 8mm 비디오 기술을 도입하는 데 중요한 역할을 했다. 이후 보스턴에 있는 비영리기관 WGBH 교육재단(The WGBH Educational Foundation)에서 라디오와 텔레비전 프로그램을 담당했다. 1968년, CBS의 리서치 랩에서 코디네이터로 일하면서 교육영화 및 기술 개발 분야를 맡았다. 이후 슈뢰더 테크놀로지(Schroder Technology)의 기술 담당자 등을 거치며, 하버드대학교와 뉴욕대학교 등에서 영화 제작과 음향 기술을 가르쳤다.

작품 활동 연보[*]

1951   범죄 *The Crime* [공동제작 프랭크 켄실(Frank Kensill)]

1952   고집 *Ko-chip* (녹음)

한국에서의 만남 *Encounter in Korea* (녹음)

1954   긴 여정 *The Long Journey* (녹음, 운크라 제작)

※ 제6회 베를린국제영화제(1956) 경쟁부문 상영

기나긴 행보 *The Long Walk* (녹음, 유엔 라디오 제작)

1954(추정)   한국의 퀘이커 *With the Quakers in Korea* (친우봉사회 제작)

1955   한국의 예술가 *Korean Artist*

※ 제9회 에든버러국제영화제(1955) 상영

한국의 환상 *Korean Fantasy* (공동연출 이형표)

※ 제1회 마닐라국제영화제(1956) '주목할 만한 영화' 선정

위기의 아이들 *Children in Crisis* (공동연출 이형표)

※ 제5회 베를린국제영화제(1955) 상영

1955~57(추정)   바팰리 *Barpali* (미국 종교친우회 제작)

1957(추정)   춘향전 *Spring Fragrance*

1959   먼 곳의 외침 *A Far Cry* (녹음, 어린이보호기금·옥스포드 여성구제위원회 제작)

1964   미래의 아이 *The Child of the Future: How We Might Learn* (캐나다 NFB 제작)

1965   숙련된 손 *Experienced Hands* (캐나다 NFB 제작)

곤경에 처한 도시 *City Under Pressure* (캐나다 NFB 제작)

1988   한국: 알려지지 않은 전쟁 *Korea: The Unknown War* (제작 참여, 영국 템스TV 제작)

[*]   정확한 제작 시기와 크레디트를 확인할 수 없는 미완성작들은 연보에서 제외했다. 여기에 정리된 작품 중 추정 제작연도에 대해서는 2부 3장의 영상 컬렉션 해제를 참고할 것.

1장
시어도어 코넌트와 냉전 초기 한국의 영화 문화

김희윤 | 한국영상자료원 객원연구원, UCLA 박사과정 수료

한 사람의 삶을 음성과 문자 형태로 만난다는 것은 그가 살아온 시공간과 조우하는 것이다. 시어도어 코넌트는 한국전쟁 시기부터 1960년까지 약 8년간 한국에 머물렀다. 그의 삶 전체를 놓고 보면 극히 일부에 불과한 시간이었다. 그러나 그가 남긴 구술을 통해 그 시공간의 문턱을 넘을 때마다, 그 무렵이 전후 한국사, 특히 미국의 원조를 받으며 재건된 영화산업과 기술의 역사에서는 상당히 중추적인 시간임을 발견하게 된다. 이형표, 이성철, 임영 등 전후 활발히 활동했던 영화인들의 구술 채록을 통해 코넌트의 존재는 일찍부터 알려진 바 있다. 그러나 이번에 공개되는 코넌트의 구술은 최근 몇 년간 한국영상자료원 등의 구술사 연구를 통해 새로운 지형을 드러내고 있는 1950년대 전후의 영화 문화를 조금 더 폭넓게 읽어낼 수 있도록 돕는다. 특히 그는 구술을 통해 자신이 활동했던 한국전쟁 시기 유엔 한국재건단(UNKRA, 운크라)의 영화팀, 유네스코와 운크라가 한국 정부와 공동으로 설립한 신생활교육원뿐 아니라, 대한민국 공보실의 영화 인력 양성과 기술 교육을 위해 파견된 미국 영화 인력들에 대해 구체적으로 풀어내고 있다.

이 글에서 나는 시어도어 코넌트 개인의 삶에 초점을 맞추기보다 그의 삶을 전후 세계의 지정학적 맥락에 위치시키면서 그의 시공간에 접근하려고 한다. 우선 그가 유엔을 통해 한국에 첫 발을 디딘 것에 주목하며, 그의 파견이 단순히 '동양'과 '녹음 기술'에 대한 개인적 관심에서 비롯된 것이 아니라, 전후 유엔과 그 산하기관들의 프로그램 그리고 냉전의 논리에 기반을 두고 있음을 밝힐 것이다. 나아가 1950년대 중반 이후 미국의 경제적 원조가 급증하는 가운데 이루어진 코넌트의 활동에 주목함으로써, 이승만 정권의 '공보' 중심 영화 제작과 정책이 미국의 원조와 어떤 관계에 있었는지를 살펴보려고 한다. 그런 후에 1950년대 말, 코넌트를 비롯한 미국의 기술 인력이 파견되었던 '시라큐스 컨트랙트'[1]와 그가 한국을 떠나는 1960년 4·19 직후의 영화계를 살펴보면서 글을 맺고자 한다.

유엔, 유네스코, 운크라의 활동[2]

한국전쟁 당시 코넌트의 이력을 따라가다 보면, 그가 유엔 소속 기관과 부서의 경계를 넘나들며 다양한 활동을 했을 뿐 아니라 매체의 경계를 넘나들며 작업했다는 것을 확인할 수 있다. 그는 유엔 공보국(Department of Public Information: DPI) 소속 라디오와 시각매체 서비스부 영화팀(Film Unit)으로 1952년에 한국 땅을 밟았다. 그는 영화 연출뿐 아니라 판문점, 공장 등을 취재하며 사진 촬영을 맡기도 하고, 유엔 라디오 프로그램과 홍보물 등을 제작하기도 했다. 이 시기 그가 참여한 영화들은 주로 한국전쟁의 실정을 유엔 회원국들에게 알리기 위한 다큐멘터리였던 것으로 보인다. 현재 미국 컬럼비아대학교 동아시아도서관의 시어도어 코넌트 컬렉션에는 1952년과 1953년 사이에 제작된 뉴스영화들, 유엔의 한국 원조 홍보영화, 〈한국 뉴스〉 등이 소장되어 있다.[3]

미 군정기와 한국전쟁 전후의 영화 문화에 대한 최근 연구가 미 공보원(USIS)이나 국립영화제작소 같은 기관의 구체적인 활동에 초점을 맞추고 있다면, 이번에 소개되는 시어도어 코넌트의 궤적은 한미 관계를 넘어 종전 이후 유엔과 유엔 산하 기구들이 어떤 방식으로 영화와 아시아, 좀 더 구체적으로 한국에 접근했는지를 더 넓은 시각에서 보도록 이끈다. 특히 1945년 11월, 유엔 산하에 설립된 유네스코는 전후 '기초교육(Fundamental Education)'의 도구이자 국경을 넘는 문화적 사절로서 영화를 바라보았다. 이들이 형성한 영화의 교육적 가치와 '기초교육' 담론은 유엔의 문화 정책 전반에 커다란 영향을 미쳤을 뿐 아니라 한국의 전후 복구에도 다양한 방식으로 적용되었기에 여기서 잠시 살펴보려고 한다.

---

1   미국 대한원조의 일환으로 미 국무부 산하 국제협조처(ICA)와 시라큐스대학이 대한민국 공보실의 교육영화 제작 기술을 도울 목적으로 체결한 계약을 일컫는다. 이 책에서는 이 계약에 의해 집행된 제반 사업을 편의상 '시라큐스 컨트랙트'라 칭하기로 한다. −편집자

2   이 글은 발표 예정인 필자의 박사학위 논문 「짧은 생의 아카이브: 냉전 한국에서의 영화와 후기식민지(Archives of Ephemera: Cinema and Postcolonial Nation in Cold War Korea)」(UCLA)의 3장 중 일부를 수록한 것이다.

3   한국영상자료원은 2011년 말부터 2014년까지 한국학중앙연구원 지원으로 고려대학교 한국사연구소 역사영상융합연구팀과 함께 해외 소재 한국 기록영상물을 조사 수집하였으며, 그 과정에서 2013~2014년, 컬럼비아대학교 동아시아도서관으로부터 '시어도어 코넌트 컬렉션' 소장 영상물을 복사 수집하였다. −편집자

유네스코 초창기의 교육과 영화 프로그램은 영국 다큐멘터리 감독 존 그리어슨(John Grierson)이 설계했다.[4] 그는 유네스코 설립 직후 매스 커뮤니케이션과 공보실의 총책임자로 임명된 뒤 이듬해에는 유엔의 공보국 설립을 관장하였고, 영국, 프랑스, 미국 등의 라디오, 텔레비전, 출판 각계의 전문가들을 동원하여 유엔과 유네스코의 미디어 정책의 근간을 세웠다. 그리어슨을 비롯한 유네스코 임원들은 초기부터 "교육영화(Educational Film)를 제작, 배급하고 이용"하는 것이 "아시아와 남미와 같이 문맹 비율이 높은 곳"[5]에 특히 절실하며, 정보를 효과적으로 전달하는 것을 넘어 "문맹을 궁극적으로 없앨 수 있는 방법"이라 여겼다.[6]

대영제국의 식민지 영화 및 교육 정책을 담당했던 미디어 전문가들이 이 시기에 유네스코에서 일했는데, 이들은 '청각 문화'를 바탕으로 한 전근대적 사회는 문자 중심의 교육을 도입한다고 해서 발전할 수 없으며, 이러한 지역의 기초교육은 반드시 "영화를 통한 대중 교육"의 형태로 이루어져야 한다고 설파했다. 각국의 실정에 맞는 교과서와 읽을거리를 개발하는 것보다 "매스 커뮤니케이션의 근대적 도구", 즉 영화와 같은 시청각 미디어를 통한 교육이 더 효과적이며 절실하다는 것이었다.[7] 이러한 논의를 지지한 전후 미국의 커뮤니케이션 이론가들 역시 문맹이야말로 세계의 진보, 근대화, 민주주의의 큰 장애물로, 전후 근대적이며 민주

---

4 존 그리어슨은 영국과 캐나다의 다큐멘터리 운동에 큰 영향을 미쳤고, '다큐멘터리'라는 용어를 고안한 것으로 알려졌다. 1930년대부터 대영제국(Great Britain) 식민지를 위한 영화 정책과 프로그램에 관여했다. 일찍이 국가를 매개로 한 민족 단위의 영화제작소가 필요하다고 주장했고, 1939년에는 당시 영국의 식민지였던 캐나다 식민정부의 초청으로 현재 캐나다 국립영화제작소(NFB)의 전신인 국립영화위원회(National Film Commission)를 설치하기도 했다. 또한 국립영화위원회 초대위원장으로서 전쟁 선전영화, 다큐멘터리, 교육영화 등의 제작을 총지휘했으며, 전시기 캐나다 정보부의 고문으로도 활발히 활동했다. Jack Ellis, *John Grierson*, Southern Illinois University Press, 2000, pp. 229~239; Gary Evans, *John Grierson and the National Film Board*, University of Toronto Press, 1984, pp. 224~268.

5 UNESCO, "Report of the Commission on Technical Needs in Press, Radio, Film," August 30, 1947(Paris: UNESCO archives), p. 60.

6 Ibid, pp. 58~60. 1940년대 말부터 유네스코의 주요 사업 중 하나는 각 국가들의 미디어 현황을 조사하는 것으로, 유네스코는 전후 복구가 절실한 서부·중부 유럽을 비롯하여 약 20여 개의 '개발도상국'에서 현지 조사를 마친 뒤, 『세계 커뮤니케이션: 언론, 라디오, 영화(World communications: Press, Radio, Film)』 시리즈를 출간하기 시작했다.

7 UNESCO, "Meeting of Experts on Language Problems in Fundamental Education," June 16, 1947 (Paris: UNESCO archives), p. 2.

적인 '자유세계(free world)'를 건설하기 위해서는 미디어의 사회적, 교육적 역할이 이전보다 더욱 강조되어야 한다고 주장했다.[8]

1950년, 그리어슨의 뒤를 이어 유네스코와 유엔의 영화 및 미디어 교육을 담당하게 된 로스 맥린(Ross McLean) 역시 시청각 미디어가 개발도상국의 기초교육에 필수불가결한 것임을 더욱 강조했다. 맥린은 미디어 전문가를 각국에 보내 미디어와 커뮤니케이션이 얼마나 발달했는지를 조사, 계량화하여 주요한 보고서들을 출간했다. 이들은 기술적, 재정적인 원조가 필요한 아시아와 아프리카 개발도상국들의 보고서를 바탕으로 시청각 미디어를 이용한 기초교육 담론의 실질적 근거를 제공했고, 무엇보다 서구의 '선진국'이 '개발도상국'의 미디어 기반을 구축하는 데 지원하고 개입하는 것을 정당화해나갔다.[9]

유네스코가 기초교육 도구로서 영화의 사회적, 교육적 중요성을 담론화했다면, 그것을 실행한 유엔 산하기관은 유엔 한국재건단, 즉 운크라였다. 1950년 12월 1일, 유엔 이사회(General Assembly)는 한국에서 유엔의 구제(relief), 부흥(rehabilitation) 사업을 총괄하기 위해 운크라를 창설했다. 표면적으로는 유엔 회원국, 비회원국, 국제단체 등의 자발적인 참여를 유도했으나, 실질적으로는 유엔 이사회를 비롯한 유엔의 한국통일부흥위원회(UNCURK) 및 유엔 고문단과 밀접한 관계를 맺으며 활동한 기관이었다.

운크라의 초기 주요 사업 중 하나는 한국의 교육 체계를 재건하는 것으로, 유엔은 이를 통해 한국에 민주주의를 더욱 효율적으로 전파하고자 했다. 한국의 교육 현황과 발전 전략에 관한 운크라의 보고서는 초등교육부터 고등교육에 걸친 공교육의 대대적인 혁신뿐 아니라 전 인구를 대상으로 한 언어와 정보 전반에 관한 기초교육이 필요하다고 강조했다. 기초교육

---

8   미국 내 커뮤니케이션, 미디어 연구자들의 연구가 정부의 냉전 정책을 형성해나간 과정에 대해서는 Fred Turner, *The Democratic Surround: Multimedia & American Liberalism from World War II to the Psychedelic Sixties*, University of Chicago Press, 2013을 참고.

9   조이 드루익은 이 시기에 유네스코가 개최한 세미나 중, 1952년에 이루어진 "시각 교재와 언어 강의 워크숍(The Visual Aids and Language-Teaching Workshops)"과 1953년에 이루어진 "기초교육과 시각 교재(Fundamental Education and Visual Aids)"가 향후 유네스코 미디어 논의의 기틀을 닦았으며, 이 세미나에 참석한 이들은 유네스코와 꾸준히 도움을 주고받았다고 주장한다. 대영제국 영화위원회에서 활동하던 감독과 관료들, 윌리엄 셀러(William Sellers), 노먼 스퍼(Norman Spurr), 앙드레 르노(Andre Renaud) 등이 활발히 참여했음을 확인할 수 있다. Zoe Druick, "UNESCO, Film, and Education Mediating Postwar Paradigm of Communication," Charles Acland and Haidee Wasson ed., *Useful Cinema*, Duke University Press, 2011.

은 한국인들의 삶의 질을 향상시키기 위한 방법인데, 이를 통해 "질병에서 자유롭고" "새로운 의식주"를 경험할 수 있으며 "감정을 적극적으로 표현할 수 있고 여가 시간도 누릴 수 있는 삶"으로 나아갈 수 있다는 것이었다.[10] 운크라는 문맹은 한국이 당면한 문제의 단순한 원인이 아니라 "현재 상황의 총체적 결과"로, 문맹 퇴치를 넘어 근본적으로 성인 교육 전반에 걸친 대대적인 조치가 절실하다고 보고했다.

운크라는 이를 해결하기 위해 각 지역의 지도자를 육성할 수 있는 기초교육원을 설립할 것을 제안했다. 유네스코, 운크라 그리고 한국 정부의 공동 출자로 설립된 신생활교육원(The Fundamental Education Center: KORFEC)이 바로 그 대표적인 예이다. 신생활교육원은 농촌 지역의 성인 남녀 교육에 초점을 맞추고, 그들을 통해 지역의 전반적인 삶의 질을 끌어올리고자 했다. 신생활교육원은 1956년 7월부터 4개월 동안 경기도 수원에 있는 서울대학교 농대 근처에 들어섰고, 유네스코가 임명한 원장과 기초교육 전문가들이 농업과, 가사과, 건강과, 시청각과 등 총 4개의 과를 만들어 각기 전문가를 배치했다.[11]

시어도어 코넌트가 강의했던 시청각과(Audiovisual Department)의 과장이었던 리처드 존스(Richard Kent Johnes)는 영화의 사회적, 교육적 효과를 강조하며 구체적인 방법론을 고민한 것으로 보인다. 존스는 영화야말로 교육에 "가장 효과적인 시청각 매체/도구"라는 확신을 가지고, 기초교육에 미치는 영화의 네 가지 기능을 구체화했다. 지역 주민을 위한 '자극(stimulation)', '동기부여(motivation)', '교육 교재(teaching aids)', '재자극(re-stimulation)'이 바로 그것이었다. 그가 생각한 '자극'은 지역 주민들이 그동안 경험해보지 못한 외부 문물에 대한 의식을 형성하는 것이며, '동기부여'는 지역 주민들이 삶의 제반 조건을 향상하고 자립할 수 있도록 독려하는 것, '교육 교재'는 지역 주민들에게 영화 속의 특정한 행동 양식과 사고방식을 보여줌으로써 자기계발로 이어지도록 돕는 것, 그리고 '재자극'은 앞의 세 가지 기능들을 꾸준히 이어가는 것을 의미한다.

---

10   UNESCO/UNKRA Educational Planning Mission to Korea, "Rebuilding Education in the Republic of Korea", 1953(Paris: UNESCO archives), p. 69.

11   "Report of the Agent General of the United Nations Korean Reconstruction Agency," General Assembly, Official Records: Twelve Session Supplement No. 17, A/3651, New York, 1957(Paris: UN archives), p. 12.

이 일을 더 효과적으로 해내기 위해, 존스는 한국인 박익순과 김영우 두 사람을 고용했다.[12] 지역민들과 원활한 소통을 꾀하려는 것도 있었겠으나, 존스는 궁극적으로 자신의 임기가 끝난 뒤 신생활교육원을 꾸려나갈 수 있는 후임을 기르고자 했다. 박익순이 구술을 통해 밝히듯, 신생활교육원에서 그가 맡았던 일은 코넌트 등 당시 신생활교육원에서 강의와 영화 상영을 맡았던 초빙 인력을 통역하는 것에 그치지 않았다. 박익순은 코넌트를 통해 소개받은 영미권의 시청각 교육 교재들로 방법론 등을 익혔고, 교육용 슬라이드 및 영화 등의 제작에도 직접 참여했다.[13]

유네스코와 운크라가 고용한 신생활교육원의 강사진들은 기계로 벼를 베거나 탈곡을 하는 식의 새로운 농업 기술, 리더십과 민주적 의사 결정 방식 및 한국어 등을 가르치면서, 상업 영화, 뉴스영화, 다큐멘터리, 교육영화 등을 강의나 토론 시간에 적극적으로 이용했다. 특히 존스는 강의를 보조하기 위한 수단으로서가 아니라 지역 주민의 삶에 필요한 것으로서, 영화를 제대로 선별하여 보여주는 것이 중요하다고 강조했다. 그는 강의 및 토론 시간에 영화를 사용하는 과정을 공식화하기도 했는데, 1) 누가 영화를 보는지, 2) 지역의 문제가 무엇인지, 3) 어떤 영화를 보여줄 것인지 등을 충분히 검토한 후 영화를 선정해야 한다고 주장했다. 또한 영화를 선정한 뒤에는 상영 직전 관객들에게 간단한 설명을 하고 영화를 함께 본 후 영화를 평가하고 토론하는 시간을 가질 것을 강조했다.[14] 이처럼 관객의 구체적인 경험을 바탕으로 한 시청각 교육은 박익순이 기억하는 바와 같이, 미국의 시청각 교육 이론과 교육영화 운동에 바탕을 둔 것이었다.[15] 존스가 도식화한 시청각 교육법은 에드거 데일(Edgar Dale)[16]이 「오디오비주얼 교습법(Audiovisual Methods in Teaching)」(1955)에서 개념화하고 있는 학습의 단계와 유사하다. 데일이 "경험의 원추(Cone of Experience)"라는 개념으로 후에 정식화한 이 학습 모델은 학습자들이 특정한 정보를 배울 때 읽고 듣고 보는 것을 넘어 그것을 실제로 체험함으로써 그것을 더 오래 기억할 수 있다고 주장한다. 데일은 체험이야말로 가장 효과적인

---

12   존스의 보고서에서 박익순은 시청각과 내부 운용 인력(Internal operation of the department)으로, 김영우는 보좌관(Assistant)으로 기록되어 있다.

13   이순진, 「박익순」, 〈문화영화〉 구술채록연구팀, 『2012년 한국영화사 구술채록연구 시리즈 〈주제사〉』, 한국영상자료원, 2012, 140~147쪽.

14   Korean Fundamental Education Center, "Department of Audiovisuals Preliminary Report: Anex A," 1959(Paris: UNESCO archives), p. 1.

학습법일 뿐 아니라, 영화(motion pictures)가 문자나 그림에 비해 훨씬 더 효과적인 것이라고 강조했다. 교육영화의 중요성을 강조하며 유네스코의 자문위원으로도 활동했던 데일의 이론은 이 시기 존스뿐 아니라 미국 공교육 및 정부 공보기관 등에도 영향을 미쳤다.

운크라에서의 영화 제작

1952년, 유엔 영화팀이 제작한 〈고집〉은 시나리오 및 영화의 일부분이 남아 있으며 제작 상황에 대한 코넌트의 기억도 비교적 선명하여 이 시기 유엔이 제작했던 영화의 성격을 엿볼 수 있게 해준다. 〈고집〉의 시나리오는 한국전쟁 중 잠시 서울에 체류했던 미국 작가 팻 프랭크(Pat Frank)의 글을 바탕으로 완성되었는데, 운크라를 주축으로 한국 유엔위원회(UN Command in Korea), 극동사령부(Far East Command), 주한 미8군, 미 육군 소속 한국병참지대사령부(KCOMZ), 유엔 민간원조사령부(UNCACK), 유엔 한국통일부흥위원회(UNCURK)의 협력을 받아 영화화되었다.

운크라는 〈고집〉 제작 단계에서 몇 가지 원칙을 정했다. 모든 장면을 한국에서 촬영하여 진정성을 기할 것, 각본가는 한국에 직접 체류하면서 "진실한 삶의 역사"를 바탕으로 쓸 것, "한국의 정신"을 존중하며 전통 음악을 적극적으로 이용할 것, 한국인에게 배역을 맡길 것 등이 바로 그것이었다. 이러한 원칙 아래, 운크라는 "냉정한 전쟁의 힘이 아닌 따뜻

---

15 미국에서 교육영화는 대표적인 영화 교육기관인 미국영화심의회를 통해 1940년대와 1950년대에 걸쳐 제도화된다. 1910년대부터 영화, 라디오, 슬라이드 등의 교육적 가치가 꾸준히 논의되었지만, 1946년 1월, 미국영화심의회의 설립은 영화의 교육적 가치 및 활용을 공식화하고 지역 중심의 시청각 교육 운동에 처음으로 불을 지폈다고 할 수 있다. 미국영화심의회는 제2차 세계대전 중 정부 주도의 영화 제작을 관장했던 전시 정보국(Office of War Information: OWI)의 임원들을 중심으로 결성되었고, 전미 시청각교육업자연맹의 대표였던 C. R. 레이건(C. R. Reagan)이 초대의장을 맡았다. 미국영화심의회는 비영리기관으로 "시청각 교육 자료의 효과적인 사용, 제작, 배급을 육성하여 모든 시민의 전반적인 삶의 질 향상"을 목표로 했다. 이를 위해 교육영화 및 교재 개발과 배급뿐 아니라 지역 중심의 시청각 교육 센터 설립 운동을 펼쳤다.

16 미국의 페인펀드(Payne Fund) 교육영화 및 교재의 대표 필자, 교육영화라이브러리협회(Educational Film Library Association: EFLA) 위원, 미국영화심의회(Film Council of America: FCA) 국제관계위원장, 유네스코 영화 패널 위원장 등을 역임했다.

함", "희망과 믿음 아래 살아가는 한 소년의 끝없는 의지와 강인함"을 재현하고자 했다.[17]

영화는 한국에 방문한 한 미국인 여성(메리 헤이스팅스)의 눈으로, 한국전쟁 발발로 쑥대밭이 된 가족을 지키려는 열네 살 소년 '고집'과 그의 가족의 삶을 관찰한다. 기독교인으로 서구적 교육을 받은 아버지와 큰형을 북한군의 손에 잃자 고집은 졸지에 가장이 되어 생계를 이어가는데, 그 과정에서 미국으로 돌아가기 전에 고려 자개함을 사러 온 헤이스팅스를 만나게 된다. 북한군이 고집의 집을 찾아와 형을 연행하는 장면 등에는 다분히 반공주의적 메시지가 노골적으로 드러난다. 영화의 시나리오는 전반적으로 전쟁 중의 한국과 고집의 삶에 공감하고 어린 소년의 의지를 응원하는 것처럼 보인다.

그러나 〈고집〉의 편집본을 본 유엔은 영화 개봉을 보류했다. 코넌트는 이것이 기술적 문제뿐 아니라 배우 선택과 각색 등, 영화 전반에 걸친 문제였다고 술회한다. 유엔이 운크라와 유엔 소속 기관 등의 협조를 얻어 제작한 영화의 완성과 개봉을 미루자, 코넌트는 한국의 재건과 실정을 알릴 수 있는 홍보영화의 필요성이 증대되는 정책 정황을 강조하며 유엔을 설득했던 것으로 보인다. 이에 유엔은 〈고집〉의 책임자였던 앨프리드 웨그(Alfred Wagg)를 해고하고 제프리 콜링스(Geoffery Collings)를 기용,[18] 영화 편집과 녹음, 후반작업을 마무리했다. 그러나 감독을 바꿔 후반작업을 마친 뒤에도 유엔은 어떤 이유에서인지 영화를 개봉하지 않았다. 코넌트는 영화가 끝내 개봉하지 않을 거라 생각하고, 뒤이어 두 편의 라디오 방송을 제작했다. 이 중 크레디트를 확인할 수 있는 〈기나긴 행보 The Long Walk〉는 유엔 공보국 라디오부 소속 제럴드 킨(Gerald Kean)이 연출을, 영화배우 프레드릭 마치(Fredrick March)가 내레이션을 맡았다. 1954년 7월에 방송된 〈기나긴 행보〉의 보도자료[19]는 "극적인 현장음"을 기록하며 "중장비 소리, 한국 전통 무용, 남루한 구두닦이 소년들, 한국의 나이트클럽 등" 현장의 소리를 녹음하여 "오늘날의 한국"을 재현한다고 기술하고 있다. 또한 이 보도자료는 현재 운크라의 자금, 물자, 전문 인력이 부족한 실정임을 강조하면서 한국을 재건하기 위해서는 유엔의 모든 회원국들과 그 국민들의 재정적 지원이 절실하다고 말한다. 〈기나긴 행보〉의 라디오 방송

---

17   해당 문서는 2부 1장 「문서 컬렉션 부록1: 소장 문서」에 수록된 "고집"을 참고.

18   이에 대해서는 다른 해석이 존재한다. 1부 2장의 코넌트 구술, 59~60쪽, 주 49번; 주 51번 참고.

19   해당 문서는 2부 1장 「문서 컬렉션 부록1: 소장 문서」에 수록된 "전 세계 방송으로 전파되는 한국 정전 1주년"을 참고.

은 조니 김(Johnny Kim)이라는 한국인 청년과 운크라 직원들을 인터뷰해 한국의 재건 상황을 보여주면서 "운크라가 수년간 한국인들을 어떻게 돕고 있는지"를 강조하는 방향으로 재편집되었다.[20]

한편 코넌트는 운크라와 계약을 맺고 있는 동안에도 이형표와 공동 작업으로 몇 편의 영화를 제작했다. 퀘이커교 단체인 친우봉사회가 제작한 〈한국의 퀘이커 *With the Quakers in Korea*〉(1954)를 제외한, 1950년대 전반기에 제작한 일련의 영화들은 그와 이형표의 협력의 산물이다. 미술가로서의 이형표를 다룬 〈한국의 예술가 *Korean Artist*〉(1955)와 〈한국의 환상 *Korean Fantasy*〉(1955), 〈위기의 아이들 *Children in Crisis*〉(1955)이 그것이다. 이 영화들은 코넌트가 자비로 제작한 것인데, 이형표는 구술을 통해 코넌트가 영화의 아이디어를 제시하고 구체적인 작업들은 자신과 코넌트가 함께 해나갔다고 밝혔다.[21] 이들의 협력 관계는 공동 연출 몇 편을 넘어, 코넌트가 한국에서 지낸 약 8년 가까운 시간 동안 이어졌다.

한편 그는 이형표뿐 아니라 공보처(실),[22] 미 공보원 등과 같이 다른 기관에서 활동하던 한국 영화인들과도 교류했던 것으로 보인다. 그도 그럴 것이, 1950년대 전반기는 촬영, 녹음 장비를 비롯해 필름을 제대로 구할 수 없던 시기였는데, 코넌트는 한국 암시장이나 일본, 미국을 통해 비교적 자유롭게 장비를 구할 수 있었기 때문에 한국 영화 인력들에게 일종의 창구가 되었을 가능성이 높다. 그 무렵은 식민시기에 활동했던 중진 영화인뿐 아니라 새롭게 등장한 영화인들까지도 촬영소와 기자재 부재를 영화계 재건에 있어 가장 큰 걸림돌로 꼽고 있을 때였다. 제작자 김관수는 1953년 말, 당시 국방부 정훈국 영화과, 공보처 영화과, 공군 영화과, 해군 영화과에 "흩어져 있는 기자재와 인력을 하나로 모으는 것이 시급"하다고 지적

---

20 라디오 방송 〈기나긴 행보〉는 유엔 아카이브(ARMS)가 구축한 운크라 웹사이트에서 들을 수 있다. https://unarchives.wordpress.com/into-the-archives (검색일: 2015년 5월 15일).

21 이형표 구술, 이순진 채록, 『2005년도 한국 근현대예술사 구술채록연구 시리즈 69: 이형표』, 한국문화예술위원회, 2005, 105~106쪽.

22 대한민국 공보처는 정부 수립 후부터 1960년대까지 기관명을 공보처, 공보실, 공보부 등으로 수차례 바꾼 바 있다. 특히 공보처 영화과는 1948년 11월, 대통령령 제15호에 의거 '공보처 공보국 영화과'로 신설되어 1955년 '공보실 선전국 영화과'로, 이후 1960년에는 '국무원 사무처 공보국 영화과'로 개편되었으며, 1961년 6월에는 법률 제632호에 의거, '공보부 국립영화제작소'가 신설, 1968년 7월, '문화공보부 국립영화제작소'로 개편되었다. 더 자세한 연혁은 공영민, 「이성철」, 『2009년 한국영화사 구술채록연구 시리즈 〈생애사〉』, 한국영상자료원, 2009, 116쪽, 주 211번 참고. -편집자

했고, 감독 이규환은 "도구 없는 어부들의 탄식"은 기자재와 촬영소가 마련되지 않는 한 계속될 수밖에 없다고 한탄했다.[23] 이 시기 영화인들은 정부의 적극적인 지원과 협조가 필요하다고 강조하면서 일원화된 국책회사를 만들어야 한다고 역설했다.

물론 영화산업을 기업화하고 제도화시켜야 한다는 주장은 발성영화가 제작된 이래 한국 영화 담론의 중요한 축이었다. 그러나 1950년대 영화산업 재건에 대한 담론은 국가 재건이라는 맥락에서 좀 더 복잡한 양상을 드러낸다. 전 세계 대다수의 국제영화제, 필름 아카이브 등 국가를 주체 혹은 매개체로 한 영화 문화의 제도적 기반들이 1945년 이후의 산물이라는 사실은 종전 이후 세계의 영화 문화가 국가를 단위로 빠르게 재편되고 있었음을 보여준다. 그 가운데 유엔과 유네스코는 냉전 초기, 영화와 국가의 관계를 설정하는 데 밑그림을 제공했다. 이들은 영화를 보편적이고 인본주의적인 가치를 전파하기 위한 근대적 도구로서 개념화하는 동시에, 세계 시장의 후발주자인 신생국가들에게 근대화의 힘을 거듭 강조하는 도구로 사용했다. 자유로운 정보의 흐름과 커뮤니케이션은 '자유세계'를 형성하기 위한 가장 근본적인 조건이며, 이를 위해 신생국가들도 영화와 같은 근대적 미디어를 서둘러 발전시켜야 한다는 것이었다. 따라서 이 시기 영화는 신생국가들이 재건을 위해 적극적으로 전유해야 할 도구이자 그들이 '자유세계'의 일원이 되기 위해 필수적인 것으로 개념화되었다. 그러나 이 신생국가들이 '자유세계'라는 냉전의 시장에 들어서면서 발견하게 되는 것은 서구적 발전과 진보의 기준에서 한없이 뒤처져 있는 자신들의 현재 위치였던 것은 아닐까. 그런 점에서 남한의 영화인들에게 미국은 자본과 근대적 테크놀로지의 결합체로서 영화의 발전을 가장 상징적으로, 또 물리적으로 보여주는 장소로 자리매김된다. 그러나 남한 영화계에 대한 미국의 원조는 영화인들의 기대와는 사뭇 다른 방향으로 드러났다.

---

23   김관수, "한국영화의 재건책",《경향신문》1953년 11월 28일, 2면; 이규환, "도구 없는 어부들의 탄식",
      《동아일보》1954년 12월 26일, 4면.

미국의 대한원조 프로그램과 공보로서의 영화

한국전쟁 직후 미국은 1953년 8월, 유엔군 총사령부 휘하에 경제조정관실(Office of Economic Coordinator: OEC)을 설치하고, 대외활동본부(Foreign Operation Administration: FOA)를 포함한 모든 원조를 관리하면서 대한원조 프로그램에 박차를 가했다. 실행 기관으로서 한국민사처(KCAC)는 운송, 통신, 행정, 전력, 복지, 위생, 노동, 철도와 항만 등의 업무를, 운크라는 산업, 어업, 광업, 주택, 교육 분야의 업무를 담당하였다. 1955년부터 원조를 집행하는 주체가 대외활동본부(FOA)에서 국제협조처(ICA)로 변경되면서 원조의 규모는 더욱 방대해졌다. 국제협조처는 약 17억 달러에 달하는 원조를 제공했으며, 1953~1961년 사이에 연평균 2억 달러 이상을 도입하였다. 시어도어 코넌트는 1959년경에 "운크라에서 해온 작업이 충분히 진행된 상태"여서 서울을 떠나 수원의 신생활교육원으로 거취를 옮겼다고 술회하지만, 운크라는 이미 1956년부터 사업을 하나씩 마무리 짓고 1959년까지 해산 준비를 마치려고 계획하고 있었다.

　1956년을 기점으로 국제협조처는 운크라가 추진해오던 기초교육과 영화 프로그램들을 맡아서 적극적으로 확장해나갔다.[24] 국제협조처는 "영화 제작 시스템의 전반적인 발전과 제도화"가 한국의 재건과 발전에 중요하다는 전제 아래 정부 산하에 영화제작소를 짓고자 했다. 이들은 1956년, 공보실 내에 "영화 사운드 스테이지와 스튜디오"를 짓기로 하고 곧바로 본격적인 작업에 착수했다.[25] 비슷한 시기, 미국의 비정부기관인 아시아재단(The Asia Foundation) 역시 상업영화인들과 기업인들을 중심으로 조직된 한국영화문화협회(KMPCA)에 5만 달러를 지원하여 1957년 1월, 정릉에 녹음 기자재를 구비한 녹음실을 지었다. 그러나 한국영화문화협회는 카메라와 부속 장비 등 영화 제작에 필요한 기자재가 부족한 상황에서 스튜디오를 활성화할 수 없다는 결론을 내리고 곧 국제협조처에 지원을 구했다. 1957년 10월에 보낸 공식 서한에서 이들은 국제협조처와 운크라가 공보실 내에 스튜디오 짓는 것을 지원

24　"Report of Agent General of the United Nations Korean Reconstruction Agency," General Assembly, Official Records: Twelve Session Supplement No. 17, A/3651, New York, 1957(Paris: UN archives), p. 13.

25　"Report of the Agent General of the United Nations Korean Reconstruction Agency," General Assembly, Official Records: Thirteen Session Supplement No. 16, A/3907, New York, 1958, p. 11.

하듯 영화산업에 대해서도 경제적인 지원을 해줄 것을 요청했다. 그러나 국제협조처는 이에 대해 영화산업과 같은 "개인사업(private business)"을 지원하는 것은 기관의 성격에 맞지 않아 불가능하다고 거절하였다.[26] 미국 국무부 산하의 국제협조처로서는 전쟁 직후 남한에서 시급한 것은 공보 정책을 적극적으로 펼칠 수 있는 기반을 만드는 것이었으며, 정부 산하의 자체 영화 제작 시설이야말로 필수불가결한 것이었기 때문이다. 전반적인 영화산업의 '기업화'와 '근대화'를 목표로 하던 영화인들의 바람과 달리, 국제협조처는 자체 예산 1억 5,700만 환(약 32만 달러), 운크라 예산 3만 5,000달러와 한국 정부의 매칭 펀드를 더해, 1959년 1월, 세 개의 건물로 이루어진 공보실 영화과 스튜디오를 완성하고, 같은 해 11월, 새로운 제작 설비를 들여왔다.[27]

한편 국제협조처는 스튜디오 준공 및 설비 구축과 더불어 인력 양성에도 주력했다. 1957년에서 1960년까지 한국 공보실 소속 영화인들에게 미국 연수 기회를 제공하고, 이어서 미국의 전문가들을 한국에 파견한 것이다. 이로 인해 당시 공보실 영화과장으로 일하고 있던 이성철은 1957년 9월에서 1958년 8월까지, 1년간 블루밍턴 인디애나대학에서 시청각리더십프로그램(Audio-Visual Leadership Program)을 수료한다. 이성철이 밝히듯, 이 프로그램은 아시아와 남미 신생국가들의 관료들에게 시청각 교재로서의 영화 이론과 실제 제작을 집중적으로 강

---

26 당시 한국영화문화협회가 보낸 서한은 한국영화계 전반을 개괄하고 역사를 구체적으로 기술하고 있다. 장기영 한국일보사장이 대표를 맡았고, 오영진, 이병일, 이철혁, 김인덕, 김관수, 이재명, 정화세, 김승호, 박종화 등 문화예술 인사와 유네스코 한국위원회 대표 김호직, 문교부 문화국장 김상필이 정회원이었다. 장기영이 OEC에 보낸 편지 "Letter to William E. Warne (Chief of UNC Office of the Economic Coordinator)", October 15, 1957와 이에 대한 국제협조처의 답신 "Letter to Chang Key-Young, Chairman of the Korean Motion Picture Cultural Association", December 12, 1957[RG 469, Classified Subject Files 1957~1960, Report FY 1958(NARA)] 참고.

27 국제협조처의 원조 자금으로 신축된 것은 스튜디오 본관(A동)이며, 운크라의 원조 자금으로는 이전부터 촬영소로 사용되고 있던 건물을 개축했다. "천연색 시네스코도 가능- 현대식 시설 완비, 밋첼 등 카메라 15대: 공보실 촬영소",《경향신문》1959년 1월 18일, 4면; "새 촬영소 낙성식, 동양 제일의 시설, 투자로 건립",《동아일보》1959년 1월 16일, 3면. 이성철은 당시 국제협조처와 운크라의 원조에 대해 한국 정부도 "매칭 펀드를 얼마 내야 한다고 해서 30만 불인가 얼마 냈다"고 구술했다. 이성철은 "근대식인" A동을 만드는 데 백만 불이 들었다고 기억하는데, 당시 대한영화사 사무장을 지낸 이형표 역시 신문기사에 기록된 비용보다는 훨씬 더 많은 비용이 들어갔을 것이라고 구술했다. 공영민,「이성철」, 앞의 책; 이형표 구술, 이순진 채록, 앞의 책 참고.

의했다.[28] 국제협조처는 곧 이어 시라큐스대학과 계약을 맺고, 영화 제작과 실무 전반을 지도할 수 있는 전문가들을 파견했다.[29] 영화인들의 구술을 통해 알려진 바로는, 시라큐스 컨트랙트는 공보실의 한국인 관료들에게 영화 제작 방식과 기술 전반을 가르칠 뿐 아니라 "다큐멘터리, 뉴스영화, 교육 및 훈련용 영화 전반을 한국인이 잘 이해할 수 있도록" 돕고자 했다.[30]

이 계약에 의해 이미 한국에 체류 중이던 코넌트를 포함하여 총 7명의 고문단이 1958년 7월 2일부터 1960년 6월 30일까지 2년 계약을 맺고 파견되었다. 코넌트는 이들이 장편영화를 만들어본 적은 없지만 영화를 계속 찍고 싶어서 대학 등에서 강의를 하던 이들이었다고 구술하고 있다. 계약 당시 프로그램의 총 책임자였던 제임스 매캐런(James W. McCarron)을 비롯하여 거의 대부분이 국제협조처와 일해본 적 있거나 그 외의 다른 정부기관에서 영화 제작에 참여한 경험자들이었다. 제임스 매캐런(팀장)을 비롯하여 토마스 메이브리(연출, Thomas Layton Mabrey), 제임스 코넬(촬영, James R. Connell), 시어도어 코넌트(녹음), 페리스 라지(유지·관리, Ferris Large), 제임스 거스리(편집, James M. Guthrie), 세스 프레슬리(현상, Seth Daniel Pressley)가 시라큐스 팀을 이루어 활동했는데, 코넌트가 밝히듯 프레슬리가 도중에 미국으로 돌아가면서 후임자로 온 레비 문(Levi E. Moone)을 제외하고는 이들 모두 계약 기간 내내 공보실 영화과 직원들의 교육과 초기 스튜디오 시스템 구축에 힘썼다. 시라큐스 팀은 현장 실무 교육(on-the-job-training)을 통해, 전문적이며 실용적으로 한국 영화인들을 훈련시켰고, 영화 제작 공식과 합리적 제작 과정을 익힐 수 있도록 도왔다.

코넌트는 한국에서 영화를 제작하는 방법을 두고 파견된 전문가들 사이에 갈등이 있었음을 증언한다. 코넌트 외의 다른 이들은 할리우드의 제작 방식에 더 익숙했다. 그러나 코넌트는 할리우드의 제작 방식이 한국처럼 "자본이 많지 않은" "개발도상국"에서는 적합하지 않다고 믿었고, 현지의 제작 방식을 어느 정도 따르면서 필요한 점을 서서히 개선해나가야 한다고 주장했다. 코넌트는 이미 운크라와 신생활교육원에서 영화를 제작해본 적이 있기 때문에,

---

28   공영민, 「이성철」, 앞의 책, 140쪽.

29   "Syracuse University, Contract ICA-W-816 (Demonstration AV Center)", RG 469 Entry # 478, Box No. 19, FY 1960 Program Funds thru FY 1961 Congressional Presentation(NARA). 서류상 계약은 1960년 6월까지로 되어 있으나, 이성철 등은 시라큐스 팀원 중 몇 명은 더 오래 머물렀고 한국을 떠난 뒤에도 계속 연락을 하며 지냈다고 구술했다.

30   Ibid.

할리우드의 제작 방식이 합리적이고 효율적이기는 하지만 한국의 실정과 잘 맞지 않다고 여긴 것이었다.

코넌트가 말한 한국의 실정에 맞는 방식이 어떤 것인지는 그의 구술에서 정확하게 드러나지는 않지만, 시라큐스 팀이 한국에서 구축하고자 했던 합리적 제작 방식은 이성철의 구술에서 상당히 긍정적으로 묘사된다. 이성철은 그들이 "콘티구 뭐구 아주 정확허게 하지 않으면" 촬영에 들어가지 않았으며 "그 자리에서 뜯어 고치구 하는" 방식이 아니라 "정통으로" 해나갔다고 덧붙인다. 어떤 영화를 만들 것인지 윤곽이 잡히면 그것을 국제협조처와 주한 미 경제협조처(United States Operations Mission to Republic of Korea: USOM, 유솜)에 보내고 승인이 난 다음 제작하는 일련의 과정을 그는 하나의 "포뮬라"로서 "절도 있"는 것으로 기억하고 있다. 한편 이성철은 시라큐스 컨트랙트에 맞춰 새로운 인력을 충원했다고 밝힌다. 공보실 선전국 영화과(1955년 1월~1960년 6월까지의 명칭)는 1958년에 처음으로 공채를 실시했는데, 이때 임학송, 나한태, 배동순, 한호기 등이 입사했다.[31] 코넌트가 바랐던 "할리우드를 탈피한 모델"이 구체적으로 어떤 것이었는지는 분명하지 않지만, 적어도 이 시기 공보실 영화인들은 식민시기와 미 군정기에 활동하던 기존 영화인들과는 무관하게 시라큐스 팀이 그려놓은 밑그림과 함께 성장한 것으로 보인다. 이 시기는 이순진이 지적하듯, 공보실이 새롭게 확충되고 공보 활동의 일부로서 정부 영화 제작의 위상이 높아지면서 민간 영화산업과 국가 영화 제작 기구가 분리되기 시작하던 때였다. 공보실이 새로운 인력과 스튜디오 및 기자재를 보충하고 확장해 나가는 가운데, 원래 공보처 영화과 산하에 설치되어 한국전쟁 이후 몇 년간 영화 대부분의 현상과 녹음을 맡아오던 사단법인 대한영화사의 위상이 변하게 된 것이다.[32] 반면 공보실 영화과는 1961년, 5·16 직후 국립영화제작소로 분리되어, 국가의 지원 아래 지속적으로 문화영화와 〈대한뉴스〉를 생산했다.

---

31 공영민, 「이성철」, 앞의 책, 167~169쪽.

32 이순진, 「국립영화제작소의 간략한 역사」, 〈문화영화〉 구술채록연구팀, 『2012년 한국영화사 구술채록연구 시리즈 〈주제사〉: 유병희·박익순』, 한국영상자료원, 2012, 11쪽.

한국영화와 '민주주의'

코넌트가 기억하기에 시라큐스 컨트랙트의 목적은 "민주적 영화인들을 양성"하는 것이었다. 그러나 그는 이 일을 제안받았을 때, 그 목적이 "상당히 무리한 생각"이라 느꼈다고 덧붙인다. 그럼에도 그는 한국에 남아 "이승만 정권의 몰락을 보고 싶"었던 터라 프로그램에 합류했다. 그의 구술과 미국 정부 주도로 이루어진 시라큐스 컨트랙트의 맥락을 종합해 보면, 그가 말하는 민주주의는 미국식 자유주의에 기반을 둔 정치 체제로서의 민주주의, 공산주의와 반대되는 이념으로서의 민주주의 그리고 사고와 커뮤니케이션의 자유 및 합리성을 중시하는 실천으로서의 민주주의 모두를 느슨하게나마 아우르는 것으로 보인다. 그런 관점에서 볼 때, 그가 한국에서 경험한 이승만 정권은 민주주의와는 거리가 멀었다. 코넌트는 구술을 통해 이승만의 반일, 반공 선전의 기조를 비롯하여 공보실이 제작하는 영화들의 선전성과 획일성에 대해 여러 차례 비판하고 있기 때문이다.

그의 이러한 비판은 개인적인 것이라기보다는 그가 한국을 떠나던 1960년 즈음의 사회적 맥락과 깊이 연결되어 있는 것으로 보인다. 그해 3월의 정부통령 선거에서 자유당 정권이 이기붕의 부통령 당선을 위해 개표 결과를 조작하고, 부정 선거 반대 시위에 참가했다가 실종되었던 마산상고 재학생 김주열이 왼쪽 눈에 최루탄이 박힌 채 숨진 모습으로 발견되자, 이승만 정권에 대한 국내의 비판 여론은 더욱 거세졌다. 코넌트와 개인적 친분이 있었으며 당시 《시카고 데일리 뉴스 *Chicago Daily News*》의 기자로 한국에서 취재 중이던 키즈 비치(Keyes Beech)는 이승만의 부정 선거 의혹을 제기하며, 미국의 경제적 지원으로 설립된 대한민국 공보실 영화과가 이승만 정권의 전유물로 전락해버렸다고 비판했다. 키즈 비치는 이전부터 이승만 정권에 대해 비판적 논조의 기사를 쓰고 부정선거 반대 시위와 정부의 유혈 진압에 대해서도 꾸준히 보도한 인물이었다. 주한 미국대사 월터 매카너기(Walter P. McConaughy) 역시 한국의 상황을 지속적으로 워싱턴에 보고하던 상황이라, 마산에 계엄령이 선포된 다음 날, 미 국무부 장관은 당시 주미대사 양유찬, 외무부의 노신영, 극동담당 차관보 그레이엄 파슨스(J. Graham Parsons), 동북아담당실장 데이비드 반(David M. Bane)을 긴급 소집했다. 이 자리에서 당시 주미 한국대사였던 양유찬이 키즈 비치의 기사가 그간 지나치게 편향적이었음을 거듭 강조한 것으로 보아, 자유당 인사들에게 이미 그는 반정부적 인사로 각인된 것으로 추측된다.[33] 같은 달, 비치가 쓴 글 "미국은 이승만의 선거 선전에 어떻게 돈을 들였는가(How U.S.

Money Financed Rhee's Election Propaganda)"는 이승만 정권에 대한 비판을 넘어 시라큐스 컨트랙트의 운용에 대해서도 칼날을 들이대고 있다. 그는 미국 정부가 "지원 기금 총 30만 9,740달러를 써서, 7명을 보내 공보실 소속 영화인들을 훈련"시키고 있으며, 이 계약은 "1년 더 연장되어 13만 5,904달러의 예산이 추가로 들 것"이라고 보도했다. 동시에 그는 이승만이 발행하던 영문판 홍보물인 《코리안 리퍼블릭 The Korean Republic》이 공보실과 연관되어 있음을 강조하며, 미국이 지원하는 이 같은 출판과 영화 제작이 결국 반민주적 정권 홍보와 공보에 치중하고 있는 것이 아니냐는 의혹을 제기했다. 미국 좌파들은 미국이 한국의 독재 정권을 지원하며 미국 시민의 세금을 낭비하고 있다며 비판했고, 이러한 여론이 거세지자 1년 더 계약을 연장하려고 했던 시라큐스 컨트랙트는 1960년 6월을 끝으로 종료된다.

코넌트는 자신이 바라던 대로 자유당 정권의 "몰락"을 목도하고 프로그램이 끝나자 미국으로 돌아갔다. 물론 4·19 이후 그가 한국을 떠나기 직전까지 한국 내 민주주의에 대한 열망은 사그라지지 않았고, 국내의 여론은 공보실 영화과의 그간 행보를 비판하며 쇄신을 요구했다. 이로 인해 공보실 영화과장이었던 이성철은 춘천방송국으로 좌천되었다. 그러나 실질적인 내부 변화는 없었던 것으로 보인다. 다만 신문기사 등은 공보실의 뉴스영화가 관보로서의 성격을 버리고 "민주방송", "시민의 뉴스"로 거듭나야 한다고 지적했으며, 정부 제작 이외에 민간 영화의 육성을 위해서 "적극적이고 편파성 없는 후원과 협력"이 필요하다는 의견도 제시했다.[34]

이듬해의 5·16 직후, 법률 제632호로 공포된 "국립영화설치법"에 따라 국립영화제작소가 설립되었다. 이 법에 의하면 국립영화제작소는 정부의 영화 제작 사무를 분장하기 위해 공보부 장관 소속 아래 설치되어, 원칙적으로 정부의 영화 제작과 배급을 관장할 뿐 아니라 공공기관 또는 민간이 요청하는 영화 제작에도 협조해야 했다. 이후 1962년 1월, 법률 제995호로 제정, 시행된 영화법은 "영화 사업의 육성 발전을 촉진하고 영화 문화의 질적 향상을 도모하여 민족 예술의 진흥에 기여"하는 것을 목적으로 삼았다. 이로써 정부의 영화 제작 업무는 국

---

33 "Memorandum of Conversation," Department of State, Central Files, 795B.00/3-1660, pp. 606~608(NARA).

34 "시민의 뉴스로",《동아일보》1960년 5월 4일, 4면; "뉴스영화 재구실해야 할 단계: 과감히 관보취(臭) 버려라",《동아일보》1960년 5월 25일, 4면; "뉴스영화, 카메라의 눈을 어디로 가져갈 것인가: 공보실 뉴스영화 제작의 혁신을 위한 제언",《경향신문》1960년 5월 31일, 4면 등.

립영화제작소가 전담하고 공공, 민간 영화 정책 업무는 공보부 영화과가 맡게 되어, 제도적으로 실질적인 분리가 이루어졌다. 그러나 이러한 제도적 분리와 무관하게 정부 영화 제작과 민간 영화 제작 양쪽의 내부 문제들은 풀리지 않았다. 국립영화제작소는 1960년대 초반을 넘기며 정부 시책 홍보영화 제작에 점차 무게를 두기 시작했고, 민간 영화산업은 일련의 영화법 개정을 통해 국가의 '관리'와 '진흥'이라는 양날의 칼 아래 놓이게 된 것이다.

국가재건최고회의장이 된 박정희는 1960년대 초반부터 연설 등을 통해 한국의 역사적, 문화적 특수성 때문에 서구적 민주주의를 온전히 실행할 수 없다고 주장하며, '한국적 민주주의'를 역설했다. "경제적 빈곤, 북한의 위협"과 같은 한국의 특수성이 존재하는 한 민주주의라는 "풍요한 결실을 맺을 수 있는 주체적 조건"이 빠져 있으며, 적어도 그 주체적 조건이 마련될 때까지 "한국 실정에 알맞은 민주주의"를 실현할 필요가 있다는 것이었다.[35] 적어도 그에게 민주주의는 경제적 자립이 이루어진 다음에나 올 수 있는 것이었다. 국립영화제작소는 그러한 경제적 자립의 필요성을 설득하는 영화들을 제작, 상영했고, 민간 영화 제작 역시 외화의 흥행 수입을 한국영화 제작에 재투자하여 제작사의 기업화를 꿈꾸는 동시에 정부의 시책을 거스르지 않는 일련의 우수영화 등을 만들며 소위 한국영화의 황금기를 만들어갔다. 코넌트는 1960년, 이러한 변화 앞에서 한국을 떠났다. 그리고 그 이후 한국영화는 '민주주의'라는 질문과 온전히 접속하지 못한 채, 국가와 시장의 논리에 잠식되어갔다.

---

35   박정희, 『우리 민족의 나갈 길』, 고려서적주식회사, 1965, 221~222쪽.

2장
전후 재건기 한국의 영화를 말하다
: 시어도어 코넌트에게 듣는 한국의 영화와 미국의 원조

※ 이 장에 수록된 구술 채록문은 2009년 11월 26일~27일, 미국 뉴햄프셔에 위치한 시어도어 코넌트
자택에서 진행된 총 9시간 분량의 내용을 그의 한국 활동을 중심으로 시기 순으로 재구성한 것입
니다. 가급적 원본에 충실하였으나, 구술자가 자신의 말을 번복하는 부분, 구술의 전체 방향과 무관
하게 사담이 길어지는 부분, (전체 구술의 1/5가량을 차지하는) 그가 한국영상자료원에 기증한 영
상들을 보여주면서 설명하는 부분은 생략했음을 밝힙니다.

날짜: 2009년 11월 26일~27일

장소: 미국 뉴햄프셔, 시어도어 코넌트 자택

진행: 최소원 | 전 한국영상자료원 수집부 해외수집 코디네이터

김한상 | 전 한국영상자료원 시네마테크부원

정리: 김희윤 | 한국영상자료원 객원연구원, UCLA 박사과정 수료

영화로의 입문, 한국에 온 과정

코넌트: 제2차 세계대전 당시 제가 무전 담당이었는데 일반 해군에 입대한 건 아니었어요. 미 해군이 상선(merchant shipping)을 통제하고 싶어 했는데 루스벨트 대통령[1]은 미 해군을 상당히 못마땅하게 생각했어요. 당시 육군과 해군 모두 레이더를 갖고 있었는데도 일본군이 아무런 저항 없이 진주만에 침투한 거죠. 그때조차 해군은 사태가 얼마나 위험한지 알아채지 못했어요. 미 해군은 일본을 그저 과소평가한 거죠. 미 해군엔 능력 있는 사람도 물론 있었지만 대부분은 가난한 집안 출신으로 웨스트포인트(The United States Military Academy)나 아나폴리스(United States Naval Academy) 같은 사관학교에서 무상 교육을 받기 위해 입대한 사람들이었거든요. 중요한 건, 어쨌든 루스벨트는 운송 사업으로 벌어들일 수 있는 돈만 밝히는 대기업들을 압박한 다음, 그들의 상선을 이용해 군사를 이동시키는 전략을 짰어요. 그리고 전시운송행정부(War Shipping Administration: WSA)라는 것을 만들어서 상선에서 일할 사람들과 전자나 무전에 대해 아는 사람들을 급하게 구했는데, 그 무렵 저는 배에 쓰일 전자기기 따위를 만드는 회사에서 일하면서 보스턴에서 여름방학과 봄방학을 보내고 있었거든요. 레이더와 무선 전신, 전화 기술 모두 개발 초기였을 때죠. 상선에서 일할 사람이 부족해서 저는 고교 졸업반 때 학

---

1   프랭클린 루스벨트 Franklin D. Roosevelt (1882~1945): 미국의 제32대 대통령(1933~1945). 정부가 직접 개입해 경제적 위기, 소위 대공황을 이겨냈으며, 2차 대전 때 연합군에 합류하여 독일, 이탈리아, 일본을 상대로 전쟁을 승리로 이끌었다는 평가를 받고 있다.

교를 그만두고 일했어요. 퍼트니 스쿨[2]은 작고 실험적인 학교라서 이해해줬고, 저는 연방정부가 주관하는 시험을 치르고 방송과 전신 관련 자격증들을 땄어요. 하여튼 상선에서 교환수로 일할 사람이 많이 부족한 시기에 일을 시작했죠.

저는 군부대 방송국이 아니라 일반 라디오 방송국에서 일했는데, 경기가 워낙 안 좋은 탓에 엔지니어에게 임금을 적게 주던 때였어요. 대개 주급이 25달러였고요. 그러다 전쟁 때 공장이 설치되자 임금을 훨씬 더 많이 줬죠. 라디오 산업에서 일하던 기술자들 대부분이 국방부가 운영하던 고임금 공장으로 옮기면서 그로 인해 생긴 빈자리를 채우는 파트타임 일을 얻었죠. 전쟁이 한창이라 뉴스가 많이 필요했는데 사람을 구할 수 없었던 거죠. 아무튼 파트타임으로 일하면서 오디오 기술이나 방송 기술에 대해 많이 배웠어요. 텔레비전이 처음 나오기 시작하던 단계이기도 해서 텔레비전 방송국에서는 기술을 배우려고 임금을 받지 않고 자원해서 일했어요. 그래서 해군 전자부서 쪽에서 일해봤다든지 하는 사람들보다는 제가 더 유리했죠. 그러니까 라디오 방송국에서 무선, 암호 작성 및 해독을 배울 수 있는 곳에 저를 파견하려고 했어요. 그때 저는 정부가 시행하는 자격증 시험을 최고 성적으로 통과해서 대서양과 태평양 지역 중 원하는 곳을 선택할 수 있었는데, 독일 잠수함들이 미국 상선을 쉽게 찾아낼 때라 대서양 쪽은 아무래도 위험할 것 같아서 좀 더 멀리 떨어져 있는 태평양에 가기로 했죠. 아버지[3]가 하버드를 위해 기금을 모으러 샌프란시스코에 가실 때 따라갔으니까 그쪽이 좀 익숙한 것도 있었고, 대서양의 차가운 바다보다는 일본의 가미카제를 상대하는 게 더 낫다고 생각했어요.

하지만 태평양으로 가서도 여러 번 죽을 고비를 넘겼어요. 처음에는 당시 네덜란드의 식민지였던 뉴기니에 갔는데, 일본군이 호주로 가려고 이미 침투한 뒤라 전투가 일어났는지 확인하러 간 거죠. 그 다음엔 티니안[4]에 갔는데, 미 해군이 그 작은 섬을 대형 폭격기 기지로 개

---

2   퍼트니 스쿨(The Putney School): 버몬트 퍼트니에 있는 대안 고등학교. 노동, 예술, 공동체 의식 등 개인의 성장을 최우선으로 꼽는 교육 철학으로 알려져 있다.

3   제임스 코넌트 James B. Conant (1893~1978): 매사추세츠 태생의 저명한 화학자로 제1차 세계대전과 제2차 세계대전 시기 화학무기 개발에 참여한 바 있으며, 원자폭탄의 개발과 사용에 중추적인 역할을 했다. 1933년부터 1953년까지 하버드대학교 총장을 지냈으며, 사임 이후 1957년까지 전후 재건 중인 서독에서 미국대사로 있었다.

4   티니안(Tinian): 사이판의 남쪽에 있는 작은 섬. 오랫동안 스페인의 식민지였으나, 1차 대전 때 일

발해서 일본을 공격하려고 하고 있었어요. 그들은 거대한 무선 시설을 거기에 세워서 일본 시민들에게 연합군의 입장을 들려주려고 했죠. 거기에 좀 있다가 오키나와로 갔고 거기서 큰 전투가 있었어요.[5] 그때 오디오 기술에 대해 상당히 많이 배웠어요. 필리핀에서도 꽤 오래 있었는데 그때 타고 있던 배가 가미카제 때문에 거의 초토화되었지만 전 운 좋게 살았고요. 보통 무선통신사는 가장 마지막으로 배를 떠나게 되어 있어요. 공격을 받았을 때 최후까지 그 정보를 전하기 위해서였죠. 하지만 고옥탄 가솔린 같은 폭발물을 싣고 있었기 때문에 살아남을 가능성은 없었어요. 공격을 받으면 보통 배를 빠져나갈 수 있는 시간이 몇 초밖에 없기 때문에 무선통신사는 탈출하지 못하고 죽게 되거든요. 그러니 공격받지 않기를 바랄 수밖에요.

그때 저는 상부의 승인 없이 그 상선들에 레이더를 설치해봤어요. 아버지 집엔 늘 과학자들이 북적였고, 레이더 같은 것을 강의하실 때 만들기도 하셔서 어떻게 하는지 잘 알고 있었거든요. 아버지는 전쟁 중에 레이더와 핵무기 따위를 개발하는 일을 총괄하셨죠. 아버지께 원자폭탄을 쓸 수 있는지 여러 번 여쭤봤는데 절대 아니라고 하셨어요. 상부에서 비밀을 엄수하라는 명령을 받으셨지만 사실 잘 지켜지지 않았고, 아버지는 거짓말을 잘 못하셨어요. 어쨌든 저는 원자폭탄에 대해 잘 알고 있었기 때문에, 실제로 그게 일본에서 쓰이자 오키나와나 그 이후에 열린 고위급 회의 때 원자폭탄에 대해 얘기해달라고 맥아더[6]가 저를 부르곤 했어요. 핵무기가 어떻게 개발되는지에 대해 자주 얘기했는데 맥아더가 나중에 이렇게 말하더군요. "코넌트, 조심해. 자네가 하는 말의 상당 부분은 아직 발표되지 않은 것들이야." 어떻게 보면 재미있는 상황이었죠. 저는 말을 해도 되긴 했지만 조심해야만 했어요. 어렸을 때 보

본에 점령, 이른바 '남양군도'의 일부로 일본인, 조선인, 오키나와인 등이 강제 이주했다. 2차 대전 이전까지는 일본군의 전투지가 아니었으나 전쟁 말기에 이르면서 전투가 잇달았다. 대표적인 것이 1944년 7월 24일부터 8월 1일까지 벌어진 티니안 전투. 일본군 약 8,500명 중 이 전투에서 살아남은 것은 불과 300여 명이었다. 전후 1947년부터 태평양 제도 신탁통치령에 따라 미국이 점령한 이래, 대부분의 군도들은 독립했으나 티니안이 있는 북마리아나 지역의 섬들은 여전히 미국의 영토이다.

5   1945년 4월부터 6월까지 총 82일간 이어진 전투를 지칭하는 것으로 보인다. 오키나와 전투는 그 격렬함과 가미카제의 집중적인 공격 등으로 '강철폭풍(typhoon of steel)'이라 불리기도 했다.

6   더글러스 맥아더 Douglas MacArthur (1880~1964): 2차 대전 시기 미국군의 총지휘관으로 활동했다. 2차 대전 이후 1951년까지 연합군 총사령부(General Headquarters/Supreme Commander for the Allied Powers)를 이끌면서 일본과 한국을 포함해 일본의 식민지였던 지역을 통치하는 데 영향을 미쳤다. 한국전쟁 시기 연합군 총사령관을 맡았으나, 1951년 4월 당시 미 대통령 트루먼과의 갈등으로 해임되었다.

고 들었던 내용이 여전히 기밀이었기 때문에요. 그리고 몇 주 후에 히로시마를 보게 되었는데 정말 참담했어요.[7] 이 얘기를 하는 건, 제가 한국으로 가기로 결정한 데에서 이 경험이 중요했기 때문이에요. 저는 미국 국무부가 채용한 대부분의 사람들과는 달랐어요. 저는 기술, 음향, 사진 등에 대한 지식을 넘어 무엇보다 동양에 대해 훨씬 더 많은 경험이 있었어요. 태평양전쟁에서 역사의 일부를 직접 봤기 때문이죠.

전쟁이 끝나고 미국에 돌아와서는 대학에 갔어요. 하버드에 대해서는 이미 너무 많이 알고 있으니까 가기 싫었고 컬럼비아 같은 대학은 학생이 너무 많아서, 교수진과 더 많이 교류할 수 있는 스와스모어대학교[8]에 갔어요. 스와스모어는 아주 똑똑한 사람들을 키워냈고 교수진도 좋았지요. 재학 중에 라디오 방송국에서 파트타임으로 일하고 자격증도 따고 TV에서도 일했어요.

대학 가기 전부터 원래 영화에 관심이 있었고요. 이전에 로버트 플래허티[9]를 만난 적이 있었어요. 플래허티 가문이 살고 있던 버몬트 근처에 있는 학교에 다녔으니까요. 그는 아마 당시 가장 실력 있는 다큐멘터리 감독이었을 거예요. 그의 영화들은 아직도 상영되고 있어요. 전쟁 직후에 돌아와서 플래허티를 만났고, 그가 마지막 영화인 〈루이지애나 스토리 *Louisiana Story*〉[10]를 만들 때 조수로 같이 일했어요. 대학에 가서도 주기적으로 휴학을 하고 플래허티의 다른 프로젝트를 기술적으로 돕기도 했어요. 그러다 대학에서 몇 명이 같이 영화를 만들고 싶어서 두어 편 만들었는데 배급되어 극장에서 상영도 됐죠.

---

7   미국은 1945년 8월 6일 히로시마에, 8월 9일 나가사키에 각각 원자폭탄을 투하했다. 히로시마는 당시 일본군 제2사령부이자 통신기지, 병참기지였다. 원폭 투하 당시 히로시마 인구 중 30%가 즉사하였으며 부상자는 7만 명을 넘었다. 원폭 투하 이후 8월 15일 일본은 연합군에 항복을 선언했다.

8   스와스모어대학교(Swarthmore College): 미국 펜실베이니아 주에 있는 인문대학(liberal art college). 1864년에 퀘이커교도들이 설립했다. 교단과는 일찍부터 분리되었으나 종교, 문화적 다양성을 존중하고 지성인의 사회적 책임을 강조하는 전통은 강하게 남아 있다.

9   로버트 플래허티 Robert J. Flaherty (1884~1951): 미국의 영화감독. 장편 다큐멘터리 〈북극의 나누크 *Nanook of the North*〉(1922)로 성공을 거둔 뒤, 미국과 영국 등지에서 영화를 제작했다.

10   〈루이지애나 스토리 *Louisiana Story*〉(1948): 허구를 바탕으로 하고 있음에도 종종 다큐멘터리로 오인되기도 한다. 루이지애나 지역의 한 케이준(Cajun) 소년의 모험을 주제로 한 작품으로, 오스카 최고 극본상 후보에 오르기도 했다. 플래허티 단독 연출로는 마지막 작품이다. 이후 그는 1950년 〈타이탄: 미켈란젤로 이야기 *The Titan: Story of Michelangelo*〉를 공동 연출했고, 이 작품으로 오스카 최고 다큐멘터리상을 받았다.

대학을 졸업하고 의료영화(medical film)를 만드는 회사에서 일하다가 한국에 갈 기회가 왔어요. 의료영화는 말하자면 제약회사가 제작하는 영화들인데, 돈을 많이 투자해서 특정한 약을 선전하곤 했죠. 일부 영화는 텔레비전 광고로 만들어지기도 했는데 주로 영화배우들이 후시 녹음을 했어요. 의사들이 학회에 참석한 모습을 보여주면서 관객들에게 특정한 약의 효능을 설득하기 위한 영화들도 있었어요. 그러다 국무부에서 한국에 갈 팀을 꾸리고 있다는 얘기를 듣고 자원했어요.

1950년대 유엔과 유엔 한국재건단(운크라)에서의 활동

코넌트: 제가 맨 처음 계약을 하고 일한 곳은 운크라입니다. 처음엔 미국의 영화노동조합 수준으로 봉급을 받았죠. 당시 미국엔 할리우드를 비롯하여 주요 도시를 중심으로 한 아주 강력한 노동조합들이 있었어요. 한동안 국내에서 제작되는 35mm 영화 인력들은 조합에 의무적으로 가입해야 했어요. 그래서 제가 [처음에] 그렇게 말을 했어요. "조건은 간단해요. 그냥 미국 노동조합 기준에 맞게 임금을 주세요." 국무부는 순진하게도 그대로 해줬고요. 그때 영화노동조합들은 정말 좋았어요. 전쟁위험보상비도 있었고, 주말 급여는 평일보다 더 많았고요. 제도적으로 여러 가지 좋은 점들이 있었죠. 제가 그렇게 많은 주급을 받아본 건 살면서 처음이었어요. 국무부는 한동안 이렇게 지급하다가 우리를 해고하려고 했죠. 하지만 당시 북한이 보낸 경비행기가 서울 상공을 돌며 폭탄을 떨어트리고 있었을 때라 사람들이 많이 떠나고 있었어요. 아주 파괴적인 건 아니고 사람 몇 명 죽는 정도였지만, 그래도 많은 사람들은 서울에 있다는 것을 굉장히 위험하게 생각했어요. 게릴라들이 가끔씩 경부선을 공격하기도 했고 길에 설치해둔 폭탄들이 있어서, 서울에서 수원[11] 사이를 차를 타고 가다 보면 길에서 죽은 사람들을 위해 작은 십자가를 길가에 묻어놓은 걸 봤었죠. 심지어 당시 유엔에서 주는 임금은 그리 많지 않았고 좋은 장비도 없었어요. 결국 그들이 모집했던 많은 해외 인력들이 떠났습니다. 유엔에서 한국전쟁 관련 영화를 만들기 위해 뽑은 소수의 사람만 남았죠. 그래도 제

---

11 시어도어 코넌트가 이후 시청각 교육 강의를 했던 신생활교육원이 수원에 위치하고 있었다. 이에 대한 더 자세한 내용은 구술 후반부에 등장한다.

가 봤을 때 우리가 운크라에서 받던 돈은 제가 뉴욕에서 유엔을 위해 일할 때 받던 것보다 훨씬 많았죠. 아무튼 전쟁 중이었으니 위험한 상황이라고 판단했는지 유엔은 결국 영화 프로젝트를 취소했고, 저를 유엔의 P3급 공무원으로 만들었어요. 다른 선택지가 없었어요. 저는 임금의 20~30%가 깎이는 것을 받아들였죠. 싫지는 않았어요. 어쨌든 유엔 소속으로 한국에 있으면서 제가 만들고 싶은 영화를 만들 수 있는 일종의 특권이라고 여겼으니까요.

운크라는 한국의 재건을 위해 쓰일 자금의 상당 부분을 다뤘어요. 유엔 이사회에서 사람들을 파견해서 재건 자금을 관리하게 한 거죠. 운크라 초기에 내부적으로 가장 컸던 이슈는 '한국이 농업국가로 남을 것인가'였어요. 남부 아일랜드처럼요. 아일랜드는 농업과 관광이 주요 산업이었고 제조업이 거의 없었어요. 한국이 그런 나라로 남게 될 것인가 아니면 일본이 한국을 바라보았던 것처럼 제국을 위해 값싼 물건들을 만들어내는 산업국가로 변할 것인가, 내부에서 그런 논의를 많이 했어요. 그건 결국 한국 재건을 위한 유엔 보조금이 어떻게 쓰여야 하는지에 관한 문제였으니까요. 즉 주로 농부들을 돕는 데 써야 하는지 아니면 다국적 기업을 위해 써야 하는지에 대해 논란이 많았지요.

제가 초기에 유엔에서 받은 일 중에 하나는 한국의 섬유 산업에 대한 사진을 찍는 것이었습니다. 유엔이 안양 부근에 섬유 공장을 재건하도록 보조금을 많이 주었거든요. 제가 가서 봤을 때는 뉴잉글랜드의 상황만큼이나 노동 여건이 좋지 않았습니다. 매우 어린 아이들이 공장에서 일을 했고요. 일본의 공장 같았습니다. 식민지 때 일본인들이 그렇게 아이들을 아주 엉망으로 부려먹고 돈은 거의 안 주다시피 했죠. 유엔은 이 열악한 노동 환경을 회원국들에게 차마 보여줄 수 없었는지, 결국 제가 찍은 사진들을 쓰지 않았습니다.

그리고 NBC[12]에서 일을 하던 존 리치(John Reich)라는 사람이 몸이 아파서 저에게 맡긴 뉴스영화 작업이 있었는데요, 한국의 산업에서 얻을 수 있는 경제적 이득에 관한 영화였죠. 단순한 물건을 만드는 공장에 갔는데 어린아이들이 안전시설이라곤 찾아볼 수 없는 공장에서 굉장히 긴 시간 동안 일하고 있었습니다. 지금 제가 하는 말을 그 당시엔 하지 않았고요, 그저 보여주기만 하고 영화를 본 사람들이 직접 토론할 수 있기를 바랐어요. NBC에서 방영이 되었는데요. 리치가 그걸 보고는 다가와서 "맙소사, 대체 이걸 무슨 생각으로 방송한 거야? 이

---

12   NBC(The National Broadcasting Company): 미국의 텔레비전·라디오 방송국. 1926년 RCA(Radio Corporation of America)로 시작, 현재 미국에서 가장 오래된 방송국으로 꼽힌다.

거 큰 문제가 되겠는걸"이라고 하더군요. 사실 이 영화가 많은 문제를 일으키기는 했어요. 그때 저는 솔직하게 "[당신이] 한국에서 재건 산업이 시작되는 걸 보여주라고 했잖아. 그래서 찾은 공장인데 꽤 괜찮은 기사거리가 될 거라고 생각했어"라고 했더니, 리치는 "그렇긴 하지만 [외부적으로] 어떤 반응을 불러올지에 대해서는 생각이 짧았다"고 하더군요. 그래서인지 그는 저한테 다시는 일을 부탁하지 않더군요. 다행히도 그때 NBC는 제가 아닌 존 리치를 공격했습니다. 리치는 몸이 좋지 않다는 이유로 자신이 그 영화를 직접 연출하지 못했다는 것을 그들에게 밝히려고 하지 않았어요. 그래서 나중에 미국에선 운크라의 인적 구성에 대해서, 또 영화 관련 일을 하는 많은 이들이 사실 한국에 한 번도 가보지 못한 이들이라는 것에 대해 비판하는 책도 나옵니다. 사실 그때 한국에 있던 모든 영화, 방송 관련 인력들은 아시아에 대해 제대로 아는 게 없었죠. 그냥 관료체제 아래 있으면서 사다리를 타고 올라간 이들뿐이었어요.

아무튼 유엔을 위해 선전영화를 만드는 게 제 일이었어요. 유엔 회원국들은 [파견한 자국] 군인들이 한국에서 무엇을 하는지를 알리는 영화를 만들고 싶어 했죠. 1952년에 처음으로 한국에 갔는데 기본적으로 독립영화나 영화에 관심 있는 일부 일본인을 도왔어요. 온몸에 문신을 한 일본 야쿠자들이 일본의 영화산업을 주무르고 있을 때죠. 한국도 마찬가지였어요. 지하세력들이 서울의 첫 극장들을 지었어요. 역사적으로 첫 극장은 아니었지만, 서울이 폭격당했을 때 얼추 80%가 파괴됐으니까… 제일 처음 재건된 건물 중 하나는 미 의원들이 방문할 경우를 위해 미군이 세운 아메리칸 호텔[13]이었어요. 두 번째는 수리해서 고위 관리들을 위해 사용한 옛 조선호텔[14]이었어요. 세 번째는 한국의 소위 지하세계 사람들이 서울에 세운 극장 두 곳이 있었어요.[15] 그 외엔 없었어요. 시청이 열리기는 했지만 심하게 부서진 상태였어

---

13 반도호텔을 일컫는 것으로 보인다. 반도호텔: 1938년 일본인 노구치가 소공동에 세웠고, 4층짜리의 조선호텔보다 2배 높은 지상 8층의 건물로, 당시 최대 규모였다. 종전 이후 주한 미군 사령부의 지휘 본부로 사용되기도 했고, 이승만 정권기에는 주요 정치인들이 많이 이용하여 '호텔정치'라는 말이 생기기도 했다.

14 조선호텔: 독일 건축가 게오르그 데 라란데(George de Lalande)가 설계한 것으로 1914년에 개관했다. 종전 이후 미군 사령관 하지(Jone R. Hodge) 중장이 거처하며 미 군정 집무실로 썼으며 미 군정청이 관리했다. 이승만 역시 1946년 4월에 거처를 옮길 때까지 이곳을 정치적 거점으로 이용했다. 정부 수립 이후 교통부에서 인수하면서 정부직영 호텔로 운영되었다.

15 1952년 당시 대형극장 중에는 국도극장(구 황금좌), 수도극장(구 약초극장, 이후 스카라극장) 등

요. 미국 대사관은 그나마 괜찮았지만 일부 대사관들은 상태가 좋지 못했죠. 그땐 서울에 거주하는 사람이 별로 없었어요. 콤파운드(Compound)라는, 서울 근처에 있는 한 광산회사 건물이 기자들을 위한 임시 숙소로 쓰였죠. 저는 거기서 살았어요. 이때가 영화산업이 시작되던 시점이었어요. 여러 단체가 뉴스영화를 만들어냈고요. 저는 주로 유엔이 원하는 일을 했지만 시간이 있을 땐 이형표[16] 같은 한국 감독들을 도왔어요. 새로운 기술을 접목시킬 수 있도록 말이죠.

전쟁 중에 유엔에서 요청한 보도사진을 찍거나 영국 BBC에서 다큐멘터리를 만들던 스티븐 피트[17]를 도우러 북한에 간 적도 몇 번 있어요. 실제 휴전 약정 서명 등을 담은 화면 대부분

이 있었으나 이들이 '지하세계'와 연결되어 있다는 것은 확실치 않다. 이들보다 규모가 작았으나 당시 임화수가 매입했던 평화극장(구 제일극장)을 일컫는 것일 가능성이 있으나, 이 역시 확실치 않다. 전후 이승만 정권기 극장과 흥행계의 폭력적 구조와 정권과의 유착에 대해서는 이승희의 글을 참고할 것. 이승희, 「흥행 장의 정치경제학과 폭력의 구조 1945~1961」, 이순진·이승희 엮음, 『한국영화와 민주주의』, 선인, 2011. 국도극장은 전쟁 직후 미군 위안극장으로 이용되다가 1954년 5월에 수리를 마치고 재개관했으며, 대표는 김해병이었다. 스카라극장은 1946년 당시 약초극장 지배인이던 홍찬이 인수하여 수도극장으로 이름을 바꾸고, 미 군정기 내내 대표적인 외화 흥행장으로 자리 잡았다. 홍찬은 수도극장, 수도영화사에 이어 1957년, 대규모의 안양종합촬영소를 건설했다. 이후 수도극장은 수익 악화로 1962년에 성업공사로 넘어가 김근창에게 낙찰된 후, 1962년 9월 스카라극장으로 이름을 바꾸고 재개관했다.

16   이형표 (1922~2010): 황해도 출생. 서울대학교 사범대학 영어과 졸업. 대학 시절부터 미8군 홍보지 《코리안 그래픽 Korean Graphic》에서 편집 조수로 일했으며, 졸업 후 주한 미 공보원 영화과에서 영화 제작 조수로 근무했다. 전쟁이 발발하자 인민군 점령 치하의 서울에서 조선미술가동맹의 미술가로 활동하게 되는 등의 우여곡절 끝에 진해로 내려가 미 공보원의 다큐멘터리 제작에 제작보좌관 겸 통역으로 일했다. 그러나 조선미술가동맹 활동이 문제가 되어 미 공보원에서 해고된 후 1952년부터 운크라에서 활동했다. 이때 시어도어 코넌트와 공동 작업을 시작했으며, 〈한국의 환상 Korean Fantasy〉, 〈위기의 아이들 Children in Crisis〉(1955) 등을 공동 연출했다. 1953년부터 공보처 영화과 촉탁으로 현상시설 운영을 주관했으며, 1955년부터는 공보실 산하 대한영화사 사무장으로 근무하며 〈대한뉴스〉 등을 제작했다. 공보처(실) 시절 신상옥을 알게 되어 〈젊은 그들〉(1955)의 각색을 맡게 되었으며, 1959년 공보실을 나와 신상옥이 주도하던 서울영화사에 입사했다. 감독 데뷔는 1961년 〈서울의 지붕 밑〉을 통해서였으며, 이후 〈대심청전〉(1962), 〈말띠여대생〉(1963), 〈청등홍등〉(1968), 〈산에 가야 범을 잡지〉(1969), 〈애권〉(1980), 〈관속의 드라큐라〉(1982) 등 다양한 장르의 대중적 영화들을 만들었다. 자세한 내용은 이형표 구술, 이순진 채록, 『2005년도 한국 근현대예술사 구술채록연구 시리즈 69: 이형표』, 한국문화예술위원회, 2005 참고.

17   스티븐 피트 Stephen Peet (1920~2005): 영국의 감독으로 1969년부터 1981년까지 텔레비전 시리즈 〈어제의 목격자 Yesterday's Witness〉를 만들면서 일반 개인의 구술을 바탕으로 '아래로부터의 역사'

1953년 판문점 자유촌 '자유의 문' 앞. 유엔, 북한, 중국 간에 체결된 '상병포로 교환에 관한 협정'에 의해 송환된 상병포로들을 맞이하고 있는 모습

은 사실 제가 촬영한 것이고요. 제 장비는 독일산 35mm 카메라였어요. 남한 사람들은 참석이 불가능했거든요. 북한 사람들과 중국인들은 참석이 가능했지만 남한 사람들은 중국인들을 통해 참석이 불가능하다고 들었습니다. 왜냐하면 그 당시 중국군의 영향이 컸고 북한 사람들은 중국군의 뒤를 충실히 따랐거든요. 북한 사람들은 미국에 대해 굉장히 분노하고 있었습니다. 포로 교환 때 미국군 포로들의 옷을 벗기기까지 하면서 미 제국주의를 얼마나 증오하는지 보여주려 했죠. 그래서 포로들이 문산까지는 옷을 잘 입고 가서는 북한에 넘어가기 직전에 옷을 땅에 다 버려두곤 했어요. 그 모든 것을 제가 컬러로 촬영했는데요. 촬영한 몇 부분은 텔레비전에 방영되기도 했습니다. 유엔 공무원으로 지낼 때라 미국 여권을 집에 두고도 북한이나 중화인민공화국에 들어갈 수 있어서 매우 편했죠. 포로 교환 당시 공산주의 신

를 그려낸 것으로 알려져 있다. 영국 가디언 지의 추모사는 그를 "텔레비전 구술사의 아버지"로 칭하고 있다.

문에서 나온 기자 두 명이 있었어요. 영국《데일리워커 *Daily Worker*》[18]의 앨런 위깅튼(Alan Wigginton)과 프랑스《르 휴머니테 *L' Humanitae*》[19]의 버체트(Burchett)죠. 저는 그 사람들과 함께 가끔 개성에 갔어요. 그리고 김일성과 어린 김정일도 만났죠. 당시 유엔 소속이었기 때문에 다른 미국 기자들이 북한으로 건너가지 못할 때도 저는 갈 수 있었어요. 하지만 같이 일하던 한국인들은 데리고 가지 못했어요. 그래서 모든 촬영을 혼자서 했죠. 몇몇 사람들을 만났는데, 특히 동남아시아, 마카오, 홍콩 등지에 사는 프랑스 공산주의자들을 만났어요. 어떤 미국 기자들은 사진이 필요하니 북한 사람들에게 카메라를 맡겨 사진을 대신 찍어달라고 하고는 그 대가로 무언가를 주곤 했습니다. 그때 남는 시간이 많았는데요. 판문점에서 토론이 장황하게 이어질 때면 다들 점심시간을 겸해 작은 소풍을 나온 것처럼 수다를 떨곤 했죠. 전 영화를 만들려고 했습니다. 그래서 이형표와 함께〈판문점에서 부처님까지 *From Panmunjom to Buddah*〉라는 영화의 1차 편집본을 만들었어요. 부처님이 산중에서 누리는 조용한 삶과 판문점에서 일어나는 일을 대조해 보려고 했는데, 아이디어는 괜찮았지만 촬영한 다음에 보니 영화로서는 짜임새가 없었죠.

판문점 근처에서 BBC 라디오 녹음을 할 때, 미국에서 받기로 한 자료들이 늦어지거나 충분하지 않아서 제가 종종 유엔을 통해 받거나 직접 조사를 했어요. 당시 문산리에 있는 판문점엔 미국으로 연결된 전화선들이 있어서 날씨가 괜찮을 때는 그냥 수화기를 들고 뉴욕이나 워싱턴으로 바로 전화를 걸 수가 있었죠. 그 전화선들은 사령관을 위한 전용선이었습니다. 저는 그가 언제 잠자리에 드는지를 알고 있어서 밤에 그 전화선을 쓸 수 있었어요. 사실 단파를 이용하기에는 최적의 시간대였지요. 거기서 친구들에게 종종 전화를 걸곤 했어요. 아침에 전화를 걸어 친구들을 깨우곤 했는데 친구들이 전화로 전쟁 소리를 들었죠. 당시 문산리는 전투 지역이라 마치 미국 독립선언 기념행사 가운데 있는 것처럼 들렸어요.[20] 문산은 바로

---

18   《데일리워커 *Daily Worker*》: 1930년 영국 공산당이 창간한 일간지. 1966년《모닝스타 *Morning Star*》로 이름이 바뀐 뒤 현재까지 발행되고 있다.

19   《르 휴머니테 *L' Humanitae*》: 1904년 프랑스 사회주의 활동가 장 조레스(Jean Jaurès)가 창간한 좌파 일간지. 창간 당시에는 프랑스 공산당과 연관되어 있었으나 현재는 독립적으로 운영되고 있다. 프랑스 공산당이 좌파 진영을 장악했던 1940년대 말부터 1960년대 말에 이르기까지 널리 읽혔다.

20   미국 독립기념일(Independence Day, The Fourth of July)에 폭죽을 터트리며 기념행사를 할 때처럼 큰 소리가 났다는 의미.

판문점 밑이라 열차들이 [북쪽으로 가지 못하고] 멈춰 있었는데, 우리는 그 안에서 살았어요. 열차 안에 전화기가 여러 대 놓여 있었죠. 이 전화들은 포로 교환 및 기자들의 이동을 관리했던 중립국 관계자들을 위한 것이었지만 저를 포함해 누구나 쓸 수 있었죠. 기술적인 문제가 있을 때에는 뉴욕에 있는 짐 타운젠드(Jim Townsend)에게 전화를 걸어 물어보기도 했습니다. 미국 군대가 도청을 할 가능성이 있어서 전화 내용을 녹음하거나 그러진 않았습니다. 그래도 당시 판문점엔 기술 전문 인력이 없었기 때문에 자연스럽게 기회를 봐서 전화를 걸어 물어보곤 했어요.

한국전쟁 시기 공보처, 미 공보원, 운크라

코넌트: 아이젠하워[21]가 1952년인가 크리스마스 즈음 한국에 왔을 때예요. 제가 아직 유엔에서 일하고 있을 때였는데, 공보처(OPI)[22]에서 아이젠하워에 관한 영화를 만들고 싶어 했어요. 당시 저는 필요한 모든 지원을 받았어요. 군대에서 뭐든지 보내줬거든요. 아마 원했다면 그랜드 피아노도 보내줬을 걸요. 에드 머로[23]라는 유명한 기자가 CBS에서 방송하던 〈시 잇 나

---

21 드와이트 아이젠하워 Dwight D. Eisenhower (1890~1969): 미국의 제34대 대통령(1953~1961). 2차 대전 시기 미 육군 원수로 유럽 연합군 최고사령관으로 있었다. 한국전쟁 당시 파견되었고, 맥아더가 사임한 이후 한국 주둔 미군을 총지휘했다. 1952년 공화당 후보로 출마하여 대통령으로 당선되었으며, 당시의 선거 공약대로 1953년 한국전쟁 휴전 협정조약을 이끌어냈다. 아이젠하워는 1953년 당선 직후 한국을 방문하였다.

22 공보처(Office of Public Information: OPI): 1948년 11월 4일, 정부 수립과 함께 발족. 법령의 공포, 언론, 정보, 선전, 영화, 인쇄, 출판, 저작권 및 방송에 대한 사무 전반을 관장했으며 1955년 1월, 공보실로 개편되었다.

23 에드워드 머로 Edward R. Murrow (1908~1965): 미국의 저널리스트. 1935년 토크 쇼와 교육 담당자로 CBS에 입사했으며, 1937년부터 CBS의 유럽 보도 담당을 맡아, 전쟁 내내 유럽 곳곳을 누비며 실시간 보도로 명성을 누렸다. CBS의 대표인 윌리엄 페일리(William S. Paley)와 긴밀한 관계를 유지하며 전후 CBS 보도국 부사장을 맡았다가 곧 다시 현장으로 복귀했다. 라디오뿐 아니라 텔레비전 프로그램 기획과 진행에 있어 독보적인 인물이었다. 1951년 인기가 많았던 라디오 프로그램 〈히어 잇 나우 Hear It Now〉를 텔레비전에 맞는 포맷으로 바꿔 〈시 잇 나우 See It Now〉라는 프로그램을 기획, 진행했다. 〈시 잇 나우〉는 1950년대 내내 논쟁적인 이슈를 다루었던 프로그램으로, 특히 1950년대 말 정치적으로 하락세였던 공화당 의원 조지프 매카시(Joseph McCarthy)를 초대하여 공

우 *See It Now*〉라는 프로그램을 요청해서 받았어요. 혁신적인 프로그램이었죠. 그가 아이젠하워와 대담을 나눈 에피소드가 있어서 그걸 공보처에 보여줬어요. 이형표도 그렇고 다들 놀랐죠. 머로가 소신껏 아이젠하워의 의견에 반대했는데, 그건 일본에서는 불가능한 일이거든요. 일본 기자가 고위급 일본 정치가와 반대되는 의견을 낼 수는 없었거든요. 사실 에드 머로는 유명해요. 한국전쟁이 시작됐을 때 바로 와서 주한 미군이 얼마나 엉망이었는지 봤어요. 미국인들이 매음굴 같은 데서 매춘부나 애인과 살림을 차리고 살고 있었고 다들 비만이었어요. 일주일에 한두 번 정도만 훈련을 하거나 제복을 입고 행군을 했기 때문에 전투 준비가 안 된 상태였죠. 게다가 갑자기 소집돼서 한국으로 보내졌으니 전쟁에 나갈 상태가 아니었어요. 대부분은 훈련을 제대로 받은 적도 없어서 여러 전쟁으로 단련된 북한군의 상대가 되지 못했어요. 머로는 이런 사실을 담은 영상을 도쿄를 통해 뉴욕으로 보냈어요. 사운드가 형편없었어요. 하지만 이 영상이 들어오자 페일리[24]는 곧 트루먼[25]에게서 전화를 받았죠. 트루먼은 이 영상을 방송으로 내보내면 안 된다고 했어요. 이때 CBS는 대통령의 명령을 어기고 머로의 방송을 내보낼 수 있었을까요? 중요한 문제였어요. 결국 나중엔 했어요. 언론은 정부에 반항해서 그냥 내보냈어요. CBS의 모든 송신기는 정부에서 허가받은 거라서 정부가 허가를 취소한다고 하면 방송을 못 하게 됐겠죠. 물론 페일리는 대통령에 맞설 권리가 자기에게 없다고 생각했어요. 하지만 그 정도의 인지도와 권력을 가진 사람이 정부의 검열을 받은 경우는 그게 처음이었어요. 한국에서는 알려지지 않은 일이지만 미국에선 매우 큰 사건이었어요. 최근 페일리나 머로 같은 이들이 죽고 나서야 이 사실들이 밝혀졌어요. 미국의 언론과 라디오 역사상 매우 중요한 문제예요.

아무튼 그때 서울에서 아주 가까운 위치에 프레스클럽을 설치해놓고 모든 방송 내용을 심

개적으로 비판한 것으로 유명하다. 방송계에서의 영향력을 발판으로, 공보국을 쇄신하려고 하던 케네디에게 기용되어 1961년부터 미국 해외 공보처(USIA) 총책임자를 맡았다. 1964년 암이 발병하자 사임했다.

24   윌리엄 페일리 William S. Paley (1901~1990): CBS의 설립자이자 초대 대표. 작은 라디오 네트워크에서 미국의 라디오, 텔레비전 산업을 독보적으로 발전시켰다. 2차 대전 당시 아이젠하워 휘하의 미정보국 심리전 담당자로 일하기도 했다.

25   해리 트루먼 Harry S. Truman (1884~1972): 미국의 제33대 대통령(1945~1953). 민주당 출신으로, 미주리 주지사 및 루스벨트 정권 말기에 부통령을 거쳐 2차 대전 말부터 집권했다. 1949년 재선에 성공했으나, 1952년 선거에서 공화당의 아이젠하워에게 패배했다.

의했어요. 방송할 때 스위치에 손을 올려놓은 사람이 대기하고 있었지요. 그 당시 언론은 마이크와 거대한 사운드 트럭을 동원해서 왔어요. 앰뷸런스만한 거대한 트럭이 동원됐는데 전기를 공급하고 그러려면 장비가 많이 필요했거든요. 그땐 직접 녹음을 하는 것보다 기자회견 같은 것을 전보로 보내는 게 빠르긴 했어요. 신문사에 보내면 읽어보거나 거기서 누가 직접 들으면서 타자를 쳤어요. 제가 한국에 갔을 때에도 전보를 칠 때 부호를 썼어요. 해군에서 써봤으니 잘 알고 있었죠. 그래서 저는 암시장에서 장비를 잔뜩 사서 강력한 오디오 앰프를 만들었어요. 그리고 케이블 앤 와이어리스사[26]의 송신기로 부호뿐만 아니라 음성을 전했어요. 맨 처음에 신호를 보냈을 때 홍콩이 잡혔어요. 그쪽 주파수를 알고 있었거든요. 아주 교양 있는 영국 사립학교 출신 목소리가 말하더군요. "여보세요. 어떻게 음성을 잡았습니까?" 전 상황을 설명했죠. 서울과 도쿄 사이의 케이블 연결에 기술적인 문제가 좀 있어서 그러는데 BBC를 연결해줄 수 있냐고요. 그는 오디오 음질을 보장할 순 없지만 해줄 수 있다고 하더군요. 그래서 전 BBC에서 일하던 다른 이들에게 제가 녹음한 기사 몇 개를 틀었어요. 다들 음질이 훌륭하다고 말하더군요. 맥아더의 심의를 거치지 않은 것들이었죠. 사실 우리가 정치 상황에 대해 언급한 내용은 맥아더가 절대 용납하지 않을 것들이었어요. 고령인 맥아더는 아침에만 정신이 맑은 것 같다, 그의 아내나 아내 주변 사람들이 중요한 결정을 한다, 그런 내용이었어요. 프레스클럽 입구에 이런 간판이 있었어요. "여기서 세계 최고의 기자들이 움직인다." 반대쪽에는 이렇게 써져 있었죠. "여기서 세계 최고의 기자들이 기어간다." 술을 마시지 않을 수가 없었어요. 스카치, 버번, 진, 일본 술, 뭐든 공짜로 마실 수 있었으니 다들 마셨어요. 아침부터 마시는 사람도 있었어요. 한국 관료 한 명이 우리의 행동을 못마땅해 하면서 "여러분은 신사니까 점잖게 행동하셔야죠"라고 했더니 심하게 취한 젊은이 하나가 "저는 신사가 아닙니다. 그냥 취한 기자입니다"라고 했어요. 어쨌든 우린 이승만[27]과 맥아더의 심의를 피해

---

26   케이블 앤 와이어리스사(Cable and Wireless): 영국의 텔레커뮤니케이션 회사로, 그 모체는 1860년에 설립되었다. 2010년 영국을 기반으로 한 다국적 기업으로 새롭게 태어났다. 1934년, 영국 식민지였던 홍콩에 지사(Cable & Wireless HKT)가 설립되었고, 코넌트가 연결한 채널 역시 홍콩 지사의 것으로 보인다.

27   이승만 Syngmann Rhee (1875~1965): 대한민국의 정치가, 제1, 2, 3대 대통령(1948~1960). 미 프린스턴대학에서 국제정치학 박사학위를 받은 뒤 하와이에서 한인학교 등을 운영했다. 1919년 9월부터 1925년 3월까지 대한민국임시정부 대통령직을 역임했고, 주로 미국에서 외교 중심의 독립운동을 펼쳤다. 1945년 12월부터 김구 등과 함께 신탁통치 반대운동을 주관했으며 남한의 단독정부 수

갔어요. 누군가가 저한테 뭘 물으면 전 아는 게 별로 없다고 했고 영국 방송국과 얘기하라고 둘러댔죠. "케이블 앤 와이어리스는 별도의 회사고, 홍콩에 있는 사람들과도 연락을 할 수 있어요. 그러니까 그들과 얘기하세요"라고 말이죠. 그러면 케이블 앤 와이어리스는 이승만이나 맥아더 쪽에 이렇게 말했어요. "잘 모르겠는데요. 우리 고객에 대해 얘기할 수는 없어요. 우리는 우체국처럼 그냥 메시지를 전달하는 것뿐이에요. 음성은 거의 사용하지 않고 주로 부호를 사용하는데요." 그러니 진전이 없었죠. 그래서 위에선 화도 많이 냈어요. 저 같은 좌익이 한국에서 메시지를 내보낼 수 있다는 사실을 싫어했어요.

아무튼 아이젠하워가 서울에 왔을 때, 특별 제작된 장비로 텔레비전 프로그램을 만들었어요. 16mm 필름에 기록한 것을 공보처로 가져갔죠. 그 무렵 저는 공보처에서 쓸 독일제 촬영 및 현상 장비를 구해가지고 막 설치하는 중이었어요. 주로 에어로플렉스[28] 장비였어요. 어쨌든 촬영한 것을 35mm로 확대했는데, 한국 뉴스영화에 아이젠하워의 사진이 그대로 박힌 채 나간 거죠. 아무런 심의나 제제를 거치지 않았으니 군대에서 굉장히 화를 많이 냈죠. 전 아무것도 모르는 척했어요. 그때 저는 운크라에 있었죠. 제 일과는 아무런 상관이 없었지만 공보처 사람들이 [아이젠하워를 찍은 필름을] 가져도 된다고 생각했어요. 많은 한국인이 아이젠하워를 몰랐는데 이 필름은 아이젠하워의 모습이 담긴 긴 인터뷰였거든요.

[오른쪽 사진을 가리키며] 이게 서울 근처에 있던 공보실에서의 모습입니다. 이렇게 영상물과 녹음물을 틀었고 뉴스영화와 단편 다큐멘터리에 넣을 음악도 만들었죠. [영상에 음악을 입힌 것을] 제가 직접 보진 않았지만 장비를 대주고 도와주었죠. 어떻게 사용하는지 보여주는 따위로 말이죠. 그들은 이미 장비를 사용하고 있었지만, 제가 암시장에서 장비를 갖고 오기도 하고, 일본산 장비를 사용하는 방식이며 보스턴 심포니오케스트라의 최고 작품만

립을 지지, 추진했다. 1952년 부산정치파동에 따른 개헌과 1954년 소위 '사사오입' 개헌으로 장기 집권했다. 1960년 3·15부정선거를 통해 4대 대통령으로 선출되었으나, 4·19혁명이 일어나자 부정선거에 대한 책임을 지고 사퇴하여 미국 하와이로 망명, 그곳에서 사망했다.

28   에어로플렉스(Aeroflex) 카메라: 2차 대전 시기 독일군이 쓰던 경량의 휴대용 카메라로, 항공 촬영 시 특히 많이 쓰였다. 전후 독일군이 제작한 뉴스영화 등을 통해 독일 카메라의 우수함이 알려지면서, 미국영화계에서도 아리플렉스(Arriflex)로 대표되는 독일제 35mm, 16mm 경량 카메라를 널리 사용하게 되었다. Norris Pope, *Chronicle of a Camera: The Arriflex 35 in North America 1945-1972*, University of Mississippi Press, 2013, pp. 14~19. 당시 공보처에서 근무했던 이성철의 증언을 바탕으로 할 때, 코넌트가 말하는 독일 장비는 아리플렉스일 가능성이 높다.

공보실 영화과 시라큐스 고문단 시절의 코넌트

을 복사하여 쓸 수 있도록 도와주었어요. 그것은 국제 저작권법에 의하면 엄연히 불법이었지만, 한국은 당시 그 어디에도 속하지 않은 상태라 음악을 아무 데서나 훔쳐왔죠.[29] 전 레코드를 빌려오기도 하고 제가 갖고 있던 레코드를 쓰거나 암시장에서 레코드를 사오곤 해서 항상 최고의 음악을 썼어요. 흥미로운 것은 한국에서 이런 불법 복제를 올림픽 바로 전까지 했다는 겁니다. 그 당시에 한국 뉴스영화가 로스앤젤레스에 있는 한 극초단파(UHF) 방송사에서 상영되고 있었는데, 제가 [한국 제작사들에게] 미국엔 아주 엄격한 법이 있고 음악조합이 이런 관행을 알게 된다면 당신들은 엄청난 벌금을 물게 될 거라고 말해줬어요. 그들은 그 문

29 몇 년간 정체되어 있던 저작권법 문제는 1957년 1월 제정, 시행령으로 마무리되는 듯 했으나, 이는 국제 저작권법인 베른조약이나 유네스코 저작권 조약과는 무관하다. 한국은 유네스코로부터 1959년 5월에 저작권법 가입 권고를 받았으나 가입 신청은 보류 중인 상태였다. 1960년대 초반까지만 해도 국제저작권협회에 가입하는 것이 '국가적 체면'과 '출판계의 정화'를 위해 바람직하다는 담론이 있었으나, 출판물은 구매력이 없는 한국 실정에서는 도저히 저작권료를 감당할 수 없다는 현실적인 주장도 나오고 있었다. "재론된 국제저협 가입 문제",《경향신문》1961년 8월 4일, 4면.

공보실 영화과 제작 〈흘러간 옛 노래〉(양종해, 1960) 촬영 현장. 가수 이난영이 박시춘의 기타 연주에 맞춰 "목포의 눈물"을 부르고 있다

제를 해결하겠다고 했어요. 미국 중앙정보국(Central Intelligence Agency: CIA)에 이야기해서 처리를 했다고 했죠. 하지만 알고 보니 CIA가 이 텔레비전 방송국들로 사람들을 보낸 다음, 한국 제작자들이 음악을 훔치고 있는 것과 마찬가지지만 미국 외교 정책의 한 부분으로 여기고 그냥 잊으라고 했다는 겁니다. 안 그러면 좋지 않은 일들이 일어날 것이라고요.

질문자: [위 사진을 가리키며] 이건 공보실 스튜디오인가요?

코넌트: 네, 맞아요. 이전에는 진짜 스튜디오가 아니었어요. 공보실은 사실 굉장히 허름한 스튜디오를 갖고 있었는데, 제가 스튜디오의 치수를 재어보고 어떻게 스튜디오를 지어야 하고 그것을 어떻게 활용할 수 있는지에 대한 글을 썼었어요. 그걸 재려면 스튜디오 안에서 총을 쏘거나 폭죽을 터뜨려서 메아리를 측정하는 게 가장 좋죠. 저는 그때 마카오를 자주 드나들었는데요. 중국 명절 때 쓰는 폭죽들은 마카오에서 다 만들어졌어요. 그래서 저는 미국 독립기념일에 쓰려고 사둔 폭죽 중 몇 개를 가져가서 터트려봤지요. 경비원들이 북한에서 쳐들어

온 줄 알고 기겁을 하더라고요. 그래서 그냥 테스트 중이라고 설명해줬어요. 경비원들은 상업용 폭죽을 본 경험이 전혀 없었던지, 제 대신 폭죽에 불을 붙이고 저는 소리를 측정하고…. 아주 재밌었어요. 가장 좋은 장비로 소리를 측정했는데, 폭발하는 소리 이후에도 잔향이 들렸습니다. 그래서 전 이 공간이 교회로 쓰이기엔 적당하지만 음향 녹음이나 영화를 상영하기엔 부적합하다고 보고했죠.

공보실 라디오과와 영화과는 서로 협조적이지 않았어요. 전 라디오과의 사람들을 알고 있었죠. 전송기를 보러 나가기도 하고 가끔은 도와주기도 하면서요. 하지만 [라디오과는] 영화 쪽의 사람들과는 전혀 교류가 없었습니다. 공보실 영화과 사람들이 방송 쪽 사람들을 좋아하지 않았고, 그 반대도 마찬가지였죠. 그러나 그때 공보실장이 양쪽을 같이 불러 회의를 했고, 라디오 방송국으로서는 스튜디오를 만들기에 훌륭한 장비를 갖고 있고 소리도 이미 측정했다는 것 따위를 다들 알게 됐지요. 그때 공보실은 독일과 덴마크에서 만든 아주 비싼 장비들을 갖고 있었어요. 그래서 건축가들과 함께 내부 디자인을 하고, 공보실 영화과 쪽에서 짐을 옮기고, 건물 안에 영화를 보여줄 수 있는 괜찮은 영화관을 만들게 되었어요. 정치인들은 그곳에 가서 외국영화를 보곤 했으니 아주 좋아했고, 나중에 스튜디오를 몇 동 더 지으면서 결국 KBS가 쓸 텔레비전 스튜디오까지 짓게 되었죠.[30]

질문자: 그게 언제였지요?

코넌트: 1952년과 1953년 사이의 일이에요.[31] 처음에 텔레비전은 RCA[32]와 합작하던 조선일보

---

30   한국방송공사(KBS): 1947년 라디오 방송국으로 개소. HLKA가 쓰던 정동 스튜디오를 쓰다가 남산 스튜디오가 설립되자 옮겨갔다. 공보처 산하에 있었으며, 코넌트가 구술하는 1950년대 후반에는 서울의 중앙방송국과 지방방송국 15개가 네트워크로 이루어져 있었다. 1961년 10월 15일, 첫 텔레비전 방송국이었던 대한방송(전신 KORCAD-TV)이 텔레비전 방송권을 국가(중앙정부)로 넘기고 폐업하여 같은 해 12월 31일에 서울텔레비죤방송국이 출범하였다. 처음에는 세금으로 운영했으나, 가뭄으로 서울텔레비죤방송국에 대한 지원이 어려워지자 당국에서는 TV 시청료 징수와 상업 광고를 허용하여, 1963년 1월 1일에 상업 광고가 개시되었으며 동시에 TV 시청료 징수가 시작되었다. 1968년에 '서울중앙방송국'과 '서울국제방송국', '서울텔레비죤방송국'이 통폐합하여 '중앙방송국'이 되었다. 1969년 5월 1일에 상업 광고를 폐지했으며, 1973년 3월 2일에 문화공보부에서 독립하여 '한국방송공사'로 전환하고 공영방송(국공영방송) 기관이 되었다. 1976년 여의도에 현재의 사옥을 건립하였다. 1979년에는 음악 FM(이후 KBS 클래식 FM)을 개국했으며, 당진 송신소도 준공되었다.

가 들여왔어요. RCA에 굉장히 적극적인 판매원이 있었는데요. 그 친구는 조선일보가 영화를 틀 수 있도록 저전력 송신기 등을 몰래 빌려주곤 했습니다. 그리고 저는 그런 카메라나 장비들에 익숙했기 때문에 그들을 좀 도와주기도 했지요. 그들은 영화를 보여주고 싶어 했는데, 그 지역의 맥주 회사가 예쁜 아가씨들이 나오는 음악 프로그램 따위를 후원했고 우리는 그걸 방송으로 내보냈죠. 그 방송은 저전력 안테나로 보내져서 신문사 건물에서부터 서울 시내까지밖에 전파되지 않았지만, 그래도 우리가 있던 운크라 건물은 대사관 건물과 가까워서 문제가 되지 않았어요.[33] 그래서 전 RCA에서 큰 텔레비전을 빌려와 지붕 위에다 놓고 피로에 지친 관료들이 먹고 마시며 텔레비전을 볼 수 있도록 해놓았습니다. 16mm 필름만 상영할 수 있었는데, 어쨌든 대사들도 보고, 매일 몇 시간은 방송이 되었으니까요. 그 방송들은 [공보처(실)장이던] 갈홍기[34]나 영부인[35]에 대해 정치적으로 비판적이었고, 결국 방송국은 영문 없이 불타버리고 말았어요.[36] 나중에 다시 말하겠지만, 제가 생각하기엔 이승만 쪽 정치 활동가들이 꾸민 짓 같아요.

31   앞에서 설명한 운크라 지원의 공보실 스튜디오 설립과 이후 설명하는 RCA 텔레비전 방송 등은 모두 1956년경의 일로, 코넌트가 연도를 오인한 것으로 보인다

32   RCA(Radio Corporation of America): 1919년에 설립된 미국의 전기회사. 1985년 제너럴 일렉트릭(GE)사가 인수하면서 분해되었다.

33   이형표는 안국동 한국일보사 맞은편 디펜던트 하우스(Dependent House)가 외국인 외교관 등이 살던 거주지였는데, 운크라의 관사도 그곳에 있었다고 말한다. 미국 대사관에서 매우 가까운 거리였다. 이형표 구술, 이순진 채록, 앞의 책, 100~104쪽.

34   갈홍기 (1906~1989): 감리교 목사, 정치인, 외교관. 경기도 강화군에서 태어나 연희전문학교를 졸업하고 미국 노스웨스턴대학에서 문학으로 학사를, 시카고대학에서 철학으로 박사학위를 받았다. 식민지 말기 일본기독교조선감리교단의 연성국장을 맡아 교단의 지도자급 인물이 되었고, 전시기 학병 지원 독려 및 황도 기독교의 수립과 전쟁 지원에 힘썼다. 해방 이후 숙명여대 교수를 지내다 이승만 정권 내내 정치 관료로 활동했다. 1952년 외무부 차관을 거쳐 1953년 3월부터 3년간 공보처(실)장으로 일했다.

35   프란체스카 도너 리 Francesca Donner Rhee (1900~1992): 오스트리아 출신으로 당시 영부인이었다.

36   한국 최초의 텔레비전 방송국이었던 대한방송 화재 사건을 말한다. 대한방송(HLKZ-TV)은 1956년 5월 12일 RCA가 설립했는데, 1년 뒤 운영상의 문제로 한국일보 산하의 대한방송주식회사(DBC)로 넘어갔다. 1959년 2월 2일, 원인을 알 수 없는 화재로 사옥 내의 모든 방송 장비가 소실되었고, 이로 인해 방송이 중단되었다. 1959년 3월 1일부터 1961년까지 주한 미군 방송인 AFKN-TV의 지원으로 매일 약 30분 정도 방송이 송출되었다.

[다시 49쪽의 사진을 가리키며] 이 RCA 장비 옆에 있는 이 장비는 제가 주문했던 장비의 부속입니다. 제가 운크라를 통해 주문한 거예요. 유엔에서 일을 하던 미국인들은 전부 다 미국 장비를 쓰려고 했고, 심지어 미국 제품들을 사도록 뒷돈을 받고 있었기 때문에 우린 언성을 높여 싸우곤 했어요. 저는 "독일 재건에 나서자면 돈이 필요하다. 우리 아버지 같은 사람들이 독일의 재건을 돕고 있으니 독일 제품을 사는 것은 어찌 보면 미국을 돕는 일이나 마찬가지다. 그리고 독일 장비가 훨씬 월등하고 싸다"고 주장했죠. 그래서 타협점을 찾아, 사운드 녹음기는 미국제를 사고, 제일 중요한 광학 음향 녹음기 등은 독일제로 사도록 했습니다. 다른 미국인들의 구호가 "언제나 RCA"였던 것은 아무래도 RCA가 자사 제품을 구매하게 압력을 넣고 있었기 때문이고요. 아무튼 타협점을 찾았는데, 이것이 결국 독일인들이 한국의 방송 장비, 영화 장비 시장에 들어갈 수 있는 발판을 마련했습니다. 제가 독일인들을 좋아해서 한 일은 아니었어요. 다만 많은 돈을 아낄 수 있었고 일정한 돈을 필름에만 써야 한다는 것을 감안한다면 좀 더 나은 장비들을 마련하는 것이 길게 봐선 낫다는 거였죠.

그때 공보실에서 일하던 최고의 음향 녹음기사는 가족을 부양하기 위해 결국 그곳을 떠났습니다.[37] 음향 녹음 일은 촬영감독이나 영화감독처럼 대접이 좋지는 않았으니까요. 독일 장비를 가지고 따로 회사를 차렸던 것 같습니다. 제가 듣기로 그는 독자적인 음향 녹음기사로 한동안 유명했어요. 경영에 썩 밝은 건 아니었지만, 어쨌든 당시 다른 이들보다는 더 나은 장비를 갖추고 있었고 그가 녹음한 것들은 공보실이 한 것보다 조금 더 나았지요. 하지만 RCA

37 코넌트는 이름을 언급하지 않았으나, 맥락상 이경순으로 보인다. 이경순 (1921~2008): 음향효과, 녹음 전문가. 평안북도 창성 출생. 1935년 서울의 빅터축음기주식회사 레코드부에서 각종 음향 시설에 대한 지식을 쌓았다. 해방 뒤 월남한 그는 1949년 주한 미군 홍보대인 502부대에서 영화에 입문, 이후 협동제작소, 중앙청 공보처 영화과 녹음실, 수도영화사 안양촬영소 녹음실을 거쳐 1962년 한양스튜디오를 설립하게 된다. 이경순은 한국전쟁 중 〈정의의 진격〉 2부 작업 과정에서 미 공보원의 시설을 이용, 후반작업(녹음)을 하려고 했으나 거절된 후 한국 영화인들이 미 공보원을 나와 해군 목욕탕 시설을 개조하여 협동영화제작소라는 간판을 달고 후반작업 시설을 운용했다고 증언한다. 한국예술연구소 편, 『이영일의 한국영화사를 위한 증언록-유장산, 이경순, 이필우, 이창근 편』, 도서출판 소도, 2003 참고. 또한 그는 1953년 수복과 동시에 "진해에서 주워 만든 기계를 전부 뜯어다 서울 공보처 영화과에 이양"했는데 당시 공보처는 제대로 방음 장치가 된 녹음실이 없어 자정 이후 방송사 녹음실을 이용했다고 회고했다. 그는 공보처에 일본 세기정밀녹음기계 16mm와 35mm를 도입, 설치했으며, 1955년 운크라에서 RCA 자기(磁氣)녹음기 두 대가 처음으로 들어왔을 때 그것으로 〈불사조의 언덕〉(전창근, 1955)을 작업했다고 한다. 이경순, 『소리의 창조-나의 영화 녹음 50년』, 한진출판사, 1996 참고.

장비들도 워낙 좋았기 때문에 거의 비슷하지 않았나 싶기도 하구요. 물론 식민지 시절에 만들어진 구식 일본 장비를 쓰는 사람들보다는 월등했지요. 제가 1952년에 한국에 갔을 때 지역 곳곳에서 일본에서 온 장비들을 사용하고 있었거든요. 말하자면 이 장비들은 미국 장비들을 그대로 복사한 것들이었어요. 그래도 전반적으로 이 장비들은 작동이 잘 되고 쓸 만했습니다. 독일이나 미국에서 들여온 최신 장비보다는 못하지만 그래도 일본은 꽤 실력 있는 공학자들을 보유하고 있었으니까요.

질문자: 그때 주한 미 공보원과 운크라는 어떤 관계에 있었나요?

코넌트: 특별한 관계는 없었어요. 운크라는 시멘트 공장, 비료 공장을 세우고, 문교부를 위해 교과서 출판소를 만들기도 하는 등, 한국을 여러 모로 도왔죠. 적은 돈으로 주택 단지를 지을 수 있는 방법을 제안하기도 하는 등, 주택 계획도 거들었습니다. 반면 좀 어이없는 프로젝트를 진행하기도 했죠. 저는 그에 대해선 아무 말도 안 했지만요. 프란체스카 영부인은 네덜란드에 한동안 살았고 거기서 풍차를 본 적이 있어서, 그게 한국에서 어떤 효과를 거둘 수 있는지 보고 싶어 했습니다. 그래서 표본으로 풍차를 몇 개 만들었습니다만, 솔직히 한국에서는 별로 이상적이지 않은 발상이었죠.

　뉴스 릴이나 유엔 홍보에 쓰일 것들을 찍는 것이 운크라 영화팀의 임무였어요. 저희는 단편들을 몇 개 만들고 다른 사람들도 함께 작업했죠. 캐나다 정부도 와서 영화팀을 설치하고 〈현장에서 *On the Spot*〉라는 보도 원칙에 대한 걸 만들기도 했어요. 한국 어업 같은 산업 현장에 관한 보도를 했죠.

　전에 미 공보원과 그들이 만든 영화에 대해 에세이를 쓴 게 있는데, 설립자인 미국인 엔지니어[38]와 그가 어떤 영화들을 만들었는지에 대해 다뤘어요. 그는 늘 중고 장비를 가지고 새로

38　윌리엄 리지웨이 William G. Ridgeway (1926~?): 1926년 펜실베이니아 주에서 태어나 1946년 미 육군 44사단 보건복지사무관으로 전주에 왔으며, 같은 해 미 육군 라디오부로 발령을 받고 정읍에서 근무했다. 이듬해 미 육군 산하 영화과로 옮겼다. 결혼과 함께 미국으로 돌아갔다가 1950년 10월 미 국무부의 파견으로 서울로 돌아온 뒤, 미 공보원 설립 이전부터 이후까지 영화부서를 관장했다. 그는 1958년까지 한국에서 근무한 뒤 필리핀으로 배치되어 미 공보원을 떠났다. 자세한 것은 1989년에 진행된 그의 구술을 참고. *William Ridgeway*, The Association for Diplomatic Studies and Training Foreign Affairs Oral History Project Information Series, 1998.

운 장비를 만들었어요. 보통 35mm 뉴스 릴 카메라를 사용했는데 당시 국무부가 돈을 많이 안 쓸 때라 좀 싼 거였어요. 그는 광학 35mm 사운드 녹음을 하려고 그걸 재조립하느라 중고 카메라를 많이 구입했고, 또 육군이 한국 물건들을 몇 가지 모아서 만들기도 했죠. 그는 그걸로 매일 뉴스를 내보냈어요. 그리고 직접 녹음 스튜디오를 만들었죠. 미국 아마추어들이 하는 일로 보였어요. 미국이나 일본에서 고등학생들이 영화를 만들고 녹음한 것처럼요. 전문가 수준은 아니었지만 매주 뉴스영화를 내보냈어요. 매번 고장 나기 직전인 장비로 말이죠. 그 뉴스영화들 덕분에 정부에서 상을 몇 개 받기도 했는데, 나중에는 정부가 직접 나서서 만들었고 극장에서 영화를 상영하기 전에 뉴스영화를 틀어야 한다는 조항도 생겼어요.[39] 1952년에는 공보처와 미 공보원 모두 뉴스영화를 만들었으니 극장에서는 뉴스 릴을 두 개씩 받았어요.[40] 그러다 한국 육군과 해군도 뉴스 릴을 만들었다는 얘기가 있었는데 실제로 만들지는 않았던 것 같아요.[41] 하지만 공군은 뉴스를 진지하게 보도했어요. 아무튼 제가 이형표의 도움으로 일본 반공산주의자들을 다룬 영화를 끝낸 다음 제 35mm 영사기를 팔았는데, 군대에서 신설한 제작팀이 구매한 걸로 알고 있어요. 공군이었던 것 같은데 직접 뉴스 릴을 만들려고 장비를 사는 것 같았어요. 현상소에 보내기 전에 만든 내용이 뭔지를 보려면 영사기가 필요하다고 생각했겠죠. 국무부는 뉴스 릴이 필요 없다고 생각했는데 막상 받고 나서는 아주 좋아

---

39 1949년 12월부터 서울시에서 극영화를 상영할 때 뉴스영화 1편을 상영하도록 의무화되었다는 기록이 남아 있으나("뉴-스영화, 상영 않으면 처단",《조선일보》1949년 12월 14일, 2면) 이것이 본격적으로 확장된 것은 1959년 초로 보인다. 1959년 1월 문교부 고시 제417호를 통해, 외국영화 상영 시 단편 문화영화 1편과 뉴스영화 1편, 국산영화 상영 시 뉴스영화 동시상영이 의무화되었다("추천제에서 할당제로, 문교부 신년도 영화 수입 허가시책 발표",《한국일보》1959년 1월 14일, 4면 등 참고).

40 공보처 영화과는 1952년부터 〈대한뉴스〉를, 미 공보원은 1953년부터 뉴스영화 〈리버티뉴스 *Liberty News*〉를 제작, 상영했다. 〈리버티뉴스〉의 전신은 미 육군 502부대가 제작한 〈전진대한보〉로, 1953년 1월 〈리버티뉴스〉로 개칭하고 본격적으로 제작하기 시작했다.

41 한국전쟁기 영화인들은 육군, 해군, 공군 및 국방부 산하기관에서 활동했다. 1950년 8월 대구에서 발족한 국방부 정훈국 촬영대는 1951년 1·4후퇴 이후 부산에 자리 잡고 〈국방뉴스〉를 제작했다. 당시 김덕진, 김강윤, 김학성, 홍일명, 변인집, 양주남, 김희수, 정창화 등이 활동했다. 대구의 공군 본부 정훈감실 공군 촬영대에는 홍성기, 정인엽, 신상옥, 함완선, 전택이, 김일해, 노경희, 황남 등이 소속되어 활동했다. 정종화,『한국영화 성장기의 토대에 대한 연구: 동란기 한국영화 제작을 중심으로』, 중앙대학교 첨단영상대학원 석사논문, 2002, 39~43쪽.

했어요. 그가 해냈죠.[42] 다들 할리우드 장비를 구입할 여건이 안 되니까 할 수 없을 거라고 생각했어요. 영화를 만들겠다는 강한 의지를 가진 기발한 엔지니어가 얼마나 많은 일을 해낼 수 있는지 몰랐던 거죠. 그는 진해[43]를 떠난 다음 회사를 세워 전통적인 플래허티식 영화를 만들었어요. 그는 로버트 플래허티를 무척 존경해서 저와 잘 맞았죠. 로버트 플래허티에 대해 얘기를 자주 나눴어요. 제가 그에게 플래허티의 사인과 함께 사진들을 몇 장 주기도 했고요.

아, 그리고 당시 우리가 만든 영화들이 어떻게 배급되었는지 말씀드릴게요. 처음에는 극장이 아니라 교육기관이나 무역조합 같은 데에 영화를 판매하는 회사들이 배급을 했어요.

그때 저는 한국에 있는 미군 라디오와도 가깝게 지냈는데, 주요 할리우드 스튜디오나 주요 라디오 방송국 근처에 있는 음향 효과 스튜디오들이 음향 녹음한 것들을 주한 미군 라디오에 보내줬거든요.[44] 미군 라디오 방송국은 모든 음향 효과를 가지고 있어서 그 녹음한 것들을 제가 정기적으로 다 복사를 했어요. 그걸 공보실 영화 스튜디오에 가져다주었고 다른 사람들도 [음향을 녹음한 복사본을] 계속 만들었어요. 제가 스튜디오 만드는 일을 돕고 있을 때 좋은 음향 효과 자료실을 만들기도 했어요. 할리우드는 코끼리 울음소리 등 전 세계의 모든 음향 효과를 원해서 자료실이 잘 되어 있었거든요. 한국에서는 코끼리 소리가 필요 없을 거라고 생각했지만 그래도 모아뒀어요.

---

42   맥락상 윌리엄 리지웨이를 일컫는 것으로 보인다.

43   미 공보원은 1950년 한국전쟁이 발발하자 경남 진해로 옮겼으며 1952년 초, 당시 창원 상남면으로 확장, 이전했다. 1967년 〈리버티뉴스〉 제721호를 마지막으로 제작을 중지하며 문을 닫을 때까지 소위 '상남영화제작소'는 미 공보원 영화 제작의 거점이었다. 리지웨이는 1958년 진해를 떠났다.

44   여기서 코넌트는 배급에서 음향 자료를 수집한 이야기로 화제를 갑작스럽게 바꾸었다.

한국에서 만든 영화들

〈고집〉(1952)

코넌트: 〈고집 *Ko-chip*〉은 1950년대 한국의 전반적인 모습에 관한 영화예요. 처음에는 영화로 만들려다가 나중에는 라디오 드라마로 바꾸려고 했던 거라 몇 장면을 편집했지만, 그땐 유엔에서 한국에 관한 관심이 부족해서 라디오 시간을 확보할 수 없었어요. 영화는, 거기서 좀 더 편집을 하고 보도자료도 만들긴 했지만, 결국 완성되진 못했어요. 이형표와 제가 이런 걸 몇 편 만들어서 판매하려 했는데 성공하지 못했죠. 사실 원래 저희[유엔 영화팀]는 세 명이 었어요. 저와 배글리,[45] 앨프리드 웨그[46]라고 있었어요. 웨그는 장편영화를 만든 적은 없었고 그냥 다큐멘터리 몇 개, 가톨릭 위계질서나 주교들에 대한 사진 서적, 그리고 트루먼 대통령을 다룬 사진집을 만들었죠. 제가 생각하기에는, 이 친구가 사진 작업으로 트루먼에게 도움도 주었으니 국무부에서 보상 차원으로 그를 한국에 보냈던 것 같아요. 어쨌든 웨그는 〈고집〉의 책임자로 보내졌죠. 한편 유엔 본부는 좋은 영화가 나오길 원했어요. 독일에서 배고픈 어린아이들에게 식량을 공급하는 유니세프에 대한 영화 몇 편을 만들었는데 아주 극찬을 받았죠. 그런 식으로 홍보에 유용하게 쓰일 작품을 원했어요. 그러나 한국에 대해 잘 알지도 못하는 이들이, 심지어 이 작은 팀을 보내서 극장용 다큐멘터리를 만든다는 것 자체가 도박이었죠. 결국 여기에 돈을 많이 투자하지 않았어요.

질문자: 〈고집〉은 어떻게 됐나요? 상영이 됐어요?

코넌트: 아뇨. 촬영하고 나서 내부적으로 보았죠. 소리와 영상을 촬영하고 나서 우리는 러시

---

45   리처드 배글리 Richard Bagley (?~1961): 딕 배글리(Dick Bagley)라고도 불렸다. 미국 태생의 촬영감독이며 각본가로, 뉴욕을 기반으로 하여 활동하면서 〈침묵하는 소년 *The Quiet One*〉(1948), 〈바워리에서 *On the Bowery*〉(1956) 등의 작품을 촬영했다.

46   앨프리드 웨그 Alfred Wagg: 당시 유엔 소속의 연출, 촬영감독. 해리 트루먼 당시 미 대통령의 인터뷰, 일기, 개인적인 글을 엮은 책의 사진을 찍으면서 널리 알려졌다. William Hillman and Alfred Wagg, *Mr. President*, Farrar, Straus and Young, 1952 참고.

〈고집〉 촬영 현장. 사진의 왼쪽, 선글라스를 쓴 인물이 리처드 배글리, 그 옆으로 등을 보이고 서 있는 사람은 앨프리드 웨그

프린트[47]를 보지도 않았어요. 아주 치명적인 실수였죠. 매우 월등하거나 경험이 많지 않은 한 촬영 후 제작진들이 보지 않은 상태에서 영화를 내보내면 절대 안 돼요. 미리 봤더라면 즉시 고칠 수 있었던 몇 가지 사운드 문제가 있었거든요. 단순히 기술적인 이유만은 아니었어요. 유엔은 우리가 팻 프랭크[48]의 이야기를 좋아하지 않아서 영화가 만족스럽지 않게 나온 거라고 생각했고, 부분적으로는 맞아요. 무엇보다 유엔은 웨그가 배우들을 잘못 뽑았다고 생각했고, 결과적으로 일이 잘 풀릴 거라고 보지 않았죠. 그때 웨그는 여기저기 영화를 홍보하기 시작했지만, 유엔은 영화에 기대가 없었기 때문에 지켜보다가 개봉을 하지 않는 것이 낫다고 판단했죠. 그래서 한 1~2년을 기다리다가, 미 국무부에서 홍보용 영화를 찍으라는 압박을

---

47   러시 프린트(rush print): 촬영 결과를 빨리 보기 위해 촬영된 필름 전부를 특별한 보정 없이 그대로 인화한 것.

48   팻 프랭크 Pat Frank (1908~1964): 본명은 해리 프랭크 (Harry Hart Frank Jr). 미국의 작가, 신문 기자로 정부 고문을 역임하기도 했다. 〈고집〉은 그가 쓴 글을 바탕으로 했다.

해오자 한국에 대한 영화를 다시 만들기로 결정했어요. 유엔은 이전에 유엔 선전영화를 만든 적이 있는 호주 감독[49]을 데려왔고, 배글리는 미국으로 돌아가 버렸어요. 이렇게 되자 웨그는 거의 해고된 거나 마찬가지였어요. 유엔은 그의 방식을 싫어했고 한국에서 배우에게 영어로 연기를 시킨 건 실수라고 생각했지요. 우리는 30분짜리 영화를 만들기 위해 편집하다가 찍어 둔 분량이 모자라서 추가 촬영을 하고 설명을 덧붙였죠. 어쨌든 그 호주 감독은 그 자료들을 호주로 갖고 가서 최종 후반작업과 믹싱을 했어요. 사실 후반작업할 건 별로 없었고 한국에 서 일을 잘 마쳤지만, 그때 한국엔 만족스러운 음향 작업을 할 수 있는 장비가 없었어요. 그래 서 그는 호주에서 후반작업을 하고 저와 엘마 퍼거슨(Elma Ferguson)이라는 상사에게 편집본 을 보냈죠. 그렇게 영화 제작을 마쳤고, 그 영화를 제가 갖고 있어요. 이건 개인용 35mm판이 고요. 유엔에 이걸 보냈는데 그쪽에서는 돈을 더 들이고 싶지 않다면서 어떻게 할지 나중에 결정할 테니 그냥 갖고 있으라고 했어요. 그들은 1년 정도 지나자 이 영화를 유엔 도서관에 보관하겠다고 했어요. 어차피 그들이 영화를 공개하지 않을 거라고 해서 저는 그간 만들어둔 라디오 프로그램의 제목을 〈기나긴 행보 The Long Walk〉라고 붙였어요.[50] 그런데 나중에 보 니 그들은 이 영화에 〈긴 여정 The Long Journey〉이라는 제목을 썼더군요.[51] 그 영화는 그래도

49   코넌트는 구술에서 〈고집〉의 최종 완성본 제목을 〈긴 여정 The Long Journey〉이라 말하고 있는데, 다른 가능성도 존재한다(본 구술채록문의 주 51번과 2부 3장 박선영, 「해제: 소장 영상을 통해 본 전 후 한국의 재건과 일상」, 297~299쪽 참고). 다만 코넌트의 구술을 존중하여 〈고집〉의 최종본을 〈긴 여정〉이라 간주할 경우, 코넌트가 여기서 말하는 호주 감독은 〈긴 여정〉을 연출한 제프리 콜링스 로 볼 수 있다. 제프리 콜링스 Geoffrey Collings (1905~2000): 호주 퀸즐랜드 출생의 그래픽 디자 이너, 영화감독, 사진가. 1950년대 초반 유엔 공보국에서 편집 디자이너로 일하면서 팸플릿, 카탈로 그 등을 디자인했고, 〈원대한 계획 The Grand Design〉(1951), 〈필리핀: 사회의 진보 The Philippines: Social Progress〉(1952) 등 유엔의 활동을 기록하고 홍보하는 영화를 연출했다. 1954년, 아내 달 콜링 스(Dahl Collings)와 독립프로덕션을 세우고, 유엔의 의뢰로 3편의 영화를 만들었다. 코넌트가 녹음 에 참여한 〈긴 여정〉을 비롯, 자바의 부흥 프로그램에 관한 〈자바섬의 기적 Miracle in Java〉(1956) 과 세계은행의 원조에 관한 〈건설 중인 호주 Australia Builds〉(1957)를 연출했다. 콜링스의 이력에 관한 글로는 Jenny Allen, "Australia Visions: The Film of Dahl and Geoffery Collings," Eras Journal 4, 2002 (http://www.arts.monash.edu.au/publications/eras/edition-4/allen.php) 참고.

50   코넌트는 1953년 7월부터 두 개의 라디오 프로그램 제작에 참여했다. 이 중 〈기나긴 행보〉의 각 본과 연출은 유엔 라디오부의 제럴드 킨(Gerald Kean)이, 녹음과 편집은 코넌트가 맡았으며, 내레 이션은 미국 배우인 프레드릭 마치(Fredric March)가 맡았다.

51   코넌트는 유엔이 〈고집〉의 최종 프린트에 〈긴 여정 The Long Journey〉이라는 제목을 붙인 것으로,

〈고집〉 촬영 현장 중 찍은 사진

부끄럽지 않은 유엔 홍보영화입니다. 가령 서울 탈환 후 그 도시가 얼마나 믿을 수 없이 가난했는지 구구절절 늘어놓지 않아요. 그저 유엔이 하고 있는 긍정적인 일들을 주로 얘기하고 있죠. 저는 유엔이 감당할 수 있는 만큼의 진실만 최대한 많이 보여주려고 노력했어요. 공보처(실)처럼 너무 빤하지 않게 말이죠. 물론 이 영화가 완전히 정직한 영화라는 건 아니에요. 그저 유엔이 중요하다고 생각하는 점들을 보여주는 영화죠. [옆의 사진을 보여주며] 이게 그 영화에서 나온 스틸들이에요. 결국엔 개봉이 되었고 최종적으로 〈긴 여정〉이라는 제목이 붙었어요. 영화관에서는 상영되지 않았고 학계 내에서 제한적으로 상영되었어요. 그래도 이걸로 유엔 영화 카탈로그에 한국에 대한 영화가 적어도 하나는 있게 된 겁니다. 제가 썩 자랑스러워하는 영화는 아니에요. 제가 갖고 있는 버전은 크레디트가 전혀 달려 있지 않고 그저 유엔영화사라고만 써져 있죠. 디렉터스컷은 개봉하지 않았고요.

즉 두 영화가 같은 작품이라고 기억하고 있다. 그러나 한국영상자료원이 코넌트로부터 수집한 〈고집〉의 일부 필름들(수집 필름 명: "Ko-Chip, Excellent North Korean Troops", "Opening Seg of Ko-Caip-Seoul", "Seoul", "Untitled-UNKRA Film Unit")과 〈긴 여정〉을 비교해 보았을 때, 두 영화를 같은 영화로 볼 수 있는지에 대해서는 연구자들 간에 이견이 존재한다. 남아 있는 〈고집〉의 일부 필름들은 코넌트의 구술대로, 팻 프랭크의 원고를 바탕으로 주인공 소년이 미국인 간호장교에게 자개함을 파는 등의 내용을 보여준다. 이와 달리, 수집한 〈긴 여정〉은 운크라의 전후 한국 재건 사업을 보여주는 다큐멘터리이다. 물론 〈고집〉이 여러 차례 재편집되었다는 점, 그리고 코넌트 스스로가 자신이 보관하고 있는 필름을 '디렉터스컷'이라 일컫고 있다는 점을 고려할 때, 수집된 〈고집〉과 〈긴 여정〉은 유엔이 애초에 제작하려고 했던 영화의 서로 다른 편집본일 수 있다. 다만 여기에서는 코넌트의 구술을 존중하되, 현재 수집된 필름들로 미루어 두 영화가 다른 작품일 가능성을 완전히 배제할 수 없다는 점을 복기해둔다.

〈한국의 시각〉(1953), 〈한국의 예술가〉(1955), 〈한국의 환상〉(1955)
〈위기의 아이들〉(1955) 그리고 기타

코넌트: 운크라에서 만든 것 외에도, 저는 개인적으로 여러 가지를 만들었어요. 〈한국의 시각 *Korean Perspective*〉,[52] 〈한국의 예술가 *Korean Artist*〉 그리고 〈한국의 환상 *Korean Fantasy*〉 같은 거죠. 유엔에서 여행기를 만들라는 요청을 받긴 했지만 제가 "지금 단순히 관광영화를 만들 수는 없다. 한국의 미래를 상상할 수 있는 영화를 만들어야 한다"고 우겼어요. 그래서 〈한국의 환상〉이라고 제목을 붙인 거죠. 우리[53]는 돌아다니면서 여러 가지 색깔의 주제들을 모아놓고 촬영을 했지요. 사실 그 영화의 많은 부분은 전작인 〈한국의 예술가〉와 같았어요. 그냥 조금 다르게 편집했을 뿐이죠. 음악을 많이 녹음했고 충분히 만족할 만한 여행기를 찍었어요. 대단한 영화는 아니었지만 유엔은 굉장히 만족해했어요. 한국 정부는 그 필름을 한 50벌 정도 사들였고요.

그다음엔 템스 텔레비전 회사[54]가 관심을 가졌죠. 그들은 한국에 대한 시리즈를 만들고 싶어 했어요. 그 시리즈를 만든 이가 필립 화이트헤드[55]라는 친군데, 영국 언론에 따르면 아주 유명한 방송인이고 독립 제작자였어요. 에피소드가 여섯 개[56] 있었는데, 제가 여섯 개 다 작

---

52 여기서 코넌트는 〈한국의 시각〉을 개인적으로 만든 것이라 언급하지만, 이후의 구술에서는 "공보처가 제작하고 이형표가 한국 정부를 위해 만든 것 같"다고 술회한다. 실제 시어도어 코넌트 영상 컬렉션에 포함된 〈한국의 시각〉은 1953년 공보처가 제작하고 이형표가 연출한 것으로, 이 영화 제작에 코넌트가 관여했는지에 대해서는 확실치 않은 것으로 보인다. 이와 관련해서는 2부 3장에 수록된 박선영의 글 참고. -편집자

53 이형표와 구술자 자신을 가리킨다.

54 템스사(Thames Television): 1955년에 설립된 ITA(The Independent Television Authority)를 모체로 한 영국의 방송 네트워크. 1968년에 템스사로 개명했다.

55 필립 화이트헤드 Phillip Whitehead (1937~2005): 영국 노동당 소속 정치가, 텔레비전 프로듀서 및 각본가. 1960년대에 독립 다큐멘터리 감독으로 활동했는데, 1967년에서 1970년까지 템스 텔레비전에서 프로그램을 제작, 편집했다.

56 코넌트가 언급한 템스사의 프로그램은 채널4에서 방송된 〈한국: 알려지지 않은 전쟁 *Korea: The Unknown War*〉(1988)으로, 다음과 같이 총 여섯 편의 에피소드로 이루어졌다. 〈전쟁으로 향하는 길들 *Many Roads to War*〉, 〈오만한 힘 자랑 *An Arrogant Display of Strength*〉, 〈승리를 대체할 것은 없다 *There is no Substitute for Victory*〉, 〈완전히 새로운 전쟁 *An Entirely New War*〉, 〈심리전 *The Battle*

업을 도와주었죠. 영국 조합들은 미국 조합들보다 훨씬 더 엄격해요. 그래서 편집을 위해 원본 필름(stock footage)을 제공한 것 외에 제가 어떤 역할을 했는지 크레디트에 분명히 밝히지는 못했지만 돈은 받는 걸로 협상을 했습니다. 사실 적어도 조감독 정도의 크레디트는 있어야 했지만 원본 필름 제공자로만 올라가 있죠. 그렇게 함으로써 조합의 엄격한 규칙을 피할 수 있었습니다. 그 대신 돈은 더 많이 주었어요. 그런데 그 영화를 둘러싸고 좌파와 우파 사이에 큰 논란이 벌어졌죠. 소송을 건다는 둥, 일이 커졌어요. 시리즈가 방영된 뒤에 영국과 미국 언론들, 특히 《뉴욕 타임스 The New York Times》,《워싱턴 포스트 The Washington Post》와 같은 중립적 신문사들은 그 텔레비전 시리즈를 굉장히 호평했습니다. 헐스트(Hearst)의 우파 신문사들[57]과 호주인… 아, 머독![58] 그와 그의 신문사는 좋아하지 않았죠. 그리고 당연히 우파는 CIA 같은 정보부서를 지배했어요. 우리는 영국과 미국의 비밀경찰들과 시리즈의 수위에 대해 많은 토론을 했습니다. 한국의 핵무기 문제에 대한 이야기도 나왔고요. 협상은 오락가락했어요. 뭐, "우리는 이걸 싣지 않을 테니 대신 저걸 넣게 해달라"는 식으로요. 결국엔 우리가 원하는 걸 얻었죠. 1950년대에 만든 것 중 마지막 편은 〈무장 휴전 Armed Truce〉이라고 불렸습니다.[59] 이 편은 우파들을 너무 열 받게 만든 나머지 미국에서는 판매 금지되었어요. 영국에선 그 시리즈가 어느 곳에서나 방영됐죠. 하지만 미국에선 텔레비전에 한 번 방영됐고, 두 번째 방송 될 때엔 많은 방송국들이 마지막 편은 아예 내보내지 않았습니다.[60] 가장 논란이 심했고 어떻게 보면 반미적인 성향을 띠었기 때문이죠. 그들은 저한테 대놓고 이 영화에 참

for Minds〉,〈무장휴전 Armed Truce〉.

57   당시 언론 재벌 중 하나인 허스트사(Hearst Corporation)가 소유하고 있던 《샌프란시스코 이그재미너 San Francisco Examiner》,《보스턴 헤럴드 The Boston Herald》 등 보수적 논조의 신문들을 지칭하는 것으로 보인다.

58   루퍼트 머독 Rupert Murdoch (1931~): 호주 멜버른 태생의 언론 기업가. 영국 템스사에서 〈한국: 알려지지 않은 전쟁〉을 방영할 당시 머독은 이미 영국 및 호주 언론계의 주요 미디어를 소유하고 있었으며 미국 언론계에고 진출, 주요 텔레비전 네트워크의 주식을 사들이고 있었다.

59   이 시리즈는 1986년에 기획되어 1988년 전 세계적으로 첫 방송되었다. 그러나 이 시리즈에서 사용한 한국 관련 영상은 코넌트가 1950년대 초반 촬영, 녹음한 것이므로 이렇게 구술하고 있는 것으로 보인다. 이 마지막 편은 1952년 아이젠하워의 방한, 휴전회담과 전쟁 이후의 남북한에 대해 다루고 있다.

60   이 시리즈는 1990년 8월 미국 보스턴의 WGBH를 통해서 방영되었다.

여했으니 바람직한 미국인이 아니라는 소릴 했습니다. 한국의 MBC[61]도 처음엔 그 시리즈를 방영한다고 했지만, 한번 보더니 "한국 역사에 대한 관점이 우리 교과서와 너무 달라 방영할 수 없다"고 했습니다.

그리고 그 〈위기의 아이들 *Children in Crisis*〉은 할리우드 등지에서 제가 수집해온 미국 재고 필름(safety stock)으로 일부를 찍었죠. 촬영 당시 필름을 구하기가 힘들었어요. 그래서 일본에서 구입한 질산염 필름을 써야 했는데요. 그 질산염 필름은 사라졌고 미국 35mm 재고필름으로 찍은 부분들은 아직 남아 있어요. 누구든지 다시 만들길 원한다면 제가 갖고 있는 원본을 가져다가 사본을 만들고 원본에다가 잘라 붙이면 되는데, 아무도 그렇게 관심을 갖지 않았어요.

많이 팔려서 제게 수익을 남긴 영화는 〈한국의 환상〉입니다. 미국 CIA와 FBI 모두 샀죠. 직원들을 업무상 한국으로 보낸 단체들은 그 직원과 가족들이 오리엔테이션 삼아서 보도록 이 영화를 샀어요. 그래서 이 영화는 한국으로 사람들을 보내던 기관에서 인기가 많았죠. 잘 팔렸습니다. 그 수익으로 〈위기의 아이들〉을 만들었고요. 〈위기의 아이들〉은 영화관에서 상영되고 대학교 등에서도 조금씩 상영되었지만 결국 적자였죠. 〈한국의 예술가〉는 그저 본전치기였어요.

〈한국의 시각〉은 공보처가 제작하고 이형표가 한국 정부를 위해 만든 것 같고요. 〈한국의 예술가〉와 〈한국의 환상〉은 제가 제작하고 제가 투자했죠. 〈위기의 아이들〉도 마찬가지고요. 〈위기의 아이들〉은 미국에서 후반작업을 해서 돈이 가장 많이 들어갔죠. 영화계에 아는 친구들이 있어서 좀 깎아주긴 했지만 그래도 여전히 비쌌어요.

그 외에도 저는 한국에 사는 퀘이커교도들에 관한 영화도 만들었어요.[62] 군산에서 찍었죠. 제가 여러 군데에서 일할 때였는데 러시아어, 영어와 일본어를 할 줄 아는 젊은 한국인을 알게 되었죠. 박익순[63]이라는 친구였는데, 영어도 완벽하게 하고 영어로 더빙하는 영화에 내레

---

61   문화방송(MBC): 1961년 2월 21일 라디오 방송국으로 출발하여 1969년 텔레비전 방송으로 확장되었다.

62   〈한국의 퀘이커 *With the Quakers in Korea*〉(1954).

63   박익순 (1931~): 1954년부터 군산의 미 공군 비행장과 항만사령부의 통역으로 일했다. 군산의 퀘이커 단체인 친우봉사회(Friends Service Unit: FSU)에서 통역으로 일하던 중 이 단체의 활동을 영화화하기 위해 온 코넌트와 처음 만났다. 1957년부터 수원의 신생활교육원에서 시어도어 코넌트의 통

이터를 하기에도 좋은 목소리를 갖고 있어서 제가 서울로 돌아왔을 때 일자리를 주었죠. 나중에는 해외 제작 감독인가 하는 자리를 얻어서는 외국 상영용 영화를 많이 제작했어요.

그리고 이런 영화들 외에도 특별한 주문 제작이 떨어지곤 했는데, 예를 들면 대통령 집무실에서 존 콜터[64] 같은 변변찮은 장군에 대한 영화를 만들라고 요구하기도 했죠. 최근에 한반도 갈등을 다룬 한 책에서 심하게 비판당한 사람이지요. 하지만 그때 이승만 정권은 그를 우상화하고 〈안녕히 가세요, 콜터 장군님 Farewell, General Coulter〉이라는 영화까지 만들었어요. 박익순이 그 영화를 만들고 해설까지 했죠. 그렇지만 한국전쟁에 대한 최고의 저자이자 기자였던 핼버스탬[65]이 최근에 쓴 책을 보면 콜터가 워낙 능력 없는 장군이라 미 군법회의에 회부당할 뻔했다고 하죠. 그런 일이 실제로 일어나진 않았고 그냥 이승만에게 그를 처리하도록 맡겼지만요.

이 무렵 이형표와 신상옥[66]이 저와 일했어요. 저를 도와줬죠. 지금은 정확히 기억나지 않

역으로 일하면서 시청각 교육과 영화 전반에 대해 공부했다. 1958년 시라큐스 고문단의 통역으로 공보실 영화제작소에서 일하기 시작했으며, 1979년까지 그 후신인 국립영화제작소에서 해외 업무를 담당하면서 해외 공관으로 보내는 뉴스영화, 문화영화의 영문 번역 및 더빙, 녹음 연출 등을 했다. 자세한 내용은 이순진, 「박익순」, 〈문화영화〉 구술채록연구팀, 『2012년 한국영화사 구술채록연구 시리즈 〈주제사〉』, 한국영상자료원, 2012 참고.

64   존 콜터 John B. Coulter (1891~1983): 텍사스 태생의 미 육군 준장. 한국전쟁 이전부터 한국에서 근무한 경험이 있고, 한국전쟁 시기에는 군단장을 역임했으며, 전후에는 운크라 단장으로 임명되어 1958년까지 일했다. 이승만은 그에게 훈장을 수여하고 서울시 한복판에 그의 동상을 제막했다. 국사편찬위원회가 발행한 『미국 소재 한국사 자료 조사보고 IV』(2004)에는 콜터 장군이 남긴 개인 서신들과 중요한 문건들이 수록되어 있다.

65   데이비드 핼버스탬 David Halberstam (1934~2007): 미국의 저널리스트. 1962년부터 《뉴욕 타임스》의 베트남 특파원으로 근무하며 명성을 쌓았고 이를 바탕으로 1964년 퓰리처 국제보도상을 수상했다. 1960년대 중반 이후로는 인권 운동, 정치, 미국 문화 등 광범위한 주제로 글을 썼으며, 코넌트가 구술에서 언급하고 있는 책은 핼버스탬 사후에 출판된 그의 유작, The Coldest Winter: America and Korean War, Hyperion Books, 2007이다.

66   신상옥 (1925~2006): 함경북도 청진 출생. 1946년부터 최인규의 연출부로 영화계에 입문하여 1952년 〈악야〉로 메가폰을 잡았다. 1954년 다큐멘터리 〈코리아〉를 연출, 1955년 서울영화공사를 설립하여 이광수 원작의 〈꿈〉을 제작했다. 서울영화공사 제작으로 〈무영탑〉(1957), 〈지옥화〉(1958), 〈어느 여대생의 고백〉(1958), 〈그 여자의 죄가 아니다〉(1959), 〈자매의 화원〉(1959) 등을 연달아 연출했는데, 특히 〈어느 여대생의 고백〉은 흥행에 크게 성공하여 도약의 발판을 만들었다. 1960년대 신필름의 대표로 〈로맨스 빠빠〉(1960), 〈성춘향〉(1961), 〈연산군〉(1961), 〈사랑방 손님과 어머니〉(1961), 〈상록

지만 이형표는 저와 아주 밀접하게 일했어
요. 실제로 일도 같이 했지만, 무엇보다 그는
저보다 실력 있고 속도 면에서도 빠른 카메
라맨이었죠. 하지만 사운드에 대해서는 아
는 게 별로 없었어요. 신상옥은 실제로 일을
같이 한 건 아니고 로케이션을 같이 보거나
얘기를 나누곤 했어요. 제가 가끔 그의 영화
를 보러 가곤 하고, 그가 종종 영화를 가지
고 오기도 했죠. 그는 그 영화들이 큰 스크린
에서 어떻게 보일지 궁금해 했어요. 저는 미
군 부대에서 영화를 상영하는 업자들과 친
했기 때문에, 서울에서 제일 좋은 극장에 신
상옥을 데리고 가서, 그의 영화 중 하나를 돌
려 극장의 시네마스코프 비율로 테스트해보

1959년 서울 이태원에 세워진 콜터 장군 동상

곤 했죠. 제가 일본에서 렌즈들을 구해다 주면 그가 촬영하면서 여러 가지를 테스트해보기
도 했어요. 그때 한국 영화관은 대부분 시네마스코프를 제대로 틀 수 없었는데, 사실 간단히
장비 하나만 바꾸면 되는 거였거든요. 시네마스코프에 맞는 렌즈를 쓰면 스크린을 가득 채울
수 있고, 그렇지 않으면 이미지의 2/3만 보여요. 그래서 제가 렌즈를 사곤 했죠. 신상옥은 시
네마스코프를 실험해보고 싶어 했어요. 그런 면에서 도와주었죠. 저는 그때 일본영화협회 회
원이었어요. 일본영화기술협회(Japanese Motion Picture Engineering Society)의 외국인 회원 자격으
로요. 일본 잡지에 나오는 기사들의 영어 번역본들이 자주 나왔기 때문에 저는 정보를 얻기
가 쉬웠어요. 그래서 전 한국 영화인들에게 그걸 읽어보라면서 보여줄 수 있었죠.

　그리고 저는 미국에서 부속을 사올 수 있었어요. 앰프 부속품이나 뭐… 그런 걸 샀죠. 주문
에 따라서요. 그렇게 파는 회사가 있었어요. 미국인들이 좋은 음향을 찾아 직접 부품을 사서
조립하던 때라, 제가 부속품들을 사서 한국으로 보내거나 일본에서 다른 방식으로 조립을 해

수〉(1961), 〈폭군연산〉(1962), 〈열녀문〉(1962), 〈로맨스 그레이〉(1963), 〈벙어리 삼룡〉(1964) 등 무수
한 히트작을 내놓았다. 한국영화데이터베이스(KMDb) 참고.

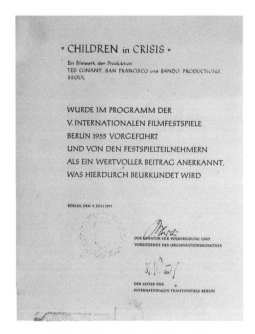

1955년 제5회 베를린국제영화제 〈위기의 아이들〉
상영 확인증

영화 제작할 때 쓰기도 했어요. 한 번은 일본의 중앙정보부를 통해서 계약을 딴 적이 있어요. 정보원들이 늘 주변을 맴돌았죠. 일본 비행기를 찍은 유명한 촬영기사 하나를 소개시켜 주더군요. 그 촬영기사는 비행기를 타고 일본에서 하와이 호놀룰루로 갔다가 돌아온 것을 촬영한 적이 있어 굉장히 유명했어요.[67] 그는 노획한 적군의 자료들을 많이 본 사람인데 회사를 차려 영화를 제작했어요. 또 판문점도 취재하고 있었어요. 거기서 포로 교환과 평화 교섭에 대한 영화를 찍기 위해 대기하고 있었거든요. 그가 일본 죄수들이 러시아인들에게 악용되고 일본으로 도망쳐오는 과정을 찍은 영화 〈시베리아의 죄수 私はシベリヤの浦虜だった〉(1952)를 제게 편집해달라고 했는데요. 시간이 없어서 일본에서 필름을 받아서 한국에서 편집했습니다. 만약을 위해 일본 중앙정보부가 서류들을 만들어줬어요. 그때 편집을 이형표가 도와줬어요. 자막까지 붙일 수도 있었지만 우린 TV 방영용 분량으로 편집해서 30분 정도로 만들었어요.

솔직히 지금 보면 제 영화들이 썩 훌륭하진 않아요. 〈위기의 아이들〉은 시네마 베리테[68] 초기라 그나마 좀 나았죠. 플래허티가 그 영화에 관심이 많았어요. 저는 적십자나 퀘이커교도 같은 사람들을 위해 저렴한 영화나 개인적인 영화도 만들었어요. 영화를 싸게 만드는 방법을

---

67   오카자키 고조 岡崎宏三 (1919~2005): 도요다 시로의 〈영원의 강 千曲川絶唱〉(1967), 시드니 폴락의 〈야쿠자 *The Yakuza*〉(1974) 등을 촬영했다.

68   시네마 베리테 (cinéma vérité): 러시아 감독 지가 베르토프(Dziga Vertov)의 영향을 받아 장 루쉬 (Jean Rouch)가 이끈 다큐멘터리 영화 운동이자 제작 방법론을 일컫는다. 충분한 사전 조사와 관찰을 바탕으로 현실의 표면에 숨겨져 있는 진실을 포착하는 것에 주력, 연출자가 주제와 등장인물과 상호작용하면서 현실에 깊이 개입하는 것을 강조했다. 1960년대 세계 곳곳의 정치 사회적 변화 속에서 다큐멘터리 영화 운동의 한 사조로 자리 잡았다.

알고 있었거든요. 그리고 화가들과도 작업했어요. 캐나다에서 만든 제 영화 중 일부는 지금까지도 출시되고 있어요.[69] 아주 흥미로운 초기 영화들이죠. 저는 돈이 많이 드는 할리우드의 방법을 고집하지 않았어요. 그건 현지 상황에 맞지도 않고요. 〈위기의 아이들〉이 베를린국제영화제와 프랑스에서 상영되었을 때 이승만 측 사람들이 영화를 보고서 저를 불렀어요. 어떻게 한국에서 공산주의 영화를 만들 수 있냐고 말이죠. 저는 공산주의 영화가 아니라고 대답했어요. 제가 물어봤죠. "내용의 어떤 부분에 반대하나요?" 그 영화에는 내용 해설이 없어요. 그 영화의 스타일은, [아주 실험적이죠] 네, 그래서 전 그들에게 이 영화는 서울에 관한 에세이라고 했어요. 당신들이 독일인이나 일본인들이 선전하던 낡은 방식으로 나한테 설교나 한다면 더 이상 발전할 수 없다고 해줬어요.

1950년대 한국에서의 영화 작업과 사람들

코넌트: 제가 한국에 갈지도 모른다는 것을 알고 처음 본 일본영화는 구로사와[70]가 〈라쇼몽 羅生門〉 전에 만든 영화였어요. 일본에 도착해 제일 먼저 한 일은 〈라쇼몽〉을 보러 간 거예요. 이제는 그게 한국영화가 아니라는 건 알았지만, 그땐 그저 궁금했던 거죠. 그때는 극동지역 영화 작업실에 편집을 하러 가면 잡동사니들이 든 바구니들을 줬어요. 일본선 편집기사들이 스플라이서[71]를 쓰려고 하지 않았어요. 꽤 괜찮은 편집기사들도 그냥 손으로 필름을 자르고 붙였거든요. 16mm도요. 500달러쯤 하는 스플라이서를 쓰듯 다들 손으로도 접합을 잘 했어요. 한국도 마찬가지였죠. 1950년대에는 편집실에 들어가면 바구니들이랑 싱크로 장치밖

---

69 코넌트는 캐나다의 국립영화제작소(NFB)에서 〈미래의 아이 *The Child of the Future: How We Might Learn*〉(1964), 〈숙련된 손 *Experienced Hands*〉(1965), 〈곤경에 처한 도시 *City Under Pressure*〉(1965) 세 편의 교육영화를 연출했다.

70 구로사와 아키라 黑澤明 (1910~1998): 일본 도쿄 출생. 1936년 도호의 전신인 PCL에서 조감독 생활을 시작했으며, 1943년 〈스가타 산시로 姿三四郎〉로 데뷔했다. 〈라쇼몽 羅生門〉(1950)으로 베니스 국제영화제 황금사자상을 수상한 후, 〈칠인의 사무라이 七人の侍〉(1954), 〈숨은 요새의 세 악인 隱し砦の三惡人〉(1958), 〈요짐보 用心棒〉(1961), 〈붉은 수염 赤ひげ〉(1965), 〈가게무샤 影武者〉(1980), 〈란 亂〉(1985) 등을 연출했다.

71 스플라이서(Splicer): 필름을 수정하거나 편집할 때 끊은 부분을 서로 이어붙이는 도구.

에 없었어요. 천으로 된 바구니들을 빨래처럼 접어놓고 거기에 필름들을 넣어두고 손으로 붙였죠.

영화를 만들 때 이형표를 우리 작업에 포함시켜야만 미 공보원의 추천을 받을 수 있었어요. 그때 그 사람은 공보처 현상소[72]에서 일하고 있었거든요. 정직하다고 평판이 좋은 사람이라 추천을 받기에 유리했어요. 그는 한국 깡패들이 주는 돈을 쉽게 받지도 않았어요. 그래서 그들은 그 사람이 공산주의자라는 둥, 북한에 있을 때 김일성의 초상화를 그렸다는 둥 말을 해댔지요. 어쨌든 명단[73]을 가지고 돌아다니면서 여기 적힌 사람들을 죽이라고들 했었죠. 우리는 "여기 [명단에 있는] 이형표는 영화인 이형표가 아니고 미술을 하는 이형표다. 이름의 한자를 잘못 알고 온 거다"라고 해서 위험에서 벗어났습니다. 사실 이형표는 미술을 했지만, 당시 부유한 미국인들에게 작품을 팔면서 가족을 부양할 만큼 실력이 있진 않아서 공보처 영화과로 들어온 겁니다.

사실 그때 동(Dong) 대령이라는 보안 책임자가 있었어요. 그가 저를 불러서 "이형표는 공산주의자네"라고 하기에 바로 반박했지요. 이형표는 먹고살기 위해서 그림을 그리면서 다른 일도 하다가 예술가로 다시 돌아오게 되었는데, 그는 살아남기 위해서 해야 할 일을 했을 뿐이라고요. 동 대령은 "그 사람은 공산주의자니까 잘라버려야 하네. 그가 영화 제작에 대해 아는 게 뭐가 있나. 그냥 아무나 쓸 수 있잖아"라고 하더군요. 그래서 저는 "아무나 쓸 수 없습니다. 그는 아주 유능한 사람이에요"라고 했어요. 대령은 상부의 명령은 무조건 따라야 한다고 여기는 아주 멍청한 중국계 미국인이었습니다. 그래서 제가 "전 그를 해고할 생각이 없습니다"라고 했더니 그는 "해고하지 않으면 보고하겠어!" 그러더군요. 전 마음대로 하라고 대꾸했죠. 그렇게 해서 이형표를 계속 데리고 있었지만 결국 해고해야만 했어요. 그는 미 공보원에 자리를 잡게 되어 진해로 가게 됐죠.[74]

---

72   이형표는 1953년 공보처 영화과에 촉탁으로 입사한 뒤 현상소 운영을 주관했다.

73   북한군 점령 기간에 협력한 부역자 명단을 지칭하는 것으로 보인다.

74   이형표는 1949년부터 주한 미 공보원 영화과에서 일하던 중, 1950년에 전쟁이 터지자 조선미술가동맹에 가입, 스탈린과 김일성의 초상화를 그리며 북한 점령하의 서울에서 버티다가 9·28 수복 직후 미 공보원에 복귀했다. 이듬해 1·4후퇴와 함께 미 공보원이 진해로 내려가자 거기서 조감독 겸 통역으로 일했으나, 과거 조선미술가동맹에서 활동했던 것이 문제되어 부산경찰서에 끌려가 고문을 받고 미 공보원에서도 해고되었다. 이후 그는 1952년과 1953년 사이에 운크라에서 코넌트와 함께 〈고

그때 브릭스[75]라고, 좋은 사람이긴 하지만 꽤 특이한 주한 미 대사가 있었는데요. 사람들은 한국에 대해 그가 쓴 보고서를 아주 흥미로워했죠. 한국과 더불어 미국 군대에 대한 유머와 빈정거림으로 가득 차 있었거든요. 결국 미국 정부가 그를 해고하고 저희 아버지를 통해 다울링[76]에게 연락을 넣었고, 곧 그가 새 주한 미국대사가 되었죠. 만약 다울링이 그때 있었더라면, 동 대령이 제게 그럴 일은 없었을 거예요.

전에 NBC에서 일할 때는 리포터들이 자리를 비울 때마다 종종 리포터들의 옷으로 갈아입고 리포터 역할도 했어요. 이승만도 인터뷰했죠. 그때 제가 이형표를 NBC에 연결시켜줬고, 그는 일거리를 받아 전국의 군사 지대를 다니곤 했죠. 저는 이형표가 운크라에서 그런 대접을 받느니 차라리 NBC에서 일하는 게 낫다고 생각했어요. 그러다 그는 아프리카계 미국인 종교 단체를 다루는 영화 제작 계약을 따게 됐어요. 그 외에도 영국 BBC가 몇 가지 일을 부탁할 때면, 저는 새벽 4시에 일어나서 문산으로 가는 게 싫기도 해서 이형표에게 그 일을 주곤 했어요. 그는 그런 일을 하며 돈을 후하게 받았고요. 저는 그에게 정기적으로 장비를 빌려주었죠.[77]

한국에서 제가 좀 불편했던 것은 이형표와 같이 북한에서 일을 했던 사람들을 고용하기가 어려웠다는 겁니다. 제가 함께 일하고 싶었던 많은 이들이 북한에서 일을 했고 그래서 영화에 대해 잘 알고 있었죠. 애초부터 스탈린과 러시아 공산주의자들은 영화와 라디오가 아주 중요하다고 생각했어요. 그래서 많은 내전을 겪고 인민들이 가난에 굶주렸지만, 텔레비전,

집〉을 만들었다. 코넌트는 그가 운크라에서 일하다가 해고되어 미 공보원으로 갔다고 구술하고 있으나, 이는 오류로 보인다. 미 공보원에서 해고된 이형표는 운크라에서 코넌트의 영화 제작을 돕다가, 이 일이 끝날 무렵인 1953년, 공보처 영화과에 촉탁으로 입사했다.

75 엘리스 브릭스 Ellis O. Briggs (1899~1976): 1944년부터 1962년까지 도미니카 공화국, 페루, 우루과이, 체코슬로바키아, 대한민국, 브라질, 그리스의 미국대사를 맡았다. 미국의 냉전기 외교 정책에 있어 주요한 인물. 1952년 11월부터 1955년 4월까지 주한 미국대사로 있으면서 미국의 대한원조 정책의 초석을 닦고 미 국무부와 이승만 정권의 관계를 중재한 공을 인정받아, 트루먼 대통령으로부터 자유훈장(The Medal of Freedom)을 받았다. 미국대사를 지낸 회고담을 출간한 바 있다. *Proud Servant: The Memoirs of a Career Ambassador*, Kent State University Press, 1998.

76 월터 다울링 Walter C. Dawling (1905~1977): 엘리스 브릭스의 뒤를 이어 1959년까지 주한 미국대사를, 이후 1959년부터 1963년까지 주서독 대사를 역임했다.

77 이형표는 1952~1953년에 NBC와 CBS 통신원으로서 전쟁 중의 한국 상황을 촬영하여 방송국의 뉴스 화면으로 보내곤 했다고 구술했다. 이형표 구술, 이순진 채록, 앞의 책, 111~112쪽.

라디오 그리고 영화에다 많은 돈을 투자했고, 러시아 연극계에도 똑똑한 사람들이 많았어요.

　저는 한국에서 일할 때 사람들의 비위를 맞추기 위한 말은 하지 않았어요. 그나마 공보실장을 하던 갈홍기와는 잘 어울렸어요. 그는 예일대학교를 나왔죠.[78] 한 모임에서 저는 그를 놀리기도 했어요. 그는 노래 부르길 좋아해서, 제가 "불독, 불독, 왈왈왈! 일라이 예일! 불독, 불독, 왈왈왈! 우리 팀은 절대 지지 않아!(Bulldog, bulldog, bow wow wow! Eli Yale! Bulldog, bulldog, bow wow wow! Our team will never fail!)"[79] 하며 노래를 부르면 그는 아주 낄낄댔죠. 그러면서 "쳇, 난 '페어 하버드(Fair Harvard)'[80] 안 불렀는데"라며 응수하기도 했어요. 우리는 이승만이 진정한 사기꾼(crook)이라고 생각했죠. 어쨌든 그에게 인생에서 가장 중요한 책 두 권이 뭐냐고 물어보니까 말리노프스키[81]의 『미개인의 성생활 The Sexual Life of Savages』과 『황금잔 The Golden Bowl』을 고르더군요. 미국 작가이자 철학자인 헨리 제임스[82]가 쓴 『황금잔』은 신토 같은 자연숭배 아니면 한국의 무당이 갖고 있는 다양한 종류의 생각들을 비판 없이 냉담하게 다룬 글입니다. 갈홍기는 굉장히 냉소적이었어요. 이형표에게 한국의 궁에 대한 영화[83]를 만들라고 했을 때도, 그는 그 영화에 사람이 출연하는 걸 원치 않았어요. 그저 사진만 원했죠.

질문자: 그러면 그때 이형표 감독님과 함께 제작사를 차리신 건가요?

코넌트: 아뇨. 저는 그렇게까지 하진 않았어요. 제가 떠나고 난 후 했거나 그 전일 수는 있어요. 제가 알기로는 신필름과 연관이 있었던 것 같고 저도 그걸 권했어요. 〈로맨스 빠빠〉라는

78　시어도어 코넌트는 갈홍기를 예일대 출신으로 기억하고 있으나, 착오로 보인다.

79　예일대의 대표적 응원가 중 하나.

80　페어 하버드(Fair Harvard): 하버드대 교가. 코넌트는 하버드를 다니지 않았지만 그의 아버지가 오랜 시간 하버드 총장으로 재직하고 있었기 때문에 갈홍기가 그를 하버드 출신으로 오인한 듯하다. 이형표 역시 구술에서 코넌트를 하버드대 출신으로 기억하고 있다.

81　브로니스라브 말리놉스키 Bronisław Malinowski (1884~1942): 폴란드 출신의 사회인류학 창시자로 주로 오세아니아의 종족들을 연구했다.

82　헨리 제임스 Henry James (1843~1916): 미국의 사실주의 작가.

83　공자 탄생 기념일을 맞아 비원 동쪽에 있는 성균관 명륜당을 촬영한 다큐멘터리를 지칭하는 것으로 보인다. 제목은 〈서울 이야기: 명륜당 The Story of Seoul: Confucian Temple〉(1957).

홍행작을 제작했던 걸로 알고 있어요. 이형표가 그 영화를 감독한 것은 확실해요.[84] 저한테 스틸들을 갖고 왔었거든요. 아무튼 그는 자료를 많이 봤어요. 제 아내의 미술사 소장품들과 제 물건들, 많은 책들을 그가 다 훑어봤죠. 그리고 연극의 녹음본이나 영화 대본들을 자주 구하기도 했어요. 그중에 〈아버지와 나의 인생 *My Life with Father*〉을 좋아했는데, 세대 차이를 다룬 것으로 브로드웨이에서 큰 성공을 거둔 작품이 있었어요.[85] [이형표는] 한국 소설 몇 편에도 관심이 있었고요.

제 기억에 흥미로웠던 것은, 이승만은 아주 독실한 기독교 신자가 아니었는데도 그와, 특히 그의 아내가 매우 독실한 기독교인처럼 굴었다는 거예요. 그들은 한국 우파 교회 세력의 지원을 받는데, 그래서인지 영화에 나오는 어떤 성적인 내용도 좋아하지 않았죠. 그래서 전반적으로 검열이 심했어요.[86] 공보처(실)에서 일하는 이들이 검열 과정에서 잘라낸 부분을 다 가져다가 이어붙이고는 파티에서 틀기도 했어요. 섹스나 폭력 혹은 그 둘을 합친 것들을 다 보게 되죠. 술을 몇 잔 마시고 나서 보면 재미있어요. 한국군도 검열에 개입했는데 그들은 정치적인 이슈 외에는 신경 쓰지 않았어요. 역사물도 군대를 너무 비난하지만 않으면 상관없었어요. 여성의 권리도 지나치게 밀어붙이지만 않으면 괜찮습니다. 보통 시키는 대로 하고 정치에만 관여하지 않으면 섹스를 소재로도 마음대로 만들 수 있었어요. 물론 이승만 정권 땐 좀 힘들었지만요. 대체로 영부인의 반응 때문이었어요. 신상옥이 〈독립협회와 청년 이승

---

84 이형표는 구술에서 1959년 라디오 드라마를 바탕으로 〈로맨스 빠빠〉(1960)를 기획했다고 밝혔다. 그는 공동 감독이라고 하면 "딱 알맞을" 만큼 영화 제작과 연출에 관여했으나, 신상옥 감독이 크레디트를 어떻게 하고 싶은지 물었을 때 그를 '조감독'으로 올리겠다는 말 같아서 자신의 이름을 넣지 않았다고 한다. 이형표가 연출자로 크레디트를 올린 데뷔작은 〈서울의 지붕 밑〉(1961)이다. 이형표 구술, 이순진 채록, 앞의 책, 186~188쪽 참고.

85 〈아버지와 나의 인생 *My Life with Father*〉: 하워드 린지(Howard Lindsay)와 러셀 크로우즈(Russel Crouse)가 공동으로 쓴 브로드웨이 히트작. 1939년 초연 이후 7년간 브로드웨이 무대를 누비며 최장기 공연으로 기록되기도 했다. 1947년 마이클 커티즈(Michael Curtiz) 감독에 의해 영화화되었다.

86 1955년 4월, 문교부는 공보실로부터 영화 검열, 제작 및 관리 업무를 이관 받은 직후 외화 수입 및 영화 검열에 대한 요강을 발표하고, 이듬해 7월, 문교부 고시 24호 등을 통해 구체적인 검열 기준을 만들어 나간다. 국가 법률, 종교 교육, 풍속, 성관계, 잔학성, 기타 등의 범주로 구분하여, 해당 범주마다 검열에 저촉되는 36개의 세부적인 검열 기준을 제시하며 이승만 정권 말기에 이르기까지 검열을 강화해나갔다. 1950년대 검열에 관해서는 이봉범, 「1950년대 문화 정책과 영화 검열」, 『한국문학연구』 제37집, 동국대학교 한국문학연구소, 2009 참고.

만〉(1959)을 만드는 데 동의하지 않았다면 포르노를 만든 죄로 그를 사형시켰을걸요.[87]

신생활교육원과 시라큐스 컨트랙트

코넌트: 1958년에는 시라큐스대학[88]과 계약했어요. 이론상으로 그 직책은 한국인들에게 민주적인 영화에 대해 교육시키는 것이었어요. 저는 그 프로젝트 자체에 대해선 별 생각이 없었지만 한국에 남아 있고 싶었고 이승만 정권의 몰락을 보고 싶어서 그 계약에 동의했어요. 그리고 그 교육의 한 부분으로 여러 촬영 및 현상소 등에 대한 보고서들을 만들었습니다.

질문자: [공보실 영화제작소 조직도를 가리키며][89] 이게 같이 일하셨던 분들의 이름인가요?

코넌트: 네, 그게 저랑 일했던 사람들의 이름입니다. 그때 한국 내에서 이래저래 갈등이 많았

---

87 〈독립협회와 청년 이승만〉(신상옥, 1959): 한국연예주식회사의 임화수가 1960년 3월의 선거를 앞두고 자유당 선거 자금을 끌어들여 제작한 이승만의 전기영화. 전례 없이 한국 영화배우들이 총 출연했고, 신상옥 연출에, 최고의 스태프들이 총동원되었으며, 당시 한국영화 평균 제작비를 상회하는 4,000만 환이 공보실을 통해 자유당 선거 자금에서 지출되었다. 이순진, 「냉전의 논리와 식민지 기억의 재구성」, 이순진·이승희 엮음, 앞의 책.

88 1958년 당시 시라큐스대학의 시청각 교육 센터장이었던 도널드 윌리엄스(Don. G. Williams)는 한국뿐 아니라 이집트, 그리스, 이란, 리비아, 터키 등의 국가들을 대상으로 시청각 교육의 힘을 보여줄 수 있는 영화와 그 이론을 전파하는 것에 열정적이었다. 1959년 여름, 윌리엄스의 뒤를 이은 도널드 엘라이(Donald Ely) 역시 시청각 교육 해외 파견 프로그램을 지속하고자 했지만, 미 의회가 국방교육법안(The National Defence Education Act)을 통과시키면서 시라큐스 이외의 다른 학교들에게도 교육적 미디어에 대한 대대적인 지원을 시작하면서 시라큐스의 해외 파견 프로그램은 주춤하게 된다. 특기할 점으로는 한국 시라큐스 컨트랙트의 현지 책임자였던 제임스 매캐런(James W. McCarron)은 당시 미네소타대학에 적을 두고 있었지만, 도널드 윌리엄스가 8년간 의욕적으로 인력을 파견했던 이란의 시라큐스 컨트랙트의 책임자이기도 했다는 것이다. 제임스 매캐런은 1951년 3월부터 이란에서 근무했고, 계약이 끝나자 한국으로 파견된다. Hamid Naficy, *A Social History of Iranian Cinema, Volume2: The Industrializing Years*, Duke University, 2011, p. 39. 제임스 매캐런에 대한 정보는 "Syracuse University, Contract ICA-W-816," RG 469, Entry # 478, Box no. 19, FY 1960 Program Funds thru FY 1961 Congressional Presentation(NARA) 참고.

89 해당 문서는 2부 1장 「문서 컬렉션 부록1: 소장 문서」에 수록된 "조직도"를 참고.

어요. 그중 하나는 서울 사람들과 군산 사람들, 소위 호남 출신들 사이의 불화였죠. 물론 몇몇 지방은 항상 서울과 사이가 좋지 않았기 때문에 내부적 갈등이 많았어요. 그리고 또 불교 관련 이슈도 있었죠. 이승만은 불교 승려들에게 결혼을 허락했지만 불교 측에선 승려들의 결혼에 반대했어요. 그래서 이승만과 여러 사찰이 마찰을 빚었습니다. 우리는 그런 상황을 사진으로도 찍었지요. 저에겐 이승만과 이름이 같은 젊은 조수가 있었는데, 온 가족을 부양하는 굉장히 똑똑한 친구여서 빠른 시간에 음향기사로 훈련을 시켰습니다.[90]

운크라에서 일하다 나중에는 유네스코로 옮겼습니다. 제가 유엔 영화팀과 유네스코에서 일할 때 신생활교육원이 수원에 생겼는데요. 저는 서울에서 수원으로 이사를 해야 했습니다. 그 즈음 저는 엘런[91]과 결혼을 하게 됐죠. 그리고서 시라큐스대학이 주한 미군과 함께 민주적 영화인들을 양성하기 위한 교육 따위를 실행하려 했고 영화를 만들었습니다. 저는 상당히 무리한 생각이라고 느꼈지만, 이 프로젝트로 인해 저는 한국에 계속 남아 있을 수 있었죠.

[시라큐스 컨트랙트의 반기 보고서 등을 보여주며][92] 일했던 사람 등, 이름 같은 것을 보고한 거예요. 반년에 한 번씩 하는 보고도 있었는데요, 당시 한국에서 대학을 설립한 언더우드[93]가에서 나온 정보 따위를 이용해 날카로운 선전들이 만들어지고 있었습니다. 일본인들의 죄를 언급하고 있는 것들이죠. 그중 어떤 것은 터무니없는 것이었고 어떤 것은 부분적으로 진실이었어요. 물론 지금은 그런 선전을 부끄럽게 여기지만요. 예전 워너브라더스 현상소 책임자였던 사람[94]을 시켜 이 시라큐스 프로젝트를 하게 했어요. 제가 전부터 알던 사람이었어요. 그는 곧 그에게 일을 준 미국 관료들이 많은 것을 숨기고 있고 부패했다는 것을 알아챘

90 이승만 (1935~): 천문학자. 연세대 자연과학부 대기과학전공 교수로 재직했다.

91 엘런 세이티 코넌트 Ellen P. Conant: 미술사학자. 미국 최초로 뉴욕의 월드하우스갤러리(World House Galleries)에서 한국 근대미술을 기획·전시했고, 일본 미술사에 대한 다수의 글을 썼다. 현재 다트머스대학 방문연구자로 있다.

92 시라큐스 컨트랙트의 작업 계획서 및 시라큐스 팀이 국제협조처(ICA)에 보고한 반기 보고서는 2부 1장 「문서 컬렉션 부록1: 소장 문서」 참고.

93 호러스 언더우드 Horace G. Underwood (1859~1916): 미국 장로교회 선교사로 연세대학교의 전신인 연희전문학교를 세웠다. 그의 아들 호러스 H. 언더우드(한국명: 원한경)는 연희전문학교 교장, 미 군정 장관 고문, 미 군정청 검열국 총무, 미 군정청 문교부장 고문 등을 역임했다.

94 뒤에 밝히듯 세스 프레슬리(Seth Daniel Pressley)를 말한다.

죠. 그러자 그 관료들은 그를 매우 괴롭혔어요. 그의 아내가 당장 그만두고 고향으로 돌아가자고 하는 바람에 그는 곧 한국을 떠났습니다. 그는 많은 장비들을 설치했는데 저랑 호흡이 잘 맞았죠. 굉장히 똑똑하고 유능한 친구였는데 벌집에 들어온 것 같다고 말하곤 했어요. 한국엔 그가 상대하고 싶지 않은 많은 문제들이 있었고 그는 한국을 잘 알지 못했죠. 그는 워너브라더스에서 노동조합 활동을 하면서 파업을 몇 차례 했는데, 그게 좋은 경험은 아니었다면서 "한국에서까지 이런 일에 연루되고 싶지 않아"라고 말했어요.

그리고 그때 제임스 거스리[95]라는 괜찮은 청년이 있었죠. 텍사스에서 가르치면서 독립영화를 만들던 사람이었는데, 장편영화 경험은 없었지만 착한 친구였죠. 그 명단에 있는 이들은 장편을 찍어본 적은 없지만 간단한 교육영화 작업에는 참여해봤고, 영화를 더 찍고 싶어서 주립대학 같은 데서 박봉을 받으며 강의하던 친구들이었어요. 코넬[96]은 좀 더 경험이 있었지만 그렇게 대단한 건 아니었어요. 그리고 아, 프레슬리![97] 전에 워너브라더스에서 일하던 친구였어요. 모두 미국 대외원조처(U.S. Aid Mission: USAM)에서 파견된 인력이고요. 이 계약은 미 정보국과 국무부가 관장하고 있었죠.

그때 시설 유지·관리를 맡고 있던 페리스 라지는 원래 할리우드에서 일하던 친구였어요. 유지·관리는 아주 중요한 직책은 아니지만 그래도 그는 현상소를 어떻게 꾸려야 하는지 잘 알고 있었죠. 프레슬리가 그를 추천한 것 같아요. 좋은 사람이었죠. 저하고는 사운드에 대해 의견 차가 컸어요. 그는 전체 시스템을 할리우드식으로 만들고 싶어 했고, 저는 거기에 반대했죠. 할리우드의 방식이 널리 쓰이게 된 데에는 몇 가지 이유가 있지만, 그때 무엇보다 운크라는 영화에 그렇게까지 투자할 생각이 없었어요. 라지는 그저 자신이 전부터 익숙하게 여기던 식으로 한국에서도 영화를 만들고 싶어 했죠. 그러나 저는 현지에 맞는 방식을 만들어

---

95   제임스 거스리 James M. Guthrie: 미국 USC에서 학부를 마치고 미 해군 등에서 카메라맨으로 일했다. 시라큐스 컨트랙트에는 영화 편집기사로 기록되어 있다.

96   제임스 R. 코넬 James Ramsey Connell: 미 해군의 사진사로 일했으며 할리우드의 영화촬영소 등에서 일했다. 시라큐스 컨트랙트 당시 로스앤젤레스의 아트센터스쿨(Art Center School)에서 미술을 가르치고 있었다. 시라큐스 컨트랙트에는 카메라 담당으로 기록되어 있다.

97   세스 D. 프레슬리 Seth Daniel Pressley: 시라큐스 컨트랙트에는 현상소 기술 책임자로서 이전에 워너브라더스에서 재직했다고 기록되어 있다. 코넌트가 밝힌 것처럼, 그는 곧 한국을 떠났고 그의 후임자는 레비 문(Levi Edwin Moone)이었다. 레비 문은 2차 대전 시기 미 육군 방첩대에서 활동했으며 미 국무부 산하 ICA의 지원으로 파키스탄에 영화 촬영·현상소를 설립한 바 있다.

야 한다고 생각했어요. 한국은 개발도상국가고 자본이 많지 않아서, 인도나 다른 개발도상국가들이 하는 것처럼 할리우드를 탈피한 모델을 만들길 바랐죠. 그러니 당시에 있는 시스템을 일단 쓰면서 천천히 다른 방식으로 전환하는 것이 훨씬 낫다고 생각했어요. 그렇게 해도 아주 좋은 독립영화를 만들 수 있을 테니까요. 로버트 플래허티가 제작비가 엄청나게 비싼 영화 두 편을 만들 때도 스태프는 그와 영화배우, 단 둘이었고, 자신이 촬영과 현상을 도맡아했습니다. 물론 누구나 그렇게 작업할 수는 없지만요. 사실 저는 한국에서 필름을 빠른 시간에 현상할 수 있는 사람을 찾을 수 없어서 직접 컬러 필름을 현상한 적도 있어요. 한국인들은 그때 당시 간단한 시설에서 흑백 필름을 현상했죠.[98] 썩 훌륭하지는 않았지만 쓸 만은 했어요.

아무튼 라지와 제가 그 산업에 바탕을 제공했다는 것은 흥미로워요. 우리는 할리우드에서 어떻게 사운드를 쓰는지, 또 한국에서 우리가 하던 방식 따위를 놓고 많은 토론을 하곤 했어요. 예를 들어, 할리우드에서는 일단 자른 필름은 다른 것과 섞지 않죠. 모든 필름은 가장자리에 번호 표시를 하고요. 사운드 트랙을 잘라 음향 커트를 만들고 촬영한 필름을 잘라 영상 커트를 만들고 나서 번호를 표시해요. 그렇게 자른 음향과 영상의 원본으로 새로운 필름을 출력한 후 편집하여 복사본을 만듭니다. 이렇게 하면 노이즈도 적고 필름도 상하지 않지만, 굉장히 비싸고 시간이 많이 들죠. 한국에서는 이렇게 할 수 없었어요. 어느 정도 가능하더라도 문제는 여전히 사운드죠. 제가 한국을 떠날 때까지도 스스로 만족스러운 수준으로 사운드 녹음과 편집을 하기란 여전히 불가능했어요. 그러나 결국 사운드 담당자, 이름이 생각 안 나는데… 아, 손인호![99] 하도 뚱뚱해서 별명이 '돼지'였죠. 참고로 제 별명은 '사마귀'였어요. 돼지

---

98   이형표는 1950년대 중반의 공보실 영화과에 대해 설명할 때 "나무로 짜서 현상액 넣어 필름 현상"을 했으며, 진해 미 공보원에서 리지웨이의 주도로 휴스턴 35mm 자동현상기를 처음으로 들여와서 "그때부터 소위 현상에 대한 아주 과학적인 공부들이 시작"되었다고 구술한 바 있다. 이형표 구술, 이순진 채록, 앞의 책, 126~128쪽 참고. 한편 국립영화제작소의 기록을 보면 1958년에 흑백 현상기 및 인화기를 도입하면서 자동식으로 전환했으며, 컬러 자동현상기 및 인화기를 들여온 것은 1963년의 일이었다. 『대한뉴스 목록 제2집』, 국립영화제작소, 1994.

99   손인호 (1927~): 평안북도 창성 출생. 작곡가 김해송이 이끌던 KPK 악단에 가수로 뽑혀 활동하다가 전쟁이 터지자 군예대(軍藝隊)에 들어갔고 제대 후 공보실 영화제작소에서 일하며 〈대한뉴스〉 및 그 밖의 영화 녹음 일을 시작했다. 이즈음 영화 녹음 일을 하던 매부 이경순과 함께 한양녹음실을 세운다. 이경순과 함께 녹음기를 들고서 방방곡곡을 누비며 한국영화의 음향 자료실을 만들었고, 천둥소리, 빗소리, 총소리 등의 음향 효과를 스튜디오에서 개발하는 등 한국영화 음향에 기여했다. 한양녹음실은 1962년부터 1990년대까지 대략 3,500편의 한국영화를 녹음했는데, 그 가운데

보단 좀 귀엽죠. (웃음) 아무튼 제가 듣기론 그는 운크라를 떠나 따로 회사를 차렸습니다. 제 조언을 따르지 않고 독일 장비를 더 사들였죠. 그래서 아마도 그는 그때 제일 좋은 장비를 갖고 있었을 거예요. 제대로 사용하는 방법만 알았다면요. 물론 어느 나라에 있든 독립영화 쪽에서 일하는 건 힘들지만, 제 생각에 그때 그는 잘못된 길을 택했어요.

저는 1959년에 유엔을 떠났는데요.[100] 말씀 드렸듯이 운크라에서 해온 작업이 충분히 진행된 상태라 서울을 떠나 수원으로 옮겼는데, 유네스코의 도움으로 농촌 교육과 관련된 영화 따위를 만드는 계약을 따게 됐죠.[101] 거기서 농부들에게 영화를 보여주고 싶어 해서 나름대로 아주 즐거웠습니다. 근처에 있는 농부들에게 보여주려고 제가 장비들을 모으고 대사가 필요 없는 영화들을 많이 찾았죠. 무성영화를 틀고 음악이나 여러 가지 연설을 덧붙여 상영했어요. 그때 영국 시골을 다룬 영화, 무용영화나 사람들이 좋아할 만한 영화도 찾았죠. 근데 농부들이 제일 좋아했던 영화는 제가 한국에 오기 직전에 제약회사를 위해 만든 돼지 콜레라에 대한 영화였어요. 그 영화 초반에 아름다운 미국 농장 장면들이 끝도 없이 나오거든요. 예쁘게 정리된 잔디와 건강하고 예쁜 돼지들도 보여주고요. 그때 이 영화를 보던 한국인들은 굉장히 가난했어요. 스위스나 독일의 농장에서 동물이 농부들과 같이 살듯, 집짐승을 집에서 같이 키웠죠. 농부들이 돼지를 키웠는데 그걸 팔아야 하니까 살을 찌우려고 노력했어요. 그러니 자연스럽게 미국식 돼지 사육에 큰 관심을 갖게 되는 거죠. 한 30분 정도 그런 내용이 있었는데, 저는 현대 미국의 생활이 담긴 내용은 제외하고, 돼지 사육과 농부들의 생활에 맞춰서

2,000편가량이 손인호의 손을 거쳐 완성되었다. 그는 녹음 작업 틈틈이 오아시스레코드사의 전속 가수로서 한 달에 몇 곡씩의 의무 녹음 곡수를 채웠고, "비 내리는 호남선", "울어라 기타줄", "해운대 엘레지", "하룻밤 풋사랑" 등 1950~1960년대 히트곡들을 발표하기도 했다. 한국영화데이터베이스(KMDb) 참고.

100 코넌트는 이 시기에 유엔을 떠나 신생활교육원에서 일한 것으로 구술하는데, 그는 이보다 이른 때인 1956년부터 신생활교육원에서 일했다는 것을 밝혀둔다. 그가 말하는 1959년이 유엔과의 계약이 만료된 시점인지는 불분명하다.

101 신생활교육원은 유네스코, 운크라, 한국 정부가 공동으로 세운 것인데, 1956년 7월에 공사를 시작, 10월에 완공되었다. 수원 서울대학교 농대 옆에 들어섰고, 유네스코에서 파견된 기초교육 전문가와 농업, 가정 경제 및 영양, 건강, 시청각 교육, 각 네 분야의 전문가로 강사진을 꾸렸다. 한국의 농촌 경제와 삶의 질을 향상시키기 위해 성인 기초교육을 하고자 했다. "Report of the Agent General of the United Nations Korean Reconstruction Agency," General Assembly, Official Records: Twelve Session Supplement No. 17, A/3651, New York, 1957(Paris: UN archives).

새로 편집을 했어요. 그리고 수원 근처의 마을을 돌며 상영했는데 아주 반응이 좋았어요. 한국 농부들이 미국 농부들과 일종의 연대감을 느낄 수 있도록 만들었지요. 그 영화는 한국 농부들이 자신들도 그런 장비를 갖출 수 있는지, 또 앞으로 자신들의 삶을 좀 더 편리하게 만들 수 있는 기술이 뭔지에 대해 많이 생각하게 해줬을 거예요. 제 생각에 얼마쯤은 미국의 기계화된 농장을 보는 재미에 영화를 더 좋아했던 것 같아요. 왜냐하면 사람들은 어쩌면 곧 미국인들이 그런 기계들을 가져다줄 거라고 생각했거든요. 우리가 받은 질문들을 생각해보면 분명 그런 생각을 했던 것 같아요. 사실 운크라는 거대한 미국 경운기보다는 아주 작지만 훌륭한 기계를 만드는 일본 회사와 거래를 하고 있었어요. 제가 함께 일했던 일본 회사에 갔을 때 그 회사는 어떻게 경운기가 움직이고 그것을 어떻게 사용하는지에 대한 짧은 영화를 만들고자 했어요. 그래서 우리는 절반은 일본인, 절반은 한국인이었던 NHK의 한 친구에게 가져가서 한국어로 [그 영화의] 내레이션을 맡겼습니다. 우리는 미국의 거대한 산업 농장보다는 한국 농장의 여건에 더 잘 맞는 기계들을 농부들에게 가져다주기 위해 노력했죠.

이승만 정권의 선전 정책과 4·19 전야

코넌트: 유일한 한국 방송국이 화재로 사라지자 미군은 한국이 자체 텔레비전 방송국을 만들 때까지 매일 저녁 한두 시간 정도 공보실에서 만든 한국 프로그램을 미군 방송에서 틀게 해줬어요.[102] 4·19학생운동이 일어나기 바로 직전이었습니다. 아마 초겨울이었을 거예요. 전 기자들과 술도 마시고 얘기도 나눌 겸 프레스클럽에 가서 서로 의견을 주고받곤 했습니다. 그들은 거기서 이승만이 하던 반일 선전을 보게 됐어요. 일본인들이 모두 선하지는 않다는 등 부분적으로는 사실이었지만, 사람들의 코를 자른다거나 하는 건 히데요시 시절에나 그랬지 전후에는 아니었거든요. 이승만이 과장해서 반일 선전을 한 거죠. 일본 기자들은 분노했고 미국 친구들에게 하소연하곤 했어요. 그러다보니 미국 기자들이 이런 것에 관심을 갖기 시작했죠. 저는 그들에게 영화를 보러 가라고 말하곤 했어요. 한국의 영화관은 정부 시책으로 영화 상영 전에 꼭 뉴스영화를 틀어야만 했고 그것을 어기면 정부에서 영화관 문을 닫았습니

---

102 앞의 주 36번 참고.

다. 아무튼 제 말대로 기자들은 영화관에 가서 한국영화나 상영되는 외국영화들을 보기 시작
했는데, 늘 똑같은 뉴스영화를 보게 됐어요. 영어 자막이 있거나 박익순이 영어로 해설을 한
것들이었죠. 그들은 그걸 보고 미국으로 돌아가서는 한국이 영화산업을 어떻게 구축해가고
있는지, 어떻게 새 제작사들을 설립하고 있는지를 다루는 유용한 기사들을 많이 썼어요.

그때 저는 친구이자 《워싱턴 포스트》와 《시카고 데일리 뉴스》의 기자인 키즈 비치[103]를 돕
고 있었어요. 그가 제 이름을 기사에 쓴 것이 못마땅하긴 했지만, 그의 입장에선 그렇게 해야
만 했을 거예요. 그 기사 기록이 여기 어디 있는데, 아마 오래돼서 잘 보이진 않을 겁니다.[104]
공보실에 대한 내용과 어떻게 그 기관이 이승만을 위해 선전영화를 만들었는지 따위에 관
한 건데, 결과적으론 미국 자본을 이승만의 선거 유세에 쏟아 붓고 있다는 것을 비판했죠. 미
국 정치계의 우파는 거기에 크게 반대하진 않았지만 좌파들은 아주 강하게 반대했습니다. 이
런 모든 일이 갑작스럽게 일어난 건, 미국 기자들이 술을 많이 마시며 말조심을 하지 않았고
늘 미군 부대 영화관에서만 영화를 보고 지내서, 그리고 그전까진 한국 영화관엔 전혀 가보
질 않아서였어요. 몇 년 동안 정부 뉴스영화가 어떻게 생겼는지도 잘 몰랐던 거죠. 그래서 한
번은 누가 뉴스영화가 텔레비전에서 방영되는 걸 보더니, "이런 건 바로 히틀러가 유대인들
을 상대로 하던 이야기야. 말도 안 돼"라고 했죠. 아무튼 미국 신문에 한국 정부에 대한 비판
적인 글들이 나오기 시작했어요. 영국인들도 글을 쓰기 시작했고요. 이승만의 선전은 그다지
세련되지 않았어요. 그래서 영국인들이 비웃었죠. 그게 한국의 영화산업을 도와 이런 걸 만
든 미국인들을 공격하는 한 방법이기도 했죠. "미국인들은 돈을 제대로 쓸 줄 모르나?"라면
서 말이죠.

물론 그때 나온 기사들처럼, 부유한 미국인들이 한국의 스튜디오를 재건하고 영화 만드
는 법을 가르친 것은 돈 낭비일 수도 있어요. 저 역시 많은 돈이 낭비되고 있다고 생각했어요.
대한원조 프로그램 중엔 정치적 이유 때문에 어쩔 수 없이 한 것들이 많아요. 예를 들어 영부

---

103 키즈 비치 Keyes Beech (1913~1990): 테네시 주 풀라스키 출생. 2차 대전 당시 해군 경비대 보도원
으로 태평양 지역에서 활동한 뒤로 근 50여 년간 아시아 보도 전문가로 현장을 누볐다. 《시카고 데
일리 뉴스》의 극동지역 특파원으로 1947년부터 1977년까지 근무했다. 1951년 한국전쟁 보도로 퓰
리처상을 받았다.

104 키즈 비치가 쓴 글 "미국은 이승만의 선거 선전에 어떻게 돈을 들였는가(How U.S. Money Financed
Rhee's Election Propaganda)"를 말한다. 《시카고 데일리 뉴스》 1960년 3월 29일.

인은 한국에 네덜란드처럼 풍차를 짓고 싶어 했지요. 또 그녀가 매료된 것 중 하나는 홍보 회사인 해밀턴 라이트 협회(Hamilton Wright Associates)[105]가 만든 선전영화였는데, 이 회사는 아직도 있어요. 당시 해밀턴 라이트는 대만의 정부 선전을 맡고 있었는데, 대만의 모습을 영화처럼 아름다운 영상에 담았고 대만이 얼마나 훌륭하고 자유로운지 그리고 장제스(蔣介石)와 그의 아내가 얼마나 매력적인지 보여주는 영화들을 만들었어요. 그는 청와대에도 방문했는데, 그때 저도 슬쩍 들어가서 들었어요. 라이트는 대만에서 만든 아름다운 영화 편집본과 텔레비전용으로 만든 편집본을 보여주면서 이승만에게도 똑같이 해줄 수 있다고 했지만, 들이민 가격이 너무 높았어요. 처음에 100만 달러를 내고, 현지에서 촬영하는 할리우드 인력에게 정기적으로 임금을 지급하는 조건이었으니까요. 이승만은 그런 식으로 돈을 쓸 생각이 없었지만, 프레젠테이션은 끝까지 듣고 나서 공보실장에게 얘기했어요. "해밀턴 라이트에게 맡기지 않을 거다. 당신은 예일대에서 박사학위를 받았으니 영어를 알아듣지 않느냐. 이런 게 필요하니까 만들어라." 그리고 여러 한국인들과 정부 직원들을 시켜서 미국 의원들에게 편지를 쓰게 했어요. 그래서 미국 의원들은 한국 대통령이 보낸 크리스마스 카드나 생일 카드를 받았지요. 전부 해밀턴 라이트에게서 배운 전략이었죠. 그 외에도 몇 가지 더 있어요. 공보실은 예술과 음악에 관한 영화도 만들기 시작했어요. 물론 영어로 만들었고 박익순이 담당했죠. 하지만 뉴스영화는 여전히 너무 노골적인 정부 홍보였고, 영부인은 홍보대사 역할을 제대로 해낼 만큼 미국을 잘 알지 못했어요. 어쨌든 해밀턴 라이트의 프레젠테이션이 이승만에게 동기를 부여해준 건 확실해요. 이승만은 그렇게 많은 돈을 쓸 생각은 없었지만 라이트가 대만에서 하는 몇 가지는 하고 싶어 했어요.

아무튼 이 무렵 다울링 미국대사가 한국에 왔어요. 다울링 대사는 제 아버지와 독일에 계시면서 비슷한 경험을 하긴 했지만, 한국인들이 미국 텔레비전에 빠져 있는 것을 보고 굉장히 흥미로워 하셨어요. 이승만과 그의 측근들이 하는 반일 선전 때문에 제 아내가 저녁식사나 파티에서 일본어를 못 쓴다는 것도 너무 우스꽝스러워 하셨죠. 기자들은 반일 선전 같은

---

105   코넌트의 기억과 달리, 이 회사의 정식 명칭은 Hamilton Wright Organization으로, 사진작가 해밀턴 라이트가 세우고, 세계 곳곳의 뉴스영화, 여행기 등을 전문으로 제작했다. 이후에 그가 언급하는 해밀턴 라이트(Hamilton Wright Jr.)는 창업자의 아들로, 1950년대 이후로 사업을 확장, 주로 외국 정부를 대행하여 뉴스, 관광, 정부 정책영화를 만들었다. 1960년대 말 회사를 정리했으며, 미국 스미소니언 박물관에 컬렉션이 보관되어 있다.

것을 얼마쯤 의식하고 있었지만, 그들은 전쟁과 또 왜 그 많은 미국인들이 죽어가고 있는지 따위를 취재하러 왔으나 정작 서울에서 무슨 일이 일어나고 있는지에 대해서는 관심이 없었습니다. 그러나 막상 반일 선전을 봤을 땐 기사를 쓸 수도 있었죠. 물론 이승만의 관점에서는 전혀 좋은 기사거리가 아니었지만요. 그래서 저는 한국과 미국 양쪽 회의에 많이 끌려 다녔고 안 좋은 소리도 많이 들었죠. 제겐 좀 힘든 시기였습니다. 그래도 저는 연연치 않고 그저 양쪽 정부에게 언론과 협력하는 것이 좋다고 조언했습니다. 왜냐하면 매년 미 의원에서 유엔 활동을 위해 예산을 정하지 않으면 우리가 한국에서 일을 계속할 수 없었고, 또 유엔은 우리가 한국에서 무슨 일을 하는지 알고 싶어 했으니까요. 저는 그 텔레비전 방송국이 불타버리지 않았더라면 이런 사실들이 전혀 드러나지 않았을 테니, 그 화재가 그다지 나쁜 일만은 아니었다고 했습니다. 그때 이승만과 자유당 측근들이 그 화재의 경유를 정확히 알고 있다는 걸 확실하게 느꼈어요. 그들은 불이 난 걸 안타깝게 여기는 척했지만 그게 겉치레라는 건 매우 확연했어요.

그 당시는 굉장히 흥미로운 시기였어요. 미국 언론들은 다른 외국 언론이 한국 내 정치와 이승만 정권의 진실에 관심을 갖게 만들었어요. 처음엔 남부 지역과 진해에서 사람들이 죽어나가고 나중엔 학생들이 죽어가면서 4·19가 시작될 쯤, 모든 외국 언론들은 무슨 일이 벌어지고 있는지 알아채고 취재하러 다녔어요. 이승만 정권 내의 그나마 좀 진보적인 이들이 그 상황을 잘 이용했다면 외국 언론의 취재 방향을 바꿀 수 있었겠지만 그렇지 못했기에 아주 바보 같았죠. 그때쯤엔 갈홍기는 이미 쫓겨난 상태였고 행정 관료였던 전성천[106]이라는 더 큰 사기꾼이 들어왔는데, 그는 훨씬 더 어리석었어요. 학생들이 압도적으로 일어났을 때, 한국 정부는 자세를 바꾸고 소위 〈자유한국〉[107]이라는 라디오 방송을 통해 그간의 모든 선전에 대해 사죄하며 이제부터 사실만 보도하겠다고 말했습니다. 그리고서는 한 2주 정도 정말 사실만을 보도했죠. 공보실은 계속 뉴스영화를 만들었는데, 진짜 생활의 소리를 한국 뉴스영화에 넣지는 않았어요. 실제로 학생들이 소리를 지른다든가 사람들이 구호를 외치는 소리 같은 걸

---

106 전성천 (1913~2007): 경상북도 예천 출생. 프린스턴 신학대에서 석사 학위를, 예일대에서 철학으로 박사학위를 받고 돌아와 서울대학교에서 강의를 하던 중 정계에 입문했다. 1959년 1월 31일 당시 자유당 선전부 상임위원이었으며 공보실장으로 임명되었다.

107 KBS의 〈자유 대한의 소리 Voice of Free Korea〉를 가리키는 것으로 보인다.

영화에 집어넣지는 않았다는 거지요. 물론 외국용 상영본에는 실제 소리를 넣었어요.

그때《코리안 리퍼블릭》의 편집장이었던 글렌[108]은 선하고 능력 있는 사람이었어요. 이승만은 그에게 급여를 후하게 챙겨주었고요. 그는 이승만의 자본으로《코리안 리퍼블릭》을, 그리고 영문으로 쓰인《코리아 타임스》를 만들었습니다. 그러나 그는 이 일에 만족하지 않았고, 이승만 정권이 무너지고 나면 직업을 잃을 것이란 걸 깨닫고는 공보실에서 영어로 뉴스영화 만드는 것을 저와 함께 거들었죠. 그 뉴스영화는 미군 텔레비전 채널과 세계 곳곳으로 방영이 되었습니다. 어떻게 보면 글렌은 상사였던 이승만에게 등을 돌리고 공보실에서 제작한 소위 정직한 영화에 임하게 되었다고 할 수 있죠.[109] 그 작업은 그가 그때까지 했던 일 중에 제일 정직한 작업일 거예요.

4·19 이후, 미국에서의 생활

코넌트: [미국으로 돌아온 후] 1960년부터 1964년까지 포드재단에서 일했어요. 영국 슈뢰더은행(Schroder Banking Corporation)에서도 일을 했고요. 그때 케이블 텔레비전이 시작될 때였는데 위성방송에 대한 고민을 많이 했죠. CBS 연구소(CBS Laboratories)에서도 일했는데, 대부분 정부 기밀 관련 일이었어요. 제가 직접 관여하지는 않았어요. 왜냐하면 저는 채용 조건으로 전쟁과 관련된 일은 하지 않겠다고 했거든요. 저는 퀘이커교도는 아니지만 퀘이커교도의 관점을 가지고 있었기 때문에, 그런 일은 하고 싶지 않아서 평화로운 일만 했어요. 미국 잠수함이 러시아 잠수함을 감지할 수 있게 음향 탐지력을 향상시키는 것과 관련된 일이었죠. 러시아 잠수함이 폭탄을 운반하는 일을 도왔기 때문에 그걸 찾아야 했어요. 이게 이론상으로

---

108   윌리엄 글렌 William A. Glenn: 1954년부터 이승만의 공보비서이자 대한공론사 사장, 관보였던《코리안 리퍼블릭》의 편집고문을 맡았다.

109   글렌과 이승만의 관계에 대해 코넌트는 이렇게 생각하고 있지만, 글렌은 이후에도 이승만 정권의 공기록을 의도적으로 은폐하는 것을 도운 전력이 있다. 1960년 7월 16일, 강원도 묵호항에서 발견된 그의 짐 속에는 이승만의 기밀 문서철 등이 숨겨져 있었다. 자세한 내용은 정병준, 「이승만 대통령 서한 자료 해제」, 국사편찬위원회 참고. 이 글은 국사편찬위원회 한국사데이터베이스(http://db.history.go.kr/introduction/intro_le.html)에서 볼 수 있다.

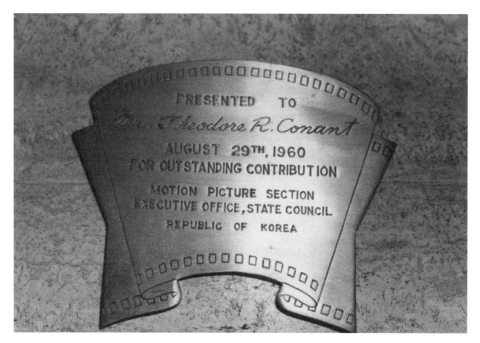

1960년 8월 29일, 대한민국 국무원 사무처 영화과(공보실 선전국 영화과 후신)에서 코넌트에게 증정한 공로패

는 우리 모두를 안전하게 만든다고 봐야 되는데, 실제로 그렇진 않다고 생각해요. CBS는 결국 1986년에 그 사업에서 손을 뗐어요. 컬러 텔레비전이 나왔고 상황도 안정되었고 녹음 표준 등의 문제도 다 해결되었고…. 무엇보다 CBS는 원래 군수업을 하던 회사가 아니었거든요. 이익이 남긴 했지만 방송만큼 남지는 않았으니 결국 그만뒀죠.

베트남 전쟁 당시, 린든 존슨[110]은 폭격 장면을 날마다 보고 싶어 했어요. 하노이를 폭격해서 전쟁을 끝내려고 베트남을 압박하고 있었거든요. 그래서 CBS가 많은 비용을 들여서 북쪽의 기지와 사이공 등지에 전파망을 설치했고, 사이공과 워싱턴을 위성으로 연결해서 밤에 폭격을 하게 했어요. 물론 한국처럼 밤낮이 바뀌었으니까 우리 시간으로 밤에 폭격을 하고 워싱턴 낮 시간에는 주로 항공사진들을 보냈죠. 저는 그 사진들을 하나도 못 봤는데 아직도 기

---

110   린든 존슨 Lyndon B. Johnson (1908~1973): 미국의 제36대 대통령(1963~1969)으로 '위대한 사회 (Great Society)' 법안을 구상하여 미국 내 교육, 의료, 인권 각 분야의 향상에 노력했다는 평가를 받았다. 베트남 전쟁이 장기화되고 반전 운동이 국내외로 퍼져나가자 1968년 재선에 도전하지 않는다고 발표, 임기가 끝나자 퇴임했다.

밀이에요. 언론에서 언급이 되기만 했죠. 린든 존슨은 매일 항공사진을 봤고, CBS는 이 일로 돈을 많이 벌었어요. 베트남 전쟁이 끝나자 돈도 끊겨서 결국 CBS는 연구소를 팔았죠. 저는 좀 더 일찍 그만뒀는데, 예상은 했어요. 연구소가 문을 닫자 다른 직업을 찾아야만 했어요. 그래서 1987년까지는 일자리를 찾아다녔어요. 그러면서 뉴욕대학교 같은 데서 영화를 가르쳤지요.

질문자: 지금까지 말씀해주신 내용들은 이 시대와 한국영화를 연구하는 많은 이들에게 매우 중요한 자료가 될 것 같습니다. 오랜 시간 인터뷰에 응해주셔서 감사합니다.

3장
영화인 구술을 통해 본
시어도어 코넌트와 그의 활동

이지윤 | 한국영상자료원 한국영화사연구소 연구원

1952년에 유엔 소속으로 처음 한국에 와서 1960년까지 8년간 체류한 시어도어 코넌트의 이름은 당시 활동했던 한국 영화인들의 구술에서 종종 목격된다. 사실 코넌트가 한국에서 작업한 작품들은 한국영화의 앞날을 좌우할 만큼 중요한 것은 아니었으며, 그의 한국 내 활동 역시 미국 대한원조의 일 조각을 보여줄 뿐, 그는 이러한 정책과 방향의 핵심 인물은 물론 아니었다. 그럼에도 여러 한국 영화인의 증언에서 툭툭 언급되는 그의 이름은 전후 재건 중인 한국영화계에서 그리고 한국과 미국의 관계에서 코넌트라는 인물이 쉽게 간과될 수만은 없는 존재였음을 방증한다. 그렇다면 당대에 활동했던 한국 영화인들에게 시어도어 코넌트는 과연 어떤 존재였을까. 그리고 이들에게 코넌트의 한국 활동은 과연 어떤 의미였을까.

시어도어 코넌트는 1950년대 당시의 한국 영화인들이 가장 가깝게 접할 수 있던 미국인 기술자로서, 한국 영화인들에게 미국의 선진 문화를 직접적으로 전수하는 가교와도 같았다. 영화평론가 임영은 구술에서 물론 매우 적은 분량으로 코넌트의 이름을 언급하기는 하지만, 그에게 코넌트는 바로 이런 존재였다. 1950년대 중반,《한국일보》에 '수(樹)'라는 필명으로 "영화주평"을 실었던 임영은 "매일 산업은행 뒤 양키 잡지 가게에 들러서" 외국 영화 잡지들을 구입해 세계 영화의 동향을 파악했는데, 특히 프랑스 잡지《카이에 뒤 시네마 *Cahiers du Cinema*》와 어니스트 린드그렌(Ernest Lindgren)의 『아트 오브 필름 *The Art of the Film*』을 코넌트에게 얻어서 볼 수 있었다고 회고한 바 있다.[1] 영화감독 이형표와 박익순에게도 코넌트는 무엇보다 '서구 문화의 전달자'로 인식되었던 것으로 보인다. 코넌트와 함께 운크라에서 활동했던 이형표는 그와 수년을 동고동락하며 문화적 영향을 크게 받았다고 말한다. 수원의 신생활교육원에서 코넌트의 통역을 맡았던 박익순 역시 코넌트가 교재용 참고 자료로 건넨 미

---

1   심혜경, 「임영」, 한국영상자료원 엮음, 『한국영화를 말한다: 한국영화의 르네상스 1』, 이채, 2005, 327쪽.

국의 영화 전문 서적들을 밤새 읽고 정리하며 영화에 대한 기초 지식을 쌓았다고 한다. 한국전쟁과 함께 거의 모든 산업적 기반이 파괴된 열악한 환경에서, 그리고 민간 차원에서는 해외의 기술과 정보를 얻을 수 있는 방법이 자유롭지 못했던 상황에서 이에 목말랐던 한국 영화인들에게 코넌트는 미국의 선진 문화와 기술을 발 빠르게 전하는 '서구 문화의 전달자'였던 것이다. 그러나 코넌트가 한국 영화인들에게 끼친 영향력은 비단 여기에만 머무른 것이 아니었다. 그는 운크라 영화팀과 시라큐스 기술진의 일원으로 한국 재건 상황을 기록하는 한편 영화인 교육 및 영화 스튜디오 설립 등의 사업에 적극 참여했던 인물이었다. 이 장에서 발췌 수록하는 영화감독 이형표, 박익순 그리고 당시 공보처(실) 영화과장 이성철의 구술에는 코넌트가 한국영화계에 미친 영향이 세세하게 증언되고 있다.

이형표(1922~2010)는 1958년 신필름에 입사하여 촬영, 조명 등의 기술 부문에서 필모그래피를 쌓기 시작, 1961년 〈서울의 지붕 밑〉을 연출하며 장편 극영화계에 데뷔했는데, 이에 앞서 그는 1950년대에 미 공보원과 운크라 등에서 활동한 이력을 가지고 있다. 그가 영화계에 발을 들이게 된 것도 바로 이때부터였다. 이형표는 경성제국대학교(현 서울대학교) 사범대 영문과를 졸업한 후 미 공보원 영화과에 취직하여 영화 제작 조수로서 문화영화 자막 번역 등을 담당했다. 한국전쟁 중에는 진해로 내려가 미 공보원에서 다큐멘터리 제작 보좌관 겸 통역으로 일했다. 이후 그는 1952년부터 운크라로 거취를 옮기고, 운크라 제작 영화 〈고집〉에 홍보 고문 역할로 참여했다. 이를 계기로 이형표는 시어도어 코넌트와 인연을 맺게 되었고, 코넌트의 소개로 NBC 통신원 및 미국 파라마운트에서 한국전쟁을 소재로 제작한 입체영화 〈휴전 Cease Fire〉(오언 크럼프, 1953)의 통역 겸 조연출로도 활동했다. 1953년에는 공보처 영화과 촉탁으로 입사하여 현상소 시설과 운영을 담당했으며, 1955~1956년에는 공보실 산하 대한영화사 사무장을 지내며 〈대한뉴스〉 제작을 주관했다. 이러한 활동은 그가 생전에 여러 차례에 걸쳐 남긴 구술 채록문들에서 확인되는데, 특히 시어도어 코넌트와 관련된 일화는 2005년 한국문화예술위원회에서 진행한 생애사 구술 채록문[2]에서 더욱 자세히 목격된다.

2005년 한국문화예술위원회가 채록한 이형표의 구술에 따르면, 1952년 〈고집〉 제작 당시 운크라는 방음 장치가 달린 아리플렉스 카메라와 자기 녹음기 등의 촬영 기자재를 지원

---

2   이형표 구술, 이순진 채록, 『2005년도 한국 근현대예술사 구술채록연구 시리즈 69: 이형표』, 한국문화예술위원회, 2005.

했다고 한다. 그는 당시 한국영화의 제작 환경에서 이러한 기자재들은 일종의 혁신과도 같아서, 이것들을 통해 동시 녹음이 가능했고 사운드 편집 시 발생할 수 있는 필름의 손상도 줄일 수 있었다고 말한다. 한편 이형표는 운크라 활동에서 시어도어 코넌트와의 인연을 특별히 강조하고 있다. 그 시절 이형표는 코넌트와 운크라 관사에서 동고동락하였으며, 그로부터 경제적·문화적으로 많은 도움과 영향을 받았다고 회고한다. 이때의 인연으로 이형표는 코넌트와 함께 〈한국의 환상〉(1955), 〈위기의 아이들〉(1955) 등을 공동 연출했으며, 코넌트가 연출한 〈한국의 예술가〉(1955)에는 생업 감독이라는 옷을 벗고 미술가 이형표로 출연했고, 코넌트가 위스턴 휴 오든(Wystan Hugh Auden)의 시를 모티프로 하여 제작한 영화 〈마카오〉를 편집하는 등(코넌트의 구술에 따르면 〈마카오〉의 일부 장면은 수원에서 촬영하였다고 하는데, 결국 완성하지는 못한 것으로 보인다), 그와 여러 편의 작업을 함께했다.

한편 2012년 한국영상자료원이 진행한 주제사 '문화영화' 구술채록연구 중 박익순의 구술[3]에도 코넌트의 이름이 자주 목격되는데, 그만큼 박익순의 활동에서 코넌트는 상당히 영향력이 큰 인물이었음을 유추할 수 있다. 박익순(1931~)은 군산 친우봉사회에서 일하면서 코넌트를 처음 만났다. 1954년부터 군산의 미 공군 비행장과 항만사령부에서 통역사로 활동을 시작한 박익순은 이후 퀘이커교도 계열의 군산 소재 단체인 친우봉사회에서 시어도어 코넌트의 전담 통역을 맡으며 그와 인연을 맺었다. 박익순의 증언에 따르면, 당시 친우봉사회는 자신들의 활동을 홍보할 계획으로 영화를 제작하기를 원했고, 운크라에 의뢰해 코넌트를 소개받았다고 한다. 박익순의 구술에서는 그때 코넌트가 제작한 영화가 무엇인지에 대한 언급이 없지만, 정황으로 미루어 이 작품은 코넌트가 1954년에 연출한 〈한국의 퀘이커〉였으리라 추정된다.

이후 박익순은 코넌트의 권유로 친우봉사회를 사직하고 수원에 세워진 신생활교육원으로 자리를 옮긴다. 신생활교육원은 1956년, 유네스코와 운크라의 지원을 받아 한국 정부와 공동으로 설립한 곳으로, 생활기초 교육, 교육학, 사회학, 심리학, 농업경제, 보건학, 가정학, 시청각 재료, 사회조사 실습 등을 주요 교과로 하였다.[4] 이때 코넌트는 시청각 교재를 개발하는

---

3   이순진, 「박익순」, 〈문화영화〉 구술채록연구팀, 『2012년 한국영화사 구술채록연구 시리즈 〈주제사〉』, 한국영상자료원, 2012.

4   이순진, 「국가에 의한 영화 제작의 역사와 국립영화제작소」, 이순진 외, 『지워진 한국영화사: 문화영

일과 영화와 슬라이드 등의 시청각 자료를 통한 농촌 계몽 업무를 맡았다. 박익순에 따르면, 농촌 각 지역을 찾아가 상영했던 영화는 미 공보원 필름 라이브러리에서 대여한 것이었으며, 때때로 코넌트가 해외에서 직접 촬영한 슬라이드 필름들도 상영하였다고 한다. 슬라이드 필름 상영 후에는 언변가이기도 했던 코넌트가 슬라이드에 대한 해설을 하고 이 내용을 박익순이 통역했다. 또한 박익순은 시청각 교육용 교재를 위해 코넌트가 제공하는 자료들을 정리하고 번역하는 일을 맡았던 것으로 보인다. 한편 이 시기, 코넌트는 농민들의 흥미를 끌기 위해 〈춘향전〉을 애니메이션으로 제작했는데, 이때 〈춘향전〉의 그림을 그린 홍익대 출신 김영우는 이형표 감독에게서 소개받은 인물이었다고 술회한다.

이듬해인 1958년, 시어도어 코넌트는 시라큐스대학 기술진의 일원으로 공보실 영화제작소에 파견되었고, 박익순은 당시 공보실 영화과장이던 이성철로부터 코넌트의 전담 통역을 의뢰 받는다. 시어도어 코넌트가 한국영상자료원에 기증한 문서 중에는 1959년 당시의 영화제작소 조직도(1959년 4월 8일 작성)[5]가 포함되어 있는데, 여기서 박익순의 이름은 시라큐스 컨트랙트 사무국 명단에서 확인된다. 당시 영화제작소 활동에 대한 박익순의 구술과 이 문서로 미루어, 영화제작소의 '시라큐스 컨트랙트 사무국' 인력들은 외국인 기술진을 보좌하고 교육 관련 행정 업무를 담당한 부서였으리라 추정된다.

마지막으로, 시라큐스 컨트랙트에 의거한 공보실 영화과에서의 코넌트의 활동은 이성철(1922~)의 구술에서 보강된다. 좀 더 정확하게는 코넌트를 비롯한 시라큐스 기술진들의 활동이라고 하는 것이 적절할 것이다. 2009년 한국영상자료원이 채록한 이성철의 생애사 구술[6]에는 앞서 언급한 이형표, 박익순 감독의 증언만큼 빈번하게 코넌트의 이름이 언급되지는 않는다. 그럼에도 이성철의 구술이 코넌트의 활동과 관련해 유의미한 것은 시라큐스 컨트랙트에 대한 그의 증언이 코넌트가 기증한 문서 및 사진 자료들을 살피는 데에서 주요한 참조가 될 수 있기 때문이다.

미국 대한원조 프로그램의 일환으로 미 국제협조처(ICA)는 시라큐스대학과 계약을 맺고 영화 기술진들을 1958년 8월경부터 한국으로 파견하였다. 이미 한국에 체류 중이던 코넌트

화의 안과 밖』, 한국영상자료원, 2014, 138~139쪽, 주 39번 참고.

5   해당 문서는 2부 1장 「문서 컬렉션 부록1: 소장 문서」에 수록된 "조직도" 참고.

6   공영민, 「이성철」, 『2009년 한국영화사 구술채록연구 시리즈 〈생애사〉』, 한국영상자료원, 2009.

역시 이 무렵 시라큐스 기술진들과 합류하여 공보실 영화과로 자리를 옮겼다. 이성철에 따르면 시라큐스 기술진들은 처음 3년 계약으로 파견되었으나 전체 4년 정도로 계약이 연장되었다고 하는데, 실제로 이들은 1958년 7월 국제협조처, 시라큐스대학과 2년 계약을 맺고 내한하여 1960년 6월까지 공보실 영화제작소에서 인력 교육을 담당한 것으로 보인다.[7] 한편 이성철은 당시의 교육이 각 분야 현장 실무 교육(on-the-job training)으로 진행되었으며, 교육 내용은 원조 집행 기관이었던 주한 미 경제협조처(USOM)에 의해 관리되었다고 한다.

이성철은 이때 내한한 기술진들은 대개 대학 교수나 할리우드 영화 현장에서 은퇴한 이들로,[8] 책임자였던 제임스 매캐런을 포함해, 연출·시나리오·촬영·편집·애니메이션·유지 관리·녹음 혹은 현상 분야에서 각 1인씩, 총 7인으로 구성되었다고 증언한다(구술자는 일관되게 7개 분야에서 파견되었다고 구술하면서도 세부 파견 분야에 대해서는 녹음을 포함시키거나 이 대신 현상을 포함시키고 있다). 실제 코넌트가 한국영상자료원에 기증한 시라큐스 컨트랙트에 의거한 작업 계획서[9]에 따르면 ① 프로듀서–시나리오 작가–감독 분야 ② 촬영 분야 ③ 사운드 녹음 분야 ④ 현상소 분야 ⑤ 유지·관리 분야 ⑥ 편집 분야 등 총 6개 분야를 특화하여 교육을 진행하고 있었음을 알 수 있다. 또한 1959년 4월 8일에 작성된 영화제작소 조직도에서는 총 13개 분과 중 7개 분과(기획 및 제작, 편집, 촬영, 녹음, 음악, 유지·관리, 현상 및 처리)에 대해 파견된 6명의 기술진 이름이 확인된다. 단 이 문서에 기재된 6인의 기술진에는 이성철이 말한 책임자이자 대표였던 제임스 매캐런의 이름은 확인되지 않는데, 이는 아마도 실무자 위주로 작성된 조직도이기 때문인 것으로 보인다. 그리고 그의 구술처럼, 시라큐스 컨트랙트에 의해 사운드 엔지니어로서 녹음과 음악 분과에 파견된 사람이 바로 시어도어 코넌트였음 역시 이 문서를 통해 확인할 수 있다.

7　그러나 이성철의 증언처럼 이 계약의 기간이 연장되어 이들이 총 4년 가까이 한국에 체류했는지는 정확하지 않다. 계약 연장에 관한 공식 기록은 확인된 바 없으며, 당시 공보실 영화과에 재직했던 양종해 감독은 이들이 3년을 머물렀다고 회고한 바 있다. 공영민, 「양종해」, 한국영상자료원 엮음, 『한국영화를 말하다: 한국영화의 르네상스 2』, 이채, 2006, 256~258쪽 참고.

8　이성철의 기억과 달리 코넌트는 시라큐스 컨트랙트에 의해 파견된 기술진들은 "장편을 찍어본 적은 없지만 간단한 교육영화 작업에는 참여해봤고, 영화를 더 찍고 싶어서 주립대학 같은 데서 박봉을 받으며 강의하던" 이들이었다고 술회하고 있다. 1부 2장의 코넌트 구술, 74쪽 참고.

9　해당 문서는 2부 1장 「문서 컬렉션 부록1: 소장 문서」에 수록된 "작업 계획서" 참고.

이하 발췌 수록하는 위 3인의 구술은 이형표, 박익순 감독처럼 코넌트와의 개인적 친분으로 코넌트라는 인물에 좀 더 방점을 찍기도 하고, 영화과장 이성철 선생처럼 코넌트가 소속된 기관의 활동에 방점을 찍기도 한다. 물론 이들의 증언 역시 코넌트라는 인물을 그리고 코넌트의 활동을 이해하는 데에는 단편적인 것이라 할 수 있지만, 이 책이 소개하는 시어도어 코넌트 컬렉션과 함께 전후 재건기의 한국영화계를 조망할 수 있는 밑그림을 제공할 것이다.

이형표: 운크라와 테드 코넌트 그리고 그와의 작업들

출처: 이형표 구술, 이순진 채록, 『2005년도 한국 근현대예술사 구술채록연구 시리즈 69: 이형표』, 한국문화예술위원회, 2005.

이형표(이하 이): 운크라. {예} 운크라에 무슨 영화를 제작하게 됐어요. 운크라에서. {예} 그래서 그 영화 제작하는데 영어가 되고 영화를 알고 {예} 그런 사람을 구한다 이래가지고 거기 어플라이(apply)했는지 어떻게 소개를 받던지 해가지고 서울 올라가자마자 운크라에 가게 됐다 이거야. {아} 근데 거기서부터 새로운, 저로서는 새로운 또 한 시대가 시작되는 거지요. {예} 근데 운크라 얘기가 여기도 많이 나옵니다. 브라이언, 여기도 말이죠[1]

이순진(이하 진): 그게 52년 정도쯤 됐겠죠?

이: 근데 연도가 확실치가 않아. 글쎄 내가. 하여튼 순서만 알아, 내가. 사건이 뭐 있고, 근데 그렇게 될 거예요. 52년쯤 될 거예요. 여기 아마 나와 있을 거예요. 이거 한 번 맞춰보세요.

진: 예, 그럴게요.

이: 여기, {예, 52년} 그때 나온 운크라, 52년이죠? {예} 여기 다 있잖아요. 이걸 참고로 하면 될 거예요. 근데 거기에서 젤 중요한 것은 그 티어도르 코넌트(Theodore Conant)를 거기서 만나게

---

[1] 브라이언 이시스(Brian Yecies)는 호주 울롱공대학(University of Wollongong)의 교수로 한국영화에 대한 연구를 하고 있다. 현재 그는 해방 직후 한국의 영화 문화에 대한 연구를 하고 있는데, 이를 위해 구술자와 몇 차례 인터뷰를 했으며, 특히 당시 운크라가 영화 기자재를 지원한 사실을 실은 기사를 구술자에게 보낸 바 있다. 여기서 구술자가 "여기"라고 말하는 것은 브라이언 이시스가 보내온 기사를 언급하는 것이다.

돼요. 테드 코넌트라는 게 티어도르죠. {아} 테드 코넌트가, 젊은 청년이 하버드 갓 졸업하고 나온 아주 새파란 학생인데, 딱 여기 뭘 달았냐면, 운크라스 펜던트(UNKRA's pendent) 있죠? 종군기자 마크 달고 군복 입고 나타났어. 근데 그게 뭐고 하니 바로 운크라에서 만드는 영화에 {예} 스태프(staff)로 나타난 겁니다. 근데 운크라에서 만든 영화의 제목이 뭐고 하니 {고집}^{2} 이에요. 〈고집〉, 똥고집이라는 고집 있죠? {예, 예} 이게 말하자면 한국 어린애가 전쟁에, 모든 것에 당하지 않고 말하자면 극복하고 그래가지고 꿋꿋이 살아간다는 그런 테마였던 것 같아. 근데 왜 그런고 하니, 그 영활 난 보지 못했어요. 만들긴 만들었는데, 영화가 완성되는 거를 내가 못 봤단 말이야. 말하자면, 그니깐 여기서 찍고 다 했어요. (…중략…) [앨범 보면서 구술] 이것이 감독이에요. 감독인데 뭐 별로 유명한 감독 아닌데, 얘가 정치적으로 놀아가지고 여기까지 날라 온 사람이죠. 근데 이때 그 유명한, 저 중요한 것은 이게 카메라예요. 아리플렉스(Arriflex) 카메랍니다.^{3} {아 지금 그 [하나의 예죠]. 그 갓 나와섭니다.

진: 그때 한국에서는 이 카메라가 전혀 없었던 때잖아요?

이: 없죠. 전혀 없지. 그러니깐, 아무튼 카메라가 아무것도 없는 거예요. 6·25 사변 훑어 가가지고 다 이북 사람들이 가져갔죠? 아무것도 없는 거예요, 완전히. 그래가지고 거기에, 그 브라이언의 논문에도 그때에 운크라에서 뭘 도와줬는가? {예} 한 돈 10만 불을 줬어요, 그때. 그 기록이 남아 있어. {아 근데 하여튼 기재적으로 〈고집〉이, {예} 어… 새로운 기재를 많이 갖고 왔어요. 테이프 녹음기를 가져왔다고. 소위 마그넥 리코다(Magnetic Recorder)라는 건데요. 어떻

---

2   〈고집〉: 1952년 운크라에서 제작한 문화영화로, 미국에서 온 웨그(Wagg)가 연출했다. 구술자는 통역 겸 어시스턴트 프로듀서(assistant producer)를 맡았으며 구술자의 소개로 임병호가 촬영기사로 참여했다. 직업 배우로는 이향이 출연했으며 그 밖의 주요 등장인물은 아마추어를 캐스팅하였다. 구술자는 다른 자리에서 〈고집〉을 촬영할 때 한국에서 처음으로 콘덴서 마이크로폰(condenser microphone)을 사용하여 녹음했다고 증언했다.

3   아리플렉스(Arriflex)는 독일 아놀드 앤 리히터 시네테크닉(Arnold & Richter Cine-Technique Corporation)에서 생산하는 카메라이다. '아리(Arri)'라는 상표는 아놀드(Arnold)와 리히터(Richter)라는 이름의 처음 두 문자를 딴 것이다. 반사식 뷰파인더를 채용한 경량, 소형 카메라 아리플렉스 35 2C는 1937년에 처음 등장한 후 꾸준히 개량됐다. 이 카메라는 또한 야외 촬영과 좁은 공간에서의 촬영에 적합하다.

게 돼 있냐면 테이프 녹음기가 이렇게 돼 있는데 이만한 박슨데. (직접 손으로 모양을 설명하면서 구술) 이쪽에서 돌아가지고 이쪽으로 감기게 돼 있는 거야, 요렇게. 눈처럼 말이죠. 마그넥 리코다, 이만했어요. 그래 엠프리파이어(amplifier)가 밑에 있고 위에 드라이브 인(drive in)이 밑에 깔려 이단으로 돼 있던 거, 그걸 가져가서 동시녹음을 했다고. 그리고 이 아리플렉스에 브림프(blimp)라고 박스가 들어 있죠. 소리 안 들리는. {예} 브림프트 아리플렉스(Blimped Arriflex)[4]죠. 이거를 가져왔고. 제대로 찍은 거예요, 그때로서는. 그런 게 어디 있었어, 그때. 그 연대에 말이죠.

진: 그러면 이 아리플렉스 카메라를 임병호 기사님이 작동을 하셨어요? {아니요} 오셔가지구요?

이: 이걸 한 거는 리차드 배그리(Richard Bagley)라는 촬영기사가 왔는데, {예} 한 사람 가지고는 안 되지 않습니까. {예, 예} 그니깐 촬영기사 하나, 녹음기사 하나, 그리고 감독, 그렇게만 온 거예요.[5] {그리고 인제} 인제 한국 스태프를 {한국 스태프를 또 붙이는} 그렇지. 그러니깐 영어를 하고 {예} 그런 사람이 필요했죠. 근데 뭐, 기술직은 말 못해도 된다고. ***해라는 거니깐. 그러나 연출 도와주고 전체 제작 진행을 봐줄 사람은 영어를 해야 되잖아요. {그쵸} 그러니깐 그 자리에 제가 들어가게 된 거예요.

진: 감독님이 하셨던 역할이 일종의 프로듀서 같은 역할이네요?

---

4   방음 장치가 달린 아리플렉스 카메라.

5   〈고집〉을 찍기 위해 미국에서 세 명이 파견되었고, 그 밖의 조수들은 한국에서 조달했다는 말이다. 임병호 기사는 이때 촬영 조수로 고용되었다. 녹음기사 이경순은 한국의 영화인들이 운크라에서 일하게 된 경위에 대하여 이렇게 증언하고 있다. "우리가 진해에 있을 때에 운크라에서 촬영기사하고 녹음기사를 한 분씩 와서 저 협력을 해달라 해서 진해 피난 내려가서 있으면서 서울 올라와가지고 임병호 씨하고 저하고 협조를 하는데, 거기서 녹음을, 동시 녹음을 하는데 그 사람네들은 촬영을 하다가 에누지가 나도 참 태연허게 말이죠." 한국예술연구소 편, 『이영일의 한국영화사를 위한 증언록-유장산, 이경순, 이필우, 이창근 편』, 도서출판 소도, 2003, 55쪽.

이: 프로듀서죠. 프로듀서, 어시스턴트 디렉터(assistant director)[6] 이런 거예요. 그래가지고 이건 완전히, 이때 새로운 뉴 페이스(new face)죠. 학생들을 데려다 썼어요. 이건 학생들이에요. 학생 중에서 스크린 테스트를 해가지고 뽑은 거죠, 이 감독[7]이. 그래가지고 영화 찍었습니다.

−96~100쪽.

이: 그래서 인제 〈고집〉이라는 영화를 하기 위해서 운크라에서 촬영 스태프가 들어왔다. 그것이 어디에 자리를 잡았냐 하면요, 운크라가. 지금 안국동, 그 저… 한국일보사 있죠? {예} 그 건너편에 디에이치하우스(DH House), 디펜던스 하우스(Dependent House)라고. 그 외국인들 사는 동네 있죠? 한국일보사 맞은 쪽. (…중략…) 거기 바로 길 건너에 말이죠. {예} 거기 이상한 집들 많이 있잖아요? 저 주택들, 외국 사람들 사는 주택이요.

진: 미국 대사관 있는 쪽 말고, 미국 대사관이 아니라, 한국일보사에서 어느 쪽?

이: 한국일보사에서? {예} 큰 길, 안국동 길. 그니깐 안국동 네거리에서 중앙청으로 가다 보면은 {예} 그 바른쪽에? {예} 거기 일대가, 엄청난 단지가 있잖아요?

진: 지금도 있어요?

이: 지금도 있어요. {그래요?} 외국 사람들 주택이에요, 거기가. 그것이 디에이치하우스라고 그랬어요. {디에이치?} 디펜던트. 그게 디펜던트는 무슨 소린고 하니 따라온 사람들, 미국 외교관이나 외교사절로 따라온 사람들이 사는 집. 그래서 디에이치하우스. 그 안에 집이 수백 개 있어요. 새로 짓기도 하고 일제 강점기 때 있던 집도 있고, 하여튼 그 동네가 운크라의 그 저.

진: 아, 어딘지 알겠어요, 예 예.

---

6   조연출.

7   〈고집〉의 연출을 맡은 웨그(Wagg) 감독.

이: 음, 본부가 된 거죠. {예} 그래서 거기에 저 끝에 들어가면, 어… 128호인가 그래요. 126호인가. 거기에 코넌트하고 나하고 살았습니다, 거기서 아예.

진: 그럼 그때는 결혼을, 아, 그니깐 사모님은 {마누라는 진해에 있고} 진해에 다 계시고 {다 있고} 혼자만 올라오셔서.

이: 그렇죠. 혼자 올라와서 한 거예요. {예} 그래가지고 어… 전후고 그러니깐 엉망진창인데, 집도 없고 더군다나 얘네들은 24시간 내가 필요한 사람이고. {예} 그니깐 아래위층 해가지고 한 집에서 같이 살았어요. 그리고 임병호 선생이나 딴 스태프들은 출퇴근을 하고. 그렇게 해서 그 영화 하날, 〈고집〉이라는 영화를 찍었어. 근데 〈고집〉이, 황무지죠. 기계, 영화 기술로서 황무지에서는 처음 들어온 서광 같은 거였다고. 그니깐 아리플렉스 카메라를 사용해서 처음, 만져본 임병호 기사. {예} 그리고 나중에는 테드 코넌트가 작동하고, 사용하던 마그넥 리코다. 저, 녹음기요. {예} 이것이 결국은 나중에 아, 한국 사람이 쓰게 되는구나 결국은 그걸. 어떻게 불하되든가 그래요, 하여튼. 잘 모르겠지만.[8] 그래가지고 기술적인 면에서, {예} 새로운, 완전히 새로운. 아이, 테이프에 소리가 들어가는 걸 누가 생각을 했겠어요? {그쵸. 예} 근데 그게 영화는 있었으니깐. 영화 녹음은, 그때 할 적에 어떻게, 극영화 같은 것도요, 다 어떻게 녹음을 했냐하면, {예} 한 번 하면 그만이야. 한 번 틀리면 그만이라 이거예요. {예} 그니깐 그때 후시 녹음 했잖아요? {예} 영화를 틀어놓고 녹음을 하는데 녹음기는 실제로 필름 리코더(film recorder), 그니깐 필름 녹음기를 썼어요. 그니깐 필름이 도망가는 거야. 틀리면 필름을 다 버리는 거야. 그때에 필름은 금싸라기 값이었습니다.

---

8   녹음기사 이경순에 따르면, 한국에 처음으로 자기녹음기(마그네틱 레코더)가 들어온 것은 1959년의 일로 운크라에서 RCA 자기 영화용 녹음기 2대를 보내주었다고 한다. 이 녹음기 2대를 이경순이 공보실 녹음실에 설치하고 녹음 기술을 익혔다는 것이다. 곧이어 이경순은 우리나라에서 RCA용 자기녹음기로 녹음한 첫 번째 작품이 〈불사조의 언덕〉(전창근, 1955)이라고 증언하는데 이로 미루어 볼 때 이경순이 주장하는 1959년이라는 연도는 잘못된 것이라 추측된다. 구술자의 증언과 이경순의 증언을 종합해볼 때, 구술자를 포함한 한국 영화인이 자기녹음기를 처음 접한 것은 1953년 〈고집〉을 찍을 당시에 녹음기사 시어도어 코넌트를 통해서이며, 이어서 운크라의 지원으로 1955년 경 자기녹음기를 공보실에 설치하였고 〈불사조의 언덕〉을 시작으로 1955년 무렵부터는 본격적으로 자기녹음기에 의해 영화 녹음이 시작된 것으로 생각된다. 이경순, 『소리의 창조: 나의 영화녹음 50년』(비매품), 한진출판사, 1996, 121쪽.

(…중략…) 음, 근데 하여튼 간에, 그니깐 내가 그때 경제적으로도 곤란하고 그랬으니깐 많은 경제적 도움도 줬어요. 그리고 좋은 책, 읽을 만한 책 자꾸 갖다가 나한테 주는 거야. 공부하라고. {예} 그니깐 이것이 선생님 잘 만났고 그 다음에 친구 하나 잘 만난 거지. 그래가지고 이 친구가 운크라에 쭉 오래 있었는데, 있다 말았다 뭐 들락날락하면서 한 9년 동안을 저하고 같이 살다시피 했어요. {9년요?} 9년을. 그니깐 저는 그동안에 환경이, 뭐 집을 나가 살고 인제 운크라에서 끝내고 나서 그다음에 그 집을 나갔을 것 아니에요? 미국 관사니깐, 관사에서 살 수 없으니깐.⁹ 그니깐 우리 집에도 오고 말이죠, 그 친구가. 그러면서 오락가락 9년을 같이 살고 결국 미국으로 들어가 버렸는데. 9년 동안에 그 친구가 나한테 해준 거는 이루 말할 수가 없는 거야. 그리고 여기 와서 결혼을 했지. 결혼한다는 건 이제, 미술평론가 여자하고 결혼했어요. 미국 여잔데. {예} 이름이 뭐더라, 닥터 세이티, 세이티라는 여잔데. 그때 들러리를 내가 섰어. 서울 시청에서 결혼식을 했어요. 뭐 그런 에피소드도 있고. 그렇게 해서 하여튼 저한테 인생에 굉장히 많은 것을 남겨주고 간, 돌아간 친군데. (…중략…)

거기에서 배운 것이 뭔고 하니, 그 친구가 원래 문화영화에 관심이 많았어요. 다큐멘터리에. 다큐멘터리스트거든. 그니깐 자기는, 자기의 기술은 레코딩이고 녹음하는 거고. 그러나 동시에 그 사람 *** 재주가 있는 거라. 무슨 얘기냐 하면, 그 프로듀서로서, 또는 감독은 아니거든. 디렉터도 아니고 포토그래퍼, 촬영기사도 아니야. 그러나 문화인으로서 말이지, 말하자면 영화 문화인으로서 굉장히 관심이 많고 기획적인 능력이 있고요. 그니깐 뭐, 독신이니깐 돈도 여유 있게 돌고. 그래가지고 여러 개 영화를 나하고 같이 만들었습니다, 그 후에. 들락달락하면서 말이지. 그중에 〈코리안 아티스트 *Korean Artist*〉¹⁰라는 것도 있고요. 뭐야, 〈코리안 아티스트〉, 〈코리아〉 뭐죠 그 다음에? 인제 〈츨드런 인 크라이시스 *Children in Crisis*〉¹¹라

---

9   구술자는 1953년에 운크라를 그만두고 대한민국 공보처 영화과에 입사했다. 디펜던트 하우스가 운크라의 관사였기 때문에 운크라를 그만두면서 관사를 나왔다는 말을 하고 있는 것이다.

10   〈한국의 예술가 *Korean Artist*〉는 1955년 작품으로 구술자의 화가로서의 일상과 한국의 전통적인 미를 오리엔탈리즘적 시각으로 담은 기록영화이다. 테드 코넌트는 이 작품을 1956년 마닐라영화제에 출품했는데, 당시 영화제에 참가한 것을 기념하는 기념패가 구술자의 집에 보관되어 있다.

11   〈위기의 아이들 *Children in Crisis*〉은 한국전쟁 고아를 다룬 기록영화이다. 보이스 오버 내레이션을 배제하고 현장음만으로 전쟁고아들의 참상을 사실적으로 담은, 당시로서는 매우 획기적인 스타일을 선보인 기록영화이다.

는 것도 있고, 또 작품이 안 남은 것도 많아요. 저 뭐냐, 하다 만 것도 많은데.

진: 〈코리안 판타지 *Korean Fantasy*〉?[12]

이: 〈코리안 판타지〉. 그것도 보셨죠? {예} 거기도 있죠?[13] 그것이 다 같이 만든 거야.

진: 그거는 기관하고 관계없이 개인적으로…

이: 전혀 관계없는 거예요. 그러면서 그때 그 얘기했었지만, 나보고 "크레디트(credit)를 어떻게 하겠느냐?" 이거예요. 그래서 난 그런 거 필요 없다. 나 크레디트가 뭔지도 몰랐어, 그때는. {예} 이제는 크레디트, 크레디트. 그때, 50년대에 크레디트 아는 놈 있으면 나오라 그래. (웃음) 그랬지 뭐야. 뭔지 모르는데 하여튼 난 필요 없다고, 그런 거. 너 다 가지라고 그러니깐 지가 필름 바이 테드 코넌트(A Film by Ted Conant) 그 하나로 딱 한 거야. {예} 그러니깐 다 자기 게 돼버렸지. 그러나 실제로 필름을 깎아 붙이고 필름을 찍고, 콘티를 짜고 그건 다 내가 한 거라. 그 친구 그런 것 못 한다고. 아이디어는 있어. 예를 들어서, 전쟁고아들 얘기가 길에 난무하는데 이 전쟁고아들을 주제로 영화로 만들면 좋겠다. 아이디어, 빛나는 아이디어가 있다고. 그럼 나도 좋다, 우리 하자. 그럼 어떻게 할까? 둘이 의논하는 거야. 그래가지고선 대충 플랜(plan)을 짜고, 네가 자료는 대, 필름도 네가 대, 그 대신 나는 대가리 대고, 같이 하자. 이런 식으로 해가지고 영화는 대여섯 개 만들었을 거예요. 근데 그걸 하면서 그동안에, 아까 얘기했듯이 걔한테 내가 받은 문화적인 감화, 엄청난 걸 받았죠.

−103∼108쪽.

이: 근데 이 친구는 하여튼, 이건 완전히 영화에 미친 거야. {예} 그래가지고 〈마카오〉라는 영

---

12   〈한국의 환상 *Korean Fantasy*〉은 1955년 제작된 한국의 전통적인 미를 주제로 한 기록영화이다.

13   구술자가 갖고 있는 비디오테이프에 〈위기의 아이들〉, 〈한국의 예술가〉, 〈한국의 환상〉, 〈한국의 시각 *Korean Perspective*〉 등 당시 제작된 기록영화들이 담겨 있다. 구술자는 2차 채록 이전에 그 테이프를 빌려주었는데, 그 테이프에 〈한국의 환상〉도 있었느냐고 묻고 있는 것이다.

화로 했었어요. 근데 그게, 완성 못 했어, 결국. 아마 완성을 못 했는지 모르겠는데, 참. 그래 가지고 그때, 〈마카오〉라는 게 뭔고 하니, 어… 영국의 유명한 시인입니다, 그 시절에. 음… 아, 이제 내 나이가 이렇게 많아지니까, 기억력이 없어져가지고 이 시인의 이름도 생각 안 나는구먼. 하여튼 「마카오」라는 시를 썼어요. {예} 「마카오」라는 시는 뭔고 하니, 창녀촌과 성당이 나란히 있는 거리 아니에요? {예} 그 마카오의 하루를 쭉 한 거야. 그 시를, {예} 녹음을 해 왔어, 런던에 가서. 그 시인한테, 토마스가 아니고, 음… 아 생각나. 오든, W. H. 오든(Wystan Hugh Auden). {예} 그 사람이 살아 있을 땐가 보다. 가서 녹음해 오라 이거야. 그 사람이 자기 시를 읽는 거를 레코드판에 따 왔어요. 레코드판으로 따 와가지고. 근데 그때 그거를 테이프로 딸 생각은 못 했나봐, 영국에서도 아직. 레코드판으로 가져왔더라고요. 그리고 레코드판을 갖다 또 테이프로 옮겼어. {예} 옮겨가지고 그 소리를 배경에 깔고 {예} 마카오를 소개하는 영화를 만들려고 그랬다고. 그래가지고 이 사람 친구가, 마카오에 카메라맨이 하나 있었어요. {예} 그 친구한테 몇만 불을 줘가지고 마카오를 덮어놓고 찍어라 이거야. 그래가지고 그걸 가지고 들여와서 편집해가지고 하려고 그랬거든요? {예} 그 필름 받았어. 내가 다 봤어, 〈마카오〉. 그래가지고 타이틀백(title back)도 찍었어. 타이틀백을 어떻게 했냐면, 그때 뭐, 아무것도 없을 때니깐. 누렁 종이를 갖다가 말이야, 쭈그려가지고 그을렸어. 그을려가지고 거기다 마카오라는 글씨 써가지고 찍었다고. (웃음) 타이틀백을 찍은 생각이 나. 그래가지고 필름을 편집을 했지. 아침부터 해가지고, 그 성당, 그 유명한 거 있잖아요?[14] 그것도 찍고 부둣가도 찍고 편집을 하는 거야, 편집을. 그 많은, 5만 자[15]인가 얼마를 가져왔어. 하여튼 필름 통으로. 근데 하다가, 고생 죽도록 하다 결국 완성 못 한 기억이 남고 {예} 그것이 〈마카오〉고, 그다음에 그건 그 사람 아이디어야. 코넌트 아이디어라고. W. H. 오든 시인의 시를 어떻게 녹음을 하느냐고 말이죠. 그랬어요. {예} 그리고 인텔리니깐, 그것도 굉장히 그 집안이, 굉장히 인텔리예요. 해박한 지식을 가지고 있어, 모든 면에.

-110~111쪽.

14   성바오로 성당을 말하는 듯.

15   자(尺)는 필름의 길이를 재는 단위로 16mm 필름인 경우 1,000자는 27분 47초이다. 50,000자는 약 23시간 분량이다.

박익순: 친우봉사회, 신생활교육원, 공보실 영화제작소와 시어도어 코넌트

출처: 이순진, 「박익순」, 〈문화영화〉 구술채록연구팀,
『2012년 한국영화사 구술채록연구 시리즈 〈주제사〉』, 한국영상자료원, 2012.

이순진(이하 이): 친우봉사회[Friends Service Unit: FSU-편집자], 군산에서요. {네} 친우봉사회에서 코넌트하고 기록영화 만든 일 말씀하셨잖아요? {네} 근데 그게 그러니까 코넌트가, 자기가 영화를 찍고 싶어서 온 게 아니고, 이쪽에서 코넌트한테 의뢰한 영환 건가요?

박익순(이하 박): 예.

이: 아, 이쪽에서 기획을 해서?

박: 예. 아니 그러니까, FSU가, {예예예} FSU가 요청을 한 거죠.

이: 아, 코넌트한테?

박: 예. 왜 코넌트한테 요청이 됐냐면, {예} 코넌트가 그때, 6·25전쟁 중에 종군기자를 좀 했어요. 휴전이 되니까, 그 당시에 운크라[1]라고, {예} 에… 국제연합 한국재건단이라 그랬어요, 그당시에. 그 운크라 소속으로 일단 옮겼어요, 종군기자로부터. {예} FSU는 구호단첸데 자기네가 영화를 만들어야 되겠는데, 영화를 만들 수 있는 사람이 어디 있겠느냐, 그래서 운크라에문의를 해서, 그러니까 아, 그건 코넌트 씨가 제일 적합한 인물이다. 그 추천을 해서 영화를

---

1   국제연합 한국재건단(United Nations Korean Reconstruction Agency: UNKRA).

만들었다고 알고 있습니다.[2]

이: 그 영화의 내용이 어떤 거예요?

박: FSU가 군산을 중심으로 활동한 각 분야의 실적이죠, 말하자면. 그러니까 그게 뭐냐면 FSU가 미국 필라델피아에 프렌즈 서비스 커미티[3]라고 있어요. 그 프렌즈 서비스 커미티가 퀘이커들이 돈을 내서 {네} 만든 기관인데, 거기에서 자금이 나와서 FSU가 한국에 파견이 됐거든요. {예} 예. 그래서 거기에 대한 한국에서 이렇게 활동을 했다 하는 거를, 물론 서류로 보고를 했겠지만, 영화를 하나 만들어서 보내다오. {아} 본부에서 지시가 와서 만들었죠. (…중략…) 이거를 인제 코넌트 씨가 맡아서 한 거. 그래서 나는 영화하고 가까워진 게 코넌트 때문에 그렇게 됐고. 또 FSU에서 코넌트한테 가서 따라다니면서 통역 좀 해줘라. 그래서 그렇게 된 거지, 영화 뭐, 전혀 문외한이고 암 것도 모르다가. (웃음) {웃음} 몰랐던 사람인데 그렇게 된 거죠.

　(…중략…) 잘 아시겠지만, 내가 그때 나이가, 첨에 FSU 당시가… 어… 스물네 살?[4] {예, 예} 그 정도니까 뭐, 애죠, 애. 어린앤지 아직도 성장을 하구 있는 어린애 같은 사람이었는데, {예, 예} 학교도 그렇게 중단이 되고, 다니다가 좀 중단이 되고 이래서, 코넌트를 만남으로써 인제 어떤 그 새로운 선배, 아니면 친구. 그래서 또 내가 전혀 모르던 분야에 대한 어떤 매력. 이런 걸 느끼면서 영향을 많이 받았다고 봐야죠. 네.

−136~140쪽.

이: 신생활교육원에서, {네} 영화 관련, 그니까 시청각 교육과 관련해서 했던 활동이나 그런

2　　코넌트에 따르면 군산 친우봉사회의 영화는 퀘이커교도들의 자금에 의해 만들어진 것이다. 당시 국제연합 한국재건단 소속으로 일하던 코넌트가 이 영화를 만들 수 있도록 국제연합 한국재건단 측에서 휴직 처리를 해주었다고 한다. 한국영상자료원 수집부에서는 2009년 11월 26일 미국 뉴햄프셔에 소재한 시어도어 코넌트의 자택을 찾아가 구술 채록 작업을 진행한 바 있다. 면담자는 최소원, 김한상이었으며, 채록문 전문이 한국영상자료원에 보관되어 있다.

3　　American Friends Service Committee (AFSC).

4　　구술자는 1931년 생이다.

걸 조금 더 자세하게 말씀을 해주셨…

박: 거기는 아까 말씀드린 대로, {네} 거기도 두 가지 면이 있었던 것 같아요. 우리가 농민들한테 어떤 설득을 하려 그러면 어떤 방법으로 하는 게 효과적이냐? {예} 그런 거를 유네스코에서 많이 연구를 했더라고요. 책자도 꽤 많이 나와 있고. 농부들이라는 게 보수적이기 때문에 선조들이 해온 방법을 그대로 답습을 하면서 농사를 짓고, 이런 식으로 살아왔는데. 그렇게 답보 상태 같은 데서 벗어나서 좀 새로운 아이디어. 그니까 예를 들어서, 농협이다. 만약에 협동조합이다. 이런 거 말이죠. 이런 것도 지금 그 후에 나온 그런, 물론 오리지널 형태는 우리 조상에도 있었다고 하기는 하는데. {예} 그래도 이렇게 현대적인 어떤, 예. 협동조합 같은 거는, 그 개념이 난 전문가 아니니까 외국에서 들어온 건지 우리나라에서 시작을 한 건진 모르지만. 거기에 대한 누가 뭘 하자 이러면 반대를 하고. 우리는 그렇게 안 해도 잘 살 수 있는데, 그런 보수적인 태도가 농촌에 많다 이거죠. {예} 그거를 설득을 하려면 여러 가지 시청각 자료를 이용을 해서 하는 게 효과적이다. 그래서 설득을 어떻게 해야 되느냐? 그리고 설득을 할 때는 기자재를 어떤 걸 써서 하느냐? 예를 들어서, 오늘 밤에 어느 마을에 가서 우리가 영화를 보여주겠다. 이러면 다 모인단 말이에요. 그 당시만 해도 영화 상영을 하겠다 이러면 굉장히 좋아했어요. 왜냐면 어디 극장가는 것도 아니고, 뭐 어디 영화 볼 데도 없고. 16미리로 해서 모바일[5]로 가서 해주고. 그럼 사람이 모이면 거기서, 이장이나 이런 데서, 그리고 그 당시에 또 서울 농대, 그게 수원에 있었어요. {예, 예예} 예. 그래서 그 농대에서 새로운 농사,

이: 새로운 농사법, 이런 것들 또 가르치고, {네, 예} 이거를 같이 결합해서 했다는,

박: 거기 농촌진흥청이라고 있었어요. {예, 예} 예. 그때도 청인지 뭔진 모르지만. 그 사람들하고도 관계도 많이 있었고. 그래서 일단 그런 식으로 해서 하니까. 어… 결국에 시청각 자료는 제일 간단한 게 그림, 슬라이드, 뭐 그거부터 시작해서 인제, 그땐 주로 슬라이드를 많이 썼어요. 한국에서 일반 사람들, 브리핑을 해도 영화보다는 슬라이드가 비용이 적게 들고 이러니까, 슬라이드를 많이 그때 썼을 때에요. 그래서 슬라이드 프로젝터들도 많이 있었고. 거기서

---

5   mobile. 이동영사.

도 슬라이드. 슬라이드 쇼도 벌써, 슬라이드가 먼저 컬러로 들어갔거든요. {예, 예} 흑백에서. {예} 컬러가 나오니까 굉장히 좋아하고.

이: 이 당시에 컬러로 그러면 슬라이드 쇼 하셨어요?

박: 예. 그때 그 코닥 필름 써 가지고 {어어} 그걸 하고 그랬어요. 그리고 내가 지금 기억나는 게, 어… 농촌에 가면 그 〈춘향전〉, 뭐 이런 거 좋아하잖아요? {예} 그 〈춘향전〉 스토리를, 시청각 교육에, 거기에 조수처럼 그림 잘 그리는 사람이 같이 있었어요. {예} 그러니까 코넌트 밑에 둘이 있었다구요. {예, 예} 그니까 나는 전체적으로 강의 맡고, 같이 하고. 근데 그림, 홍대 나온 분인데, 굉장히 잘 그려요. 그래서 〈춘향전〉을 다 이렇게 그려서 그거를 무비 카메라로 촬영을 해서 거기 또 음악 넣고 녹음하고. 해 가지고 그런 것도 보여주고.

이: 그니까 그게 일종의 애니메이션인 거네요? 요즘 말로 치면? 그런 거,

박: 그렇죠.

이: 그니까, {예} 그림을 카메라로 찍어서 영화로 만드는… {네} 예, 예.

박: 그렇죠. 예. 근데 애니메이션은 그 안에 있는 그림 캐릭터가 움직이고 하잖아요? {예예, 예} 이건 그게 아니고 그림을 그냥 {아} 줌인, 줌아웃[6]으로 하고 뭐 이렇게. 롱 샷[7] 하고, 미디엄 샷[8]이 들어가고, 클로즈 압[9]으로 이렇게 들어가고, 이런 식으로 그냥. 그리고 음악 넣고 해도 재미가 꽤 있더라고요. (웃음)

---

6   zoom in, zoom out.

7   long shot.

8   medium shot.

9   close up.

이: (웃음) 그때 그런 뭐, 서울 농대나 농촌진흥청 이런 데하고 같이 농민들한테 가서 교육할 때 상영했던 영화는요, {예} 주로 어떤 영화를 상영을 했어요?

박: 아 그거는 주로 그… 미국 공보원.

이: 아 미 공보원에서?

박: 예. USIS에서 제작한 영화들이 거기 미국 공보원에 가면, 라이브러리가 굉장히, 영화가 많았어요. 16미리로.[10] {네} 거기에서 내가 골라서, 이게 도움이 많이 될 만한, 그거 가서 빌려 가지고. 그래서 그걸 틀어주고 그랬죠. 그때 신생활교육원에 영사기도 한 열 몇 대 있었고. 이 거를 내가 주관해서 하는 게 아니고, 계획은 같이 세우고 전부 학생들이 가서 했어요. {아, 참 여한 학생들이?} 자기네가 직접. {예} 그니까 이거 뭐, 영사기 다루는 거 다 배워서 자기네 책 임하에 가서 하고. 나는 저 뒤에서 구경만 하고.

이: 그니까 학생들 일종의 실습처럼 나가서 하는 거네요?

박: 음. 그렇죠. 예.

이: 근데 이 미 공보원에서 가져오는 영화들은요. {네} 그게 뭐, 한글로 자막이 있거나 한글 해 설판이 있거나 이런 작품들이었나요?

박: 아니 그게 한국어판으로 다 돼 있어요.

---

10   미 공보원(USIS)은 미국에서 가져와서 한글 자막을 넣은 계몽영화들과 주한 미 공보원(USIS-
      Korea)의 자체 기획, 제작 영화들로 구성된 방대한 라이브러리를 구축하고 있었다. 미 공보원은 직
      접 이동영사 차량을 이용한 순회 상영회를 개최하는 한편 개인 및 기관에게 라이브러리의 영화들
      을 대여하였다. 이에 대한 자세한 내용은 허은, 『미국의 헤게모니와 한국 민족주의』, 고려대학교 민
      족문화연구원, 2008, 269~279쪽 참고. 특히 허은의 이 책에는 별첨 자료로 「1958년 현재 주한 미 공
      보원 소관 영화 목록」이 수록되어 있다. 허은, 위의 책, 2008, 469~502쪽.

(…중략…)

이: 주로 어떤 영화를 선택하셨어요? 농촌 계몽이나 이런 거 관련한…

박: 네. 농촌계몽 영화죠, 주로. 예. 그래서 그거는 또, 그 영화를 내가 아까 얘기했지만, 그 FSU[11]에 각 분야에 그 선생들이 있었잖아요? {예, 예} 거기에서 애그리컬처[12]가 있었거든요. 그 사람이 우리 애그리컬처 분야는 이 영화가 좋겠다. 이담에 상영할 때는 또 이 영화가 좋겠다. 그렇게 해서 빌려다가. 그리고 그 USIS 이런 데서 굉장히 협조적이고, {예} 그래서 맘대로 빌리고. 또 반환하고 하는 거는 내가 굉장히 칼날같이 약속을 지키니까. {예} 대출 받아서 잘, 반환할 적에 잘 해야 되거든요. {그렇죠} 그래야지 그담에 또 빌리기가 쉽… {네. 모든 게 그렇죠} (웃음) {(웃음)} 은행에서 돈 꿔서 안 갚는 식으로 하면은 그건… (웃음) {(웃음)} 안 되잖아요? {예} 예. 그래서 그런 거를 내가 역할을 좀 했죠. 네.

이: 그런 이동영사는 얼마나 자주 하셨어요?

박: 아, 이동영사는? {예} 한, 한 달에 한 번 정도.

이: 한 달에 한 번?

박: 예. 나머지는 슬라이드도 하고. 뭐, 아까 얘기한 그 〈춘향전〉, 그런 식으로도 하고. 그리고 미국이나 뭐, 유럽이나 이런 데 코넌트가 가지고 있는, 코넌트가 여행을 많이 다녔더라고요. {예} 거기서 찍은 슬라이드 있죠? {예, 예} 그런 것도 보여주면 좋아해요. {아 그래요?} 어. 왜냐면 지금이야 뭐, 텔레비전 틀면 다 나오지만. {예. 그렇죠} 그 당시는 외국 풍경이라든가, 외국

---

11   구술자는 원고를 검토하면서 FSU가 아니라 신생활교육원, 즉 KORFEC(Korea Fundamental Education Center)라고 수정했다.

12   agriculture.

풍물, 이런 거 뭐 어… 예.[13]

이: 그럼 그런 거를 틀어주고 설명도 했어야 될 거 아니에요? {아, 그} 코넌트가 설명도 했나요?

박: 아, 코넌트, 말 시키면 잘 합니다. (웃음) {(웃음)} 잘 하는데, 나야 그런 거 통역이야 맘대로 하니까. {아 예예} 예. 그래서 통역하고 그러면. 코넌트가 키가 굉장히 컸는데, {네, 네}, 그 사람이 나와서 얘기하면 다들 또 뭐, 이렇게 열심히 쳐다보고 그랬어요. (웃음)

이: 음. 그니까 농민들한테 본인이 해외에 가서 찍은 슬라이드 보여주고, 설명하고, 선생님이 통역하고, 이렇게…? {어, 어} 어.

박: 코넌트는 한 번 말을 시키면요. {예} 그냥 (웃음) 단답은 없어요.

이: 그렇다고 들었어요. (웃음)

박: 어. 계속해서 말이죠. 그냥 거기에 관련된 얘기를. 어, 그런 사람이고. 그래서 좀 재미있었어요.

이: 그 음… 카메라 사용법, 이런 거 가르치셨다고 하셨는데, 그때 카메라는 그럼 16미리 무비

---

13   코넌트 또한 수원 신생활교육원 재직 당시 농부들에게 영화를 보여주던 상황에 대해서 설명한 바 있다. "대화가 필요 없는 무성영화"를 찾아서 틀어줬고 특히 무용을 다룬 영국영화와 영국 시골에 대한 영화를 찾아서 보여줬다고 한다. 그는 한국에 오기 전에 미국 제약회사를 위해 만들었던 돼지 콜레라에 대한 영화를 한국 농부들이 가장 좋아했다고 기억하고 있다. 코넌트는 영화 초반에 등장하는 "아름다운 미국 농장의 장면들"과 "예쁘게 정리된 잔디와 건강하고 예쁜 돼지들의 모습"이 "미국의 기계화된 농장을 보는 재미"를 주었고 "미국인들이 그런 기계를 우리에게도 가져다줄 것"이라고 생각했기 때문에 좋아한 것이라고 추측하고 있다. 원래 미국 제약회사를 위해 만든 이 영화를 한국의 상황에 맞춰 재편집해서 "한국 농부들이 미국 농부들과 어떤 연대감을 느낄 수 있도록 만들었다"고 한다. [관련 내용은 1부 2장의 코넌트 구술, 76쪽 참고. -편집자]

카메란가요? 아니면 그냥 스틸?

박: 아뇨. 스틸 카메라죠, {아 스틸 카메라. {아 예} 무비 카메라는 나도 경험 삼아서 찍고 그랬는데, 그거는 인제 아까 얘기한 그 〈춘향전〉 같은 거, 그거 만들 적에 했는데. 그거 나하고 같이 있던 분, 그분이 다 배워 가지고 그분이 하고. 예. 나는 어,

이: 그 홍대? 홍대 출신이라고 한?

박: 예예. 홍대 출신, 예예예.

이: 그분 성함 혹시 기억하세요?

박: 그분이 김영운가? 김영우. {김영우} 지금 미국에 살아요. 그 후에 이민 갔어요. {아 예} 재주가 좋아요, 아주. 그분을 내가 왜 알았냐면 이형표 감독이 소개를 해서 알았어요. 이형표 감독이 홍익대학에서 강의를 했는데,[14] 그때 거기 학생이었대요. 근데 굉장히 얌전하고. 그림을 보통 잘 그리는 게 아니야. 뭐든지, 하여튼 "너 여기다 단군 할아버지 그려라" 그러면 촤악 그리고. 말하자면 그런 식으로. {예} 금방 말이죠. 어, 참 잘 해.

이: 그니까 시청각 교육에서 그림이 필요했기 때문에 그분을 소개를 받아서 그분을 [만나신…]?

박: 아, 그러니까 거기 여러 가지가 필요하잖아요? 기구도 있고. 그러니까 기구 관리도 있고. 그리고 만일에 내가 무슨 사정이 안 좋다 그럼 그분이 들어가서 또 실습도 시키고. 뭐 이런, 말하자면 그런 식으로 했어요.

---

14   이형표 감독은 사단법인 대한영화사 사무장으로 근무하던 1950년대 후반 홍익대학교 미술대학에 출강하여 '현대미술론'을 강의했다. 이형표 구술, 이순진 채록, 『2005년도 한국 근현대예술사 구술채록연구 시리즈 69: 이형표』, 한국문화예술위원회, 2005 참고.

이: 그니까 그림, 영화, 슬라이드, 이런 거 말고 혹시 다른 거를 더 사용하시거나 그런 거…

박: 다른 거는…

이: 음악이나 뭐 이런 거는…

박: 그거는… {별루?} 별루, 예예예.

이: 그 시청각 교육이 요 무렵에요, 57년, 58년 요 무렵에 시청각 교육에 대한 관심이 굉장히 높아졌던 거 같아요. 제가 그 당시 신문기사, 이런 것 좀 찾아보니까 시청각 교육에 대해서 관심을 가져야 된다는 사설도 나오고 뭐. 그런 거 기고하는 교수님들, 이런 분들이 많고 그렇더라구요.[15] {네} 이때에 그 시청각 교육에 대해서 뭔가, 시청각 교육이란 이런 것이다, 이런 거를 배웠다거나, 무슨 책을 통해서 뭔가 특별히 교육을 받거나 이런 건 없으셨어요?

박: 저요?

이: 예.

박: 어, 그니까 저… 코넌트한테 개인, {예, 예} 개인 과외 받은 거지, 말하자면은. (웃음) {웃음}

---

15 1950년대 후반 시청각 교육에 대한 사회적 관심이 증가하면서 교재영화 전문 제작사나 연구소 등이 여럿 생겼다. 윤태영, 장운표 등이 시청각 교육에 대한 글들을 신문에 기고했으며, 또한 윤태영이 이끌던 이문교육영화연구소, 한국시청각교재연구소 등이 교육영화 또는 교재영화를 제작했다. "교재영화의 특이성, 시청각 교육에 대한 관견"이라는 당시의 기사(《한국일보》 1958년 3월 29일, 4면)에 따르면 한국에서 시청각 교육은 1951년 원홍균(동경고등학교 교장)이 미국 교육 시찰을 마치고 동년 6월에 한국시청각교육회를 설립하면서 시작되었다. 한국시청각교육회는 1951년 영화 교실 개설, 1952년 시청각 교육 주보 발행, 1954년 〈자라는 새 교육〉 제작, 1956년 동화 「까막등」 발간 및 국제 친선 학생 작품 전시회 개최, 강습회 등의 활동을 펼쳤다. 문교부에서는 1958년에 한미합동경제위원회의 승인을 받아 9만 9천 달러의 원조로 2명의 미국인 기술자를 초빙하고 3명의 기술자를 해외에 파견하는 한편, 남산에 시범 시청각교육회관을 마련하여 필름 라이브러리를 두겠다고 발표하기도 했다.

이: 근데 시청각 교육이라는 말 자체가 좀 생소했을 거 같은데, 이 시절에. {예} 예.

박: 그때 에드거 데일인가? 에드거 데일이라는 사람이 미국 무슨 대학 교순가? 그… 시청각 교육에 대한 전반적인, 모든 분야에 대한 책을 쓴 분인데. 나한테 아마 지금도 있을지도 모르겠어요, 어디.[16] 근데 그거를 많이 읽었죠. 예. 그거하고, 그리고 영화는 『필름 앤 잇츠 테크닉스』[17]라고 있어요, 책이. {예} 에, 그거는 영화제작소 다니면서 현상만 빼놓고는 내가, {예} 다 열심히 읽었어요. 왜냐면 현상은 그게 내가 하지 않아도 될 분야 같기도 하고 그래서. 그리고 코넌트가 아까도 말씀드렸는데, 잡지가, 뭐 미국에서 나온 잡지, 그런 거를 여러 개를 구독을 하드라구요. 거기서 필요한 거 있으면 이거 몇 페이지에서 몇 페이지까지는 너 읽어봐라. 자꾸 넘어와요, 그게. 그래서 그 과제, 그니까 대학원 다니면서 교수한테 한 거, 그런 식으로 말하자면 한 거죠. {(웃음) 예} 예.

−140~147쪽.

박: 어… 그 당시에 국립영화제작소에 소장으로 계신 이성철 씨라고, 그분한테서 편지가 왔어요. 꼭 좀 만나 뵙고 싶다. 그래서 그 당시에, 요즘처럼 이렇게 전화도 잘 통하고 그런 때도 아니니까, {예} 일단 내가 와서, 한 번 찾아갔어요, 이성철 씨를. 그랬더니 코넌트가 문화공보부에, 국립영화제작소에 말하자면 기술 고문으로 오게 됐는데, 아무래도 통역이 옆에 있어야 될 거 같은데, 꼭 내 얘기를 한다. 그러니까 미안하지만 좀 이쪽으로 자리를 옮길 수가 없느냐? 그래서 내가 거기 있으면, 수원에 있으면 인제 몇 년 동안 하다가 미국 유학도 갈 수 있을 거 같고, {예} 학위도 좀 더 받고. 그래서 대학교수 쪽, 그쪽으로 앞날을 계획을 하는 게 좋지 않으냐, 이런 생각을 했는데, 코넌트에 대한 어떤 개인적인 매력을 많이 느꼈기 때문에. 그리고 코넌트가 직접 나한테 얘기하기가 조금 미안했던 거 같아요. {예} 그래서 그 소장한테 얘기를 해서, 그렇게 해서 내가 인제 대우 문제가, 그때는 뭐, 살기도 어렵고 그런 시대니까. {예}

---

16 구술자는 2차 구술 채록에서 그간 소장하고 있던 Edgar Dale, *Audio Visual Methods in Teaching* (Revised Edition), The Dryden Press (New York), 1955을 보여주었다. 에드거 데일은 미국의 교육학자로 시카고대학(the University of Chicago)에서 박사학위를 받고 오하이오 주립대학(Ohio State University)의 교수를 지냈다.

17 Raymond Spottiswoods, *Film and It's Technique*, Univ. of California Press, 1953.

지금 저쪽에서 대우를 꽤 괜찮게 받는데, 그랬더니 그거는 염려 마시고 오신다면은 모시겠다고 이래서. 그래서 생각 끝에 코넌트하고 또 일을 하게 된 거죠. 그래, 이 영화제작소에 들어오니까 미국 정부에서, {예} 전후에 한국에 뒤처진 분야들이 많은데, {예} 그거를 어떻게 좀 수준을 높여줘야 되겠다, 이런 큰 틀 밑에서 한국영화도 좀 수준을 높여줘야 되겠다. 원조의 일부분으로서 그렇게 그런 프로젝트가 또 생겨서, {예} 거기에 미국 정부에서 파견 온 그 기술고문이 영화 제작 계통. 그 담에 라이터, 디렉터, 그러니까 작가하고 연출이죠. {예} 그리고 카메라하고, 에디터, 편집기사. 그 담에 사운드 디렉터. 그리고 래버러토리, 현상소. 그리고 메인터넌스, 기계 고장 나면 고치고 하는 데. 그렇게 해서 일곱 분얀가 해서, 주로 미국 사람들이죠. {예} 그 사람들이 코넌트하고 같이 영화제작소에서 근무를 하게 된 거죠.

−129~130쪽.

이성철: 시라큐스 컨트랙트와 시어도어 코넌트

출처: 공영민, 「이성철」, 『2009년 한국영화사 구술채록연구 시리즈 〈생애사〉』, 한국영상자료원, 2009.

이성철(이하 이): 57년에 우리가 미국으로 가요, 공부하러. 인디애나대학으로. 김영권이라고 하는 사람하고 나하고. 어… 또 누구 한 사람 있었는데. 정인식인가 하는 사람하고. 내가 과장이구 그 사람들 계장이구. 인디애나대학 가서 오디오 비주얼 시청각 교육 프로그램 교육을 받습니다. 그리고서 78년[1]에 돌아오면서 시라큐스 컨트랙트라고 해가지구 시라큐스대학에서 일곱 사람의 기술자를 데려옵니다, 미국 사람 돈으로. 거기에 감독 분야, 촬영 분야, 편집 분야, 현상 분야, 메인테넌스 분야, 애니메이션 분야, 또 각본, 각본 분야, 일곱 사람을 데려와요. 그것이 대개 대학교수, 그렇지 않으면 할리우드에서 리타이어한[2] 기술자. 이런 사람이 일곱 사람이 와가지고 각 부서에 배치됩니다. 그래 각 부서에 직원들을 트레이닝해요. 그래가지고 그때 정통 교육을 받습니다. 영화라는 거 그때 **식으로 하던 거예요, 결국. 그런데 정통 교육을 받아요. 감독은 감독을, 또는 스크립트하는 사람 또는 편집은 편집, 촬영은 촬영. 그래서 본격적인, 거기에 좋은 예가… 애니메이션라는 게 그때 시작된 겁니다.

—120~121쪽.

공영민(이하 공): 시라큐스, 아까 뭐, 잠깐 얘기하셨는데 시라큐스대학 인원들 온 거, 그 부분에 대해서두 조금만 자세하게 얘기해 주세요, 선생님.

이: 시라큐스 팀? 그니까 아까 얘기한 대로 그 부서가 대표자가 하나 있어. 매칸이라는 게 대표고, 그 담엔 저 메이브리라고 하는 극작, 시나리오. 에, 코넬이라는 카메라 있구. 에, 또 현상

---

1   1958년을 말한다.

2   할리우드(Hollywood) 현장에서 은퇴한(retired).

관계 있었고, 저… 메인테넌스, 아까 얘기한 메인테넌스 있었고. 그리고 애니메이션 관계 있었고. 일곱 명인데? (…중략…) 에… 아, 코넌트, 녹음. {녹음} 녹음. 에. 일곱 명 있었어요. 그 사람들이 첨에 3년 계약으로 와가지구 몇 년 연장해서 한 5년 쯤 있다 갔을 거예요. 에. 중간에 바뀌기도 했지만은, 사람이. 음, 나이 많은 사람 가고 또 딴 사람이 오고 한 일도 있어요.

(…중략…)

공: 그럼 이 프로그램은 이 팀에서 아예 짜온 건가요? 아니면 선생님,

이: 짜온 거예요, 그 사람들이. USOM. 아까 글래드힐[3]이라고, 여기 USIA의 두목이 있는데 그놈이 우리 실정을 아니까 맞춰서 이렇게 해가지고서 짠 거예요, 미리. 거기 적합한 사람을 모집해가지구 일루 데려온 거죠. 그때 그런 사람들 돈 많이 썼어요. 몇십, 아마 몇십만 불 썼을 거예요. 그 프로젝트 때문에.

−151∼153쪽.

공: 그럼 이 시라큐스 인력들이 와가지고, 선생님. 정확하게, 교육을 어느 정도까지 시킨 것,

이: 그니까 주로 온더좁 트레이닝[4]이지. 직장 안에서 하는 트레이닝. 카메라 끌고 나가서 촬영하는 온더좁 트레이닝, 그게 많고. 전체적인 거 감독하는 사람이 카메라 알아야 되고, 미술하는 사람이 감독을 알아야 되고 하니까 전체적인 종합 훈련. 그거 하는 또, 매니저가 있었어, 매칸[5]이라고. 그 사람이 인제 그걸 총괄해서 교육을 시키고. 전문 부서, 카메라는 카메라대로, 카메라 담당이 나와서 교육 시키고, 이런 식으로 해서 전체적인 거 파악하는 교육. 내가 지금

---

3   미 공보원에서 일했던 이형표 감독에 따르면 글래드힐(Gladhill)은 당시 공보부에 영화와 관련한 고문관으로 파견된 미국인이었다고 한다. 이형표 구술, 이순진 채록, 『2005년도 한국 근현대예술사 연구 시리즈 69: 이형표』, 문화예술위원회, 2005, 146쪽.

4   on-the-job training, OJT, 직장 내 교육 훈련.

5   시라큐스 교육진의 책임자였던 제임스 매캐런(James W. McCaron)을 가리킨다.

생각해도 훌륭했다고 생각해요. 그런데 그거를 너무 일찍 시작을 했어. 이어 받을 사람도 없고, 이어줄 사람도 없고, 받으려고도 안 하고, 골치 아프니까. '실지 나가서 하면 됐지. 뭐 골치 아픈 소리 자꾸 하느냐?' 뭐 이거지. 내 요전에 얘기해지 않아요? 그때는 정전이 한 번 되면은요. 현상 들어갔던 네가가 확 다 망합니다. 그 찍어놓은 거 말이야. 그렇기 땜에 서양 사람들이 와서 제일 먼저, 그 메인테넌스 한 노인이 하나 있었는데, 변전실부터 가요, 제일 먼저. 그거 잘 작동하나 안 하나 그거부터 해요. 그래야 그런 리스클[6] 줄인다 이거지. 우리가 생각할 적에는, "짜식 말이지, 할 일 없나? 변전실에 왜 가느냐?" 이렇게 얘기하지만은 아주 합리적인 방법이요, 그게. 그 일들 모르고 있다고들, 그걸. 그러다가 결국은 차츰차츰 필요한 거 알고 다 이렇게 됐지만은, 에. 그런 것이 교육이라고 생각했어요. 그때만 해도 참, 카메라맨이라는 사람들이 정통적인 교육을 받은 사람, 하두 우리 교육기관이 없어요, 여기. 현상도 화학 교육 받은 사람이 와서 응용하는 거지. 이 필름 현상이라는 학과, 과목이 없단 말이야. 그러니까 여기서 그 어려움이 있죠, 그게.

공: 아, 카메라 대수가 워낙 적어서,

이: 카메라, 그래서 우리가 자꾸 사왔죠. 그러니까 첨에, 무슨 아이모로다 첨에 시작해가지구 〈대한뉴스〉 하고, 아리플렉스 들여왔어, 독일서. 그 담에 일본에서 만든 니첼이라는 게 있었어요. 미첼을 모방해서 만든. 그 담에 미첼까지 들어왔어요. 미첼, 그게 말이죠. 그놈은 요새 뭐 많이들, 요샌 많이 안 써. 모빌카[7]에다가 올려놓으면 말이죠. 그거 저 4·19 났을 적에 대통령이 광화문에서 국민에게 하야 성명 한다 그래가지고 우리가 촬영하러 갔단 말이야. 그 모빌카에다 올려놓고서 가니까 사람들이 기관총인줄 알고 말이야, 습격을 당한 일이 있어, 에. 그만큼 카메라가 뭔지도 일반은 모를 적입니다, 에. 그래서 뭐, 나중엔 애매하게 녹음기만 뺏기고. 어, 그때는 전연 일반적인 인식들이 없을 때니까. 그런 거 하나 하나 그렇게 압그레이드[8]

---

6   리스크(risk)를, 위험을.

7   모빌카(mobile car), 여기서는 자동차의 후면이 컨테이너 형식으로 만들어져 카메라를 자동차의 지붕에 설치할 수 있는 형태로 생긴 자동차를 의미한다.

8   upgrade.

해가지고서 교육을 시킨 거예요. 미첼까지 다루는 기술을 교육시킨 거라고.

공: 각 기본 교육 기간이 얼마정도 됐,

이: 그래 인저, 이 사람들이 첨에 3년 계약하구 와서… 1년인가 연장했어요. 그런데, 58년에 왔다 그랬죠? 60년에 4·19가 났거든. {예.} 4·19가 나니까 막, 요전에도 얘기했죠. 《시카고 트리뷴》 기자, 가이스 비치[9]라는 *이 말이죠. "왜 우리 미국 텍스 페이어[10] 돈 갖다가 독재 정권 도와줬느냐?" 막 이런, 뭐가 나왔단 말이에요. 거기다 코넌트 같은 * 그 반골이라. 요 ** 또 갖다 일러바치고 말이야. "아, 이놈들 말이지, 정부 돈 갖다가 말이지. 미국 돈 갖다가 허비하구 있다," 이런. 해가지고선 막 신문에 뚜드려 맞고 했어요. 그래가지고 "이놈들[11] 불러 들여야 된다" 이런 얘기가 나왔었죠. 그래서 "그래도 계약된 거니까 계약 끝내야 된다." 계약 끝내고 뒤치다꺼리 하느라고 몇 사람 남아서 한 1년인가 더 있다 갔을 거예요. 그러니까 길게는 4년, 짧게는 3년 했죠, 에.

공: 제작소 시설 다 들어서는 거 보고,

이: 다 완성하고 다 작동하는 거 다 하고 그래놓고선 떠났죠, 에. 작동하는 거, 다. 그래서 그 뒤에, 떠난 뒤에도 수시로들 왕래가 있었어요. 배석인이 같은 사람 영어 잘 하니까 뭐. 거 ** 가서, 메이블리라는 사람이 있었는데 그 사람 아주 한국을 좋아하는 사람이에요. 죽었죠. 그래서 뭐, 서로 왔다갔다 하고, 뭐. 매칸이라는 사람은 그만두고도 한국을 잊을 수 없다고 몇 번 왔어요. 나하고 이 국장, **국장, 뭐 공보국장을 나한테 와서, 찾아오고 한 일 있어요. 근데 우리, 조금 우리도 시행착오를 했고 정부도 시행착오를 했다고 보는 게, 그때 좀 더 활용할 수 있었던 게 아닌가 하는 생각이 든다고.

9　《시카고 데일리 뉴스 *Chicago Daily News*》 아시아 특파원으로 근무 중이었던 키즈 비치(Keyes Beech)를 가리킨다.

10　taxpayer, 납세자.

11　시라큐스 컨트랙트 교육진을 가리킨다.

(…중략…)

공: 저기 음, 양종해 감독님 말씀에 따르면 콘티 작성법 같은 것도 굉장히 상세하게 배웠다고,

이: 아, 그거 메이브리라는 게 전문, 그러니까 거기 미국에 대학에서 가르치던 사람들. 영화, 미국에 대학에 영화과란 건 거의 다 있어요, 미국. 하던 사람 또는 할리우드에서 리타이어 한 사람. 그러니까 뭐, 아주 그냥 이론적, 실무에 있어서 완벽해요, 그게. 그니까 콘티고 뭐고 아주 정확하게 하지 않으면은, 카트 하나하나까지, 이 디스크립트가 다 있거든. 그거 아니면 촬영에 들어가질 않아요, 그 사람들. 해가면서 그 자리에서 어떻게 뜯어 고치고 하는 거, 이런 식으로 안 한다 말이야. 정통으로 하는 거예요. 늦는 게 아니라 그게 **빠르다**는 식으로, 에.

−172∼174쪽.

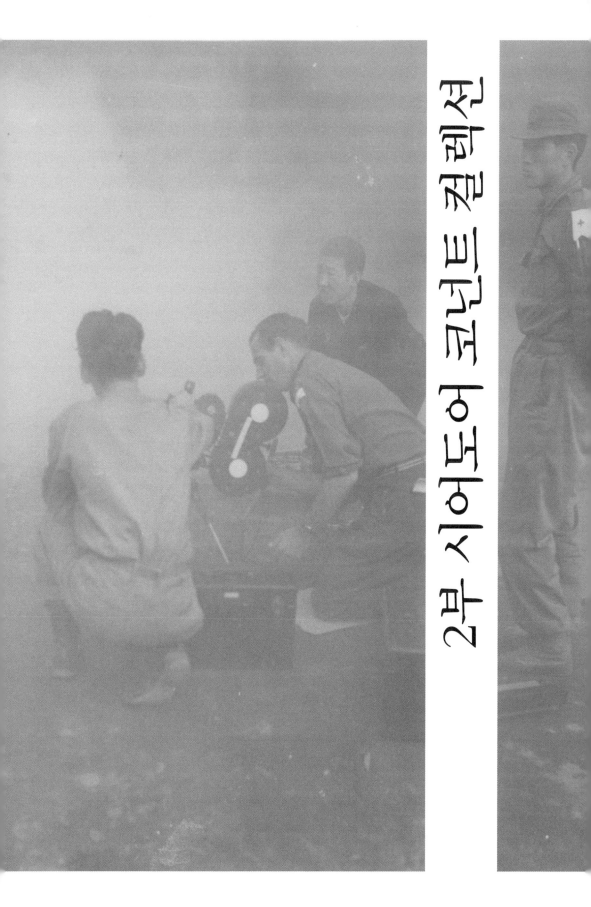

2부 시아도어 코넌트 컬렉션

1장
문서 컬렉션

해제: 1950년대의 한국영화를 보완해주는 기록들

이길성 | 한국영상자료원 객원연구원, 중앙대학교 강사

한국영화사 연구에서 1950년대는 아직도 해명되지 못한 부분이 많이 남아 있는 시기이다. 물론 그 이전 시기도 마찬가지지만, 1950년대에 대한 연구가 크게 진전되지 않은 가장 큰 이유는 자료의 부족 때문이라 할 수 있다. 특히 비극(非劇)영화들, 즉 기록영화, 문화영화, 뉴스영화 등이 1950년대 당시 대중문화 영역에서 큰 비중을 차지했음에도 관련 자료의 부족으로 그 작품들의 제작 및 상영과 관련된 연구가 부진했으며, 외국의 원조를 통해 공보실 영화제작소를 중심으로 한국 영화산업에 기간설비와 기자재가 구비되어가는 과정에 대한 연구 역시 큰 진전을 이루지 못했다. 그중에서도 공보실 영화제작소에 기간설비가 갖추어지는 것과 동시에 이루어졌던 시라큐스대학 파견 인력들의 영화제작소 직원 대상 교육 프로젝트는 이후 그들이 '공보' 활동의 주축이 된다는 점과 한국 영화 문화에 중요한 위치를 차지한다는 점에서 더욱 논의가 필요한 지점이다. 이러한 점에서 볼 때 시어도어 코넌트가 기증한 문서 및 사진, 영상 자료는 한국영화사의 비어 있는 공백을 메워줄 중요한 자료가 될 것이다.

그는 1950년대 내내 한국에서 다양한 영화들의 제작에 참여했고 유엔과 미국이 한국 재건 사업의 일환으로 기획했던 시청각 교육 사업, 기술 원조 및 인력 훈련 계획 등에 관계한 영화인이었다. 그간 한국영상자료원이 진행한 구술사 연구를 살펴보면 그의 이름이 언급되는 것을 드물지 않게 볼 수 있는데, 1950년대에 활동했던 한국 영화인들은 전후 영화산업, 특히 기술 분야에 있어 그의 두드러진 기여 활동에 대해 언급하고 있으며 그가 당시의 한국 영화산업에 미친 영향력을 높이 평가하고 있다. 이러한 점에서 그동안 한국영상자료원이 진행한 시어도어 코넌트의 구술 채록과 그가 기증한 문서 및 사진, 영상 등은 1950년대 한국영화사 연구를 심화시킬 수 있는 중요한 자료가 될 것이다.

이 글은 시어도어 코넌트가 한국영상자료원에 기증한 문서를 소개하는 것을 목적으로 한다. 그는 총 101건의 문서를 기증했으며, 그중에는 그가 관여했던 공보실 영화제작소 인력 교육 및 설비 유지 프로젝트와 관련된 계약서와 사업 계획서 등이 포함된 문서도 있고, 운크라에서 기획, 제작했지만 상영되지는 않았던 〈고집〉과 같은 영화의 시나리오도 있다. 또한 필름도 존재하지 않고 그에 관한 자료도 찾기 힘들었던 〈죄 없는 죄인〉(최인규, 1948)의 기획 의도와 개요가 적힌 문서도 포함되어 있다. 이 글은 코넌트의 기증 문서를 하나하나 자세히 소개하기보다는, 그가 활동했던 시기를 읽어낼 수 있는 의미 있는 문서를 중심으로 개괄적인 설명을 할 것이다. 전체 기증 문서는 한국영상자료원에서 열람할 수 있으며 더 자세한 자료 목록은 컬럼비아대학교 동아시아도서관 홈페이지에서도 찾아볼 수 있다.

시어도어 코넌트가 기증한 문서는 크게 4가지로 나눌 수 있다. 해당하는 문서의 분량 순으로 설명하면, 첫 번째는 그가 수집한 신문기사들이나 잡지기사들이다. 주로 본인에 대한 소개나 본인이 제작 혹은 참여한 영화에 대한 기사들이다. 두 번째는 그의 작품과 관련된 광고나 강연 소개 그리고 영화 팸플릿 등이다. 세 번째는 그의 개인 서류이다. 기관에 제출했던 이력서나 강의 의뢰 서신 및 강의안 등이 주를 이룬다. 네 번째는 기관에 보고한 문서나 보고서 등이다. 여기에서는 그가 1958년부터 1960년까지 참여했던 미 국제협조처가 지원한 대한민국 공보실 내 영화 제작부서의 장비 구축과 인력 교육에 관한 문서들이 가장 눈길을 끈다. 다섯 번째는 그가 수집한 시나리오 및 영화 촬영 관련 대본과 개요들이다. 그 외에 코넌트 본인의 작품과 관련이 없어 보이는 몇몇 문서가 있다.

영화 시나리오 및 촬영 대본, 기획서

먼저 살펴볼 것은 분량은 적지만 가장 중요하다고 볼 수 있는 시나리오들이다. 안타깝게도 그가 기증한 시나리오 중에서 본인이 제작·감독한 영화는 거의 없다. 유일하게 〈한국의 환상〉의 촬영 장면이 정리된 목록이 있을 뿐이다. 관련 문서가 가장 많이 남아 있는 것은 1952년 운크라에서 기획했고 코넌트가 사운드 담당으로 참여한 〈고집〉이며, 관련 자료는 5종이 있다. 그 외 〈투 밀리언 킴스 *Two Million Kims*〉라는 제목의 라디오 방송극 대본이 2종 있으며 그 밖의 문서 중에는 〈불사조의 언덕〉(이후 〈한국에서의 만남〉으로 개칭)의 시나리오, 〈죄 없는 죄인〉의 기획서 및 개요서 등이 포함되어 있다.

〈고집〉과 관련된 시나리오 및 촬영 대본

이미 말했듯이 〈고집〉은 관련 문서가 가장 많이 남아 있는 작품이다. 운크라 단장이었던 도널드 킹즐리(J. Donald Kingsley)와 국제난민기관(the International Refugee Organization)의 돈 프라이어(Don Pryor)가 기획한 이 영화의 목적은 외국에 한국의 생활상을 보여주는 한편 구호와 원조의 필요성을 알리는 것이었다. 운크라는 시나리오 작가인 팻 프랭크와 감독 앨프리드 웨그, 촬영감독인 리처드 배글리와 사운드 담당인 시어도어 코넌트, 4명을 한 팀으로 구성해 그 기획을 맡겼다. 그들은 전쟁이 아직 끝나지 않은 1952년, 서울에서 영화를 제작하기 시작했다. 영화 제작팀과 운크라의 갈등으로 시나리오 개작과 재촬영이 반복되었고, 우여곡절 끝에 영화는 완성되었지만 상영되지 못했다고 코넌트는 술회한다.[1] 현재 기증받은 영상들은 완성본이 아닌 부분적인 편집본들이다.

우선, 기증된 〈고집〉 관련 문서에는 팻 프랭크의 원고로 추정되는 "HAV'A NO-Scene Breakdown"이라는 제목의 시나리오가 있다. 이 문서만이 완전본이고 나머지 자료는 모두 분실된 부분이 있기 때문에 팻 프랭크의 시나리오는 전체 영화의 구성을 추정할 수 있게 해주며 초기에 설정된 영화의 의도를 잘 드러내고 있다(이 글에서는 편의상 '1차본'이라 칭함).[2] 두 번째로, 문서의 제목이 "Ko-Chip"이라 되어 있는 1952년 11월 24일에 작성된 개정본이 있다. 이 본은 시나리오를 장면으로 분할했으며, 장면별로 대사, 촬영 지침 등을 적시하고 있다. 하지만 이 개정본은 초반부만 남아 있는데, 이 분량 내에서도 일부 내용이 1차본과 다르게 변경되었음을 확인할 수 있다(편의상 '개정본'이라 칭함). 세 번째 문서는 수기로 "FINAL SCRIPT"라 적혀 있는 것으로, 개정본을 대폭 수정하였으며 마지막 부분이 분실되어 있다(편의상 '3차본'이라 칭함). 또한 겉표지가 없는 보고서 형식의 문서(편의상 '개작 보고서'라 칭함)가 있는데, 영

---

1   코넌트는 구술에서 이 영화가 몇 차례 개작 끝에 호주 감독에 의해서 완성되었다고 이야기했다. 그러나 그가 언급하는 완성본이 정확히 어떠한 것인지 확인하기는 힘들다. 여기에 대해서는 1부 1장에 수록된 김희윤, 「시어도어 코넌트와 냉전 초기 한국의 영화 문화」, 24쪽과 2부 3장에 수록된 박선영, 「해제: 소장 영상을 통해 본 전후 한국의 재건과 일상」, 298쪽을 참고.

2   '1차본', '개정본', '3차본'의 구분은 이 글에서의 설명을 위해 임의로 붙인 명칭이다. 시나리오가 몇 번 고쳐졌는지에 대해서는 자료가 없으며, 사진이나 영상을 통해서 시나리오가 어떻게 변화했는가를 추측해볼 뿐이다.

화의 변경된 부분을 설명하는 한편 수정이 가능한 부분을 열거하고 있다.[3] 그리고 한 장만 남아 있는 영화 촬영용 회차표가 있다. 1952년 12월 7일 촬영을 위한 것이며, 주로 고집과 기순을 중심으로 한 실내 장면이다.

처음 팻 프랑크가 집필한 시나리오의 내용을 간단하게 기술하면 다음과 같다. 영화는 서울 한 지역 PX에서 나오는 미군 간호장교 메리 헤이스팅스로부터 시작한다. 그녀는 어머니가 원하는 고려 자개함[4]을 구하기 위해 골동품 상점으로 간다. 주인 한 씨는 그것은 귀한 물건이라 자신의 상점에는 없다며 그것을 소유하고 있는 고집이네 집으로 헤이스팅스를 데려간다. 고집이네로 가는 길에 한 씨는 헤이스팅스에게 고집의 아버지는 전쟁 중 사라졌고 고집의 어머니와 자신의 친구였던 고집의 할아버지는 세상을 떠났으며 고집의 형은 북으로 끌려갔다는 가족사를 간략하게 설명한다. 고집의 집에 도착한 두 사람은 고집과 그의 누이 기순, 영순을 소개받는다. 고집은 마지막 남은 가보인 자개함을 팔고 싶지 않다고 하면서, 고집이네의 생계를 걱정하는 두 사람에게 자신들은 베틀로 면을 짜는 일을 하며 살아가고 있다고 말한다. 한 씨와 헤이스팅스는 고집을 칭찬하며 돌아간다.

다음날, 아버지의 주거래 상대였던 면직물 중간 상인인 박 씨에게 실을 사러 간 고집은 거리에서 비욘티를 만난다. 마카오에서 온 유라시아인으로 주로 암달러를 다루는 비욘티는 고집에게 접근해서 루머를 퍼뜨린다. 고집은 박 씨에게서 실을 사서 집으로 돌아온다. 한편 집에서 기순은 일을 하다 베틀 부품이 부러진 것을 발견한다. 기순이 울상을 지으며 걱정하자, 동생 영순은 부품을 고치기 위해 고집을 찾으러 나간다. 기순은 옷을 갈아입으면서 미군과 함께 지나가는 서양 옷을 입은 젊은 여자아이들을 부럽게 바라본다.

남대문에서 고집을 발견한 영순은 그를 부르며 따라가려다 자동차 사고를 당한다. 영순은 병원으로 이송되고, 고집 역시 근처에 있던 머레이와 함께 따라간다. 그런데 이 와중에 고집은 박 씨에게서 산 실 뭉치를 잃어버린다. 병원에서 의사는 영순이 폐결핵을 앓고 있으니 어

3　이 문서는 영화 제작팀이 누군가에게 보내는 보고서 형식으로 되어 있다. 그러나 첫 장이 분실되어서 작성자가 누구인지는 알 수 없다. 추정하건대 앨프리드 웨그 이후 영입된 새로운 감독일 가능성이 가장 크나, 코넌트일 가능성도 배제할 수 없다.

4　원문에는 "Koryŏ Chest"로 표기되어 있다. 그러나 '고려함'은 이 물품을 제대로 설명하지 못하는 명칭이며, 수집된 사진이나 영상에는 자개함이 사용되고 있어 '고려 자개함'으로 번역하였다. 한편 이 명칭은 개정본에서 "Songdo Chest"로 변경된다.

머니에게 연락하라는 말을 한다. 고집은 석탄 줍는 일을 하다 포탄이 터져 돌아가신 어머니를 회상하며 슬퍼한다. 머레이와 그의 친구 짐은 고집을 집에 데려다주고, 집 앞에 나와 있던 기순에게 관심을 보인다.

실을 잃어버려서 생계가 어려워진 고집은 고려 자개함을 판다. 그리고 그 돈으로 음식을 산 뒤, 그는 고장 난 베틀 부품을 고치려고 노력한다. 시청에 도움을 청하러 간 고집은 직원으로부터 아버지에 대한 질문을 받자, '무슨 일이 생기면 네가 가장으로서 식구들을 돌봐야 한다'고 했던 아버지의 말을 떠올린다. 결국 고집은 시청에서 아무런 도움도 얻지 못하고 집으로 돌아온다. 한편 기순은 늦은 시각에 집으로 돌아오는데, 새 옷과 핸드백을 들고 있다. 며칠 후 머레이와 짐은 고집을 도와주기 위해 군대 창고의 기술자인 콜스에게 그를 데려간다. 그러나 그 역시 망가진 부품을 고칠 수 없다며 미안해한다. 돈이 떨어져가던 고집은 시장에 가서 박 씨에게 일자리를 부탁하지만 이 역시 거절당한다.

한편 비욘티는 고집에게 돈을 벌게 해주겠다며 선전지를 뿌려달라고 하고, 북쪽에 있는 형을 잊지 말라고 말한다. 강둑에 앉아서 선전지를 보던 고집은 형이 북한군에게 끌려간 일을 회상한다. 북한군에 의해 극장으로 끌려간 형은 다시 강제로 징집당해 기차를 타고 떠나고, 고집은 그것을 지켜보았다. 생각을 마친 고집은 선전지를 버리려고 하지만 차마 그러지 못한다. 다시 시장으로 온 고집은 경찰과 군인에게 비욘티를 고발하고 그가 끌려가는 것을 지켜본다. 집으로 돌아오면서 고집은 PX 근처에서 미군에게 구걸하는 소년들은 바라본다.

이 1차본은 고집의 내레이션과 일상적인 대사로 구성되어 있다. 이 대본은 고집이네 남매가 아버지의 영향으로 영어를 할 줄 아는 것으로 설정되어 있으며, 고집을 연기하는 아역에게 많은 비중이 실려 있다. 코넌트는 제작 당시 비전문 배우를 쓰고자 했던 기획 의도에 따라 카메라 테스트를 통해 주인공들을 선정했지만 익숙하지 않은 연기에 영어 대사를 소화해야 하는 아역 배우들로 인해 문제가 되었다고 회고한다.[5] 그 밖에도 1차본은 비욘티와 같은 인물 설정에서 드러나는 것처럼 등장인물들의 설정에 작위적인 부분이 있어 한국적 상황에 맞지 않다는 지적을 받은 듯하다.

세 번째 문서인 3차본은 이와 반대로 헤이스팅스의 내레이션이 주를 이룬다. 이는 아마도 위의 문제점을 해결하려는 노력이었을 것이다. 이러한 편의적 사용 외에도, 헤이스팅스가 모

---

5   1부 2장의 코넌트 구술, 58쪽 참고.

든 사건을 설명하고 해석하기 때문에 이 영화는 전쟁 이후 한국의 상황을 외국인의 눈으로 관찰하는 시각을 취하고 있다. 또한 '고려 자개함'은 이미 개정본부터 '송도 자개함'으로 개칭되었고, 골동품상 이름도 사무엘 리로 변경되었다. 어머니의 부탁으로 '송도 자개함'을 구하러 헤이스팅스가 고집이네 집으로 가게 되는 도입부의 사건은 비슷하나, 이전 본에서 영화가 전개되면서 간격을 두고 언급되었던 고집이네의 비극적인 가족사는 3차본의 초반부, 헤이스팅스와 고집의 대화에서 모두 설명된다. 그리고 비욘티라는 인물 대신 사회주의자인 삼촌[6]이 그와 비슷한 역할로 등장한다. 북한군이 서울을 점령했던 기간 동안 삼촌은 아버지와 갈등을 빚게 되고, 북한군이 갑자기 집에 들이닥치면서 아버지와 형을 끌고 간다. 두 사람을 찾아서 거리를 헤매던 고집은 다음날 극장에서 나와 끌려가는 형을 보게 되고, 그것을 지켜보는 삼촌을 목격한다. 그리고 몇 달 후 추운 겨울, 석탄을 주우러 간 어머니마저 포탄에 맞아 세상을 떠난다.

이후의 장면은 1차본과 유사하게 진행된다. 베틀 부품이 고장 나고 영순이 다친다. 돈이 필요한 고집에게 삼촌은 선전지를 돌리면 돈을 주겠다고 유혹한다. 고집은 잠깐 갈등하지만 자개함을 헤이스팅스에게 팔고 그 돈으로 음식을 산다. 시장에서 삼촌과 이야기하는 것을 본 박 씨는 고집을 불러 북으로 간 아버지의 비극적인 죽음에 대해 말해준다. 3차본의 시나리오는 후반부가 분실되었지만, 수집된 사진과 영상으로 미루어 고집이 삼촌을 고발하고 끝나는 것으로 추정된다. 헤이스팅스의 내레이션이 중요한 비중을 차지하는 것 외에도 기순이 서양 옷이나 물건에 현혹되는 장면과 밤 외출 장면이 삭제되었다. 전반적으로 3차본은 보다 간결하게 고집이네 가족의 불행과 아이들이 어려움에 대처하는 과정을 묘사하고 있으며, 전쟁 이후 한국의 상황에 대해서도 명확한 어조로 설명하고 있다.

일부분만 남아 있는 개정본은 1차본과 3차본 사이의 중간 단계 시나리오이며, 역시 장면

6   사회주의자 삼촌 역할은 배우 이향이 맡았는데, 그는 이 영화에 등장하는 유일한 전문 배우였다. 이향: 1914년 강원도 홍천 출생. 본명 이근식. 연희전문학교 상과 중퇴. 낭만좌에서 무대배우로 배우 생활을 시작했다. 김성민 감독의 〈심판자〉(1949)에 주연으로 출연하면서 영화배우로서 활동을 시작, 〈영광의 길〉(윤봉춘, 1953), 〈운명의 손〉(한형모, 1954), 〈마의 태자〉(전창근, 1956), 〈형제〉(김성민, 1958), 〈안개 낀 거리〉(강범구, 1963), 〈방콕의 하리마오〉(이만희, 1967) 등에 출연했으며, 1980년대까지 꾸준히 연기 생활을 했다. 마지막 출연작은 1984년 〈초대받은 성웅들〉(최하원)이다. 〈운명의 손〉에서 윤인자와 한국 최초의 키스신을 촬영한 것으로 유명하며 1950, 60년대 선 굵은 남성적인 연기로 호평을 받았다.

이 분할된 구성으로, 대사, 카메라 지시 사항, 장면 묘사 등을 포함하고 있다. 헤이스팅스가 PX를 나와 사무엘 리의 골동품 가게로 가는 것으로 시작하며, 초반부에 집약적으로 가족사가 설명되는데 구체적인 사건들을 통해 가족 간의 관계를 더욱 감성적으로 묘사하고 있다. 그러나 이 본에서는 아직 비욘티가 사회주의자 삼촌으로 변경되지 않는다.

개작 보고서는 3차본 이후 작성된 것으로 보이며,[7] 장면별로 변경된 부분과 당시의 상황을 상세하게 기술한다. 그 설명으로 보아서는 현재 남아 있는 영상과 가장 근접하게 일치한다. 시나리오가 아니기 때문에 최종으로 완성된 영화의 면모를 정확하게 알 수는 없지만, 개작한 항목을 보았을 때 한국적인 정서와 상황을 더 정확히 묘사하려고 노력했다는 점을 알 수 있다. 예를 들어 이전 시나리오에서 사무엘 리가 고집의 대문을 노크한다고 되어 있었다면, 개작 보고서에서는 이를 문고리를 잡고 두드리는 장면으로 대체하였다고 설명한다. 그 밖에도 많은 부분이 수정되었으며, 35mm 필름 외에 16mm 필름의 구성에 대해서도 언급하고 있다.

그러나 이러한 몇 차례의 개작에도 불구하고 이 작품은 온전하게 완성되지 못한 것으로 추정된다. 촬영 중에도 논란이 지속되었고[8] 완성본에 대해서 운크라는 그다지 탐탁하게 여기지 않았다. 우여곡절 끝에 편집을 마친 것으로 추정되는[9] 이 작품은 결국 상영되지 못했다. 코넌트가 기증한 〈고집〉 영상은 완성되지 않은 부분적인 영상이 네 본으로 나눠져 있기 때문에 전체적인 내용을 파악하기 위해서는 시나리오를 통해서 분실된 부분을 보충할 필요가 있다.

---

7   문서의 첫 장이 분실되어 제출 날짜는 알 수 없다.

8   예를 들어 한 신문기사는 헤이스팅스 역할의 여배우가 전직 가수라는 이유로 미군 간호병들의 항의를 받았으나 웨그는 자신의 선택을 굽히지 않았고 결국 간호병이 아닌 다른 직업으로 전환했다고 전한다. ("Shoestring Screen Study in Stricken Seoul", *NY Times*, 1952.11.30. 이 기사는 이 장의 「부록1: 소장 문서」에 "신음하는 서울에서의 저예산 영화 제작기"라는 제목으로 번역, 수록되어 있다. 그러나 남아 있는 문서나 영상에서 헤이스팅스의 직업은 변경되지 않았다.) 이러한 사건 외에도 원래 〈고집〉은 한국의 상황과 고아 문제에 관한 30분짜리 저예산 영화로 기획되었지만 웨그는 자신의 뜻대로 한 시간 반 정도의 장편영화로 규모를 확대했다. 위의 신문기사 및 1부 2장의 코넌트 구술 58~59쪽 참고.

9   앞의 주 1번 참고.

그 외의 시나리오

시나리오 〈불사조의 언덕 *The Hill of Pheonix*〉[10]은 〈고집〉의 촬영감독 리처드 배글리가 감독한 영화이며, 이후 〈한국에서의 만남 *Encounter in Korea*〉으로 개칭되었다. 이 영화에는 피난민 소년 조와 산에서 나무를 기르는 할아버지 그리고 군인 포드 세 사람이 등장한다. 피난민인 조는 남하하던 중에 산으로 올라가고 거기서 할아버지를 만난다. 포드는 전쟁이 한창인 산에서 통신 두절로 고립되고 조를 만나서 할아버지의 집으로 오게 된다. 포격으로 인해 헐벗은 산에서 고집스럽게 나무를 심고 가꾸는 할아버지는 결국 전투 중에 나무를 지키려다 죽는다. 이 영화에는 웨그를 제외한 〈고집〉의 촬영팀인 리처드 배글리, 코넌트, 이형표, 임병호[11] 그리고 이승만이 참여했다. 전체 길이는 15분 정도의 영상인데, 완성본이 존재하지만[12] 한국영상자료원에 기증된 영상은 2분 길이의 일부분이다. 하지만 시나리오는 완전본이고 수집된 사진 또한 영화를 설명해줄 수 있을 만큼 다양하다.

라디오 방송극 대본인 〈투 밀리언 킴스〉는 두 본이 수집되었는데, 둘 다 코넌트와 이형표가 같이 집필한 것으로 보인다. 하나는 "Two Million Kims (first draft)"라는 제목이며, 한국에서 흔한 성을 가진 김형표라는 인물이 어촌에서 일하는 자신을 소개하고 교사인 아들과 도시에서 건축업을 하는 동생에 대해 이야기하는 내용이다. 원고는 2장만 남고 나머지는 분실되어서 전체적인 내용을 알 수는 없지만, 가난과 추위에 시달리는 아동들, 운송과 도로의 문제점 등 한국의 어려운 상황들을 언급하고, 이러한 문제와 연관하여 운크라 원조의 중요성

---

10 전창근 감독의 〈불사조의 언덕〉(1955)과는 다른 작품으로, 이 장의 「부록1: 소장 문서」에 번역본이 수록되어 있다.

11 임병호 (1921~1998): 영화 촬영감독 및 기획자. 1921년 서울시 중구 다동 출생. 1939년 〈귀착지〉(이영춘)에서 이신웅 촬영기사 보조로 영화계 입문하였고, 이후 조선영화주식회사에서 〈무정〉(박기채, 1939), 〈수선화〉(김유영, 1940)의 촬영팀으로 활동했다. 해방 이후 조선영화건설본부 소속으로 뉴스영화를 촬영했고, 이용민 감독의 〈제주도 풍토기〉(1946)에서 촬영기사로 데뷔했다. 그 후 미 공보원 소속으로 활동하면서 뉴스영화를 촬영했다. 〈포화 속의 십자가〉(이용민, 1956)를 통해 상업 극영화에서 활동을 재개했고, 〈시집가는 날〉(이병일, 1956), 〈오부자〉(권영순, 1958), 〈천하일색 양귀비〉(김화랑·김기덕, 1962) 등을 촬영하였다. 이후 세기상사, 동아흥행에서 기획자로 활동했고, 일선에서 물러난 후 재단법인 한국필름보관소 이사로 재직하면서 영화 필름 수집에 큰 기여를 했다.

12 2009년 코넌트의 구술 채록 당시, 구술 현장을 촬영한 동영상에는 코넌트가 이 영화를 보면서 대화하는 장면이 있는데, 이때의 영상은 완성본이다.

을 설명하려는 의도를 가진 것으로 보인다. 또
다른 대본인 "Two Million Kims – A Radio Script
by Ted Conant, and Lee Hyung Pyo"는 완전본인
데, 전체적인 진행을 하는 아나운서와 한국을 재
방문한 코넌트(등장인물) 그리고 그를 환영하는
친구 김 씨가 대화하는 형식으로 진행된다. 재건
중인 한국의 여러 상황을 소개하며 운크라의 지
원에 대해 이야기하는 이 방송극은 기본적으로
코넌트와 김 씨의 대화에 운크라 직원과 김 씨
의 애인 등이 잠깐잠깐 참여하는 형식으로 되어
있다. 코넌트는 1952년 헬렌 헤이즈(Helen Hayes)
와 프레드릭 마치(Fredrick March)가 나오는 두 개
의 라디오 드라마 작업에 참여했다고 구술에서
언급하는데,[13] 이 대본이 그와 관련된 것으로 보
인다. 그러나 프레드릭 마치가 나오는 유엔의 라

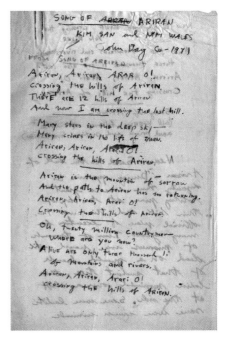

'아리랑'을 주제로 아이디어를 적은
시어도어 코넌트의 친필 메모

디오 방송극 〈기나긴 행보〉는 위의 시나리오와 내용이 많이 다르다. 그리고 크레디트에는 시
나리오 집필과 연출을 한 사람으로 제럴드 킨(Gerald Kean)이 명시되어 있다. 이 방송극은 1953
년 7월 27일 휴전협정이 조인된 것을 기념하는 특별 방송으로, 유명한 할리우드 스타인 프레
드릭 마치가 내레이션을 맡았고, 운크라를 위한 통역자 조니 김과 더불어 한국전쟁과 재건에
관련된 다양한 사람들이 대화를 하는 형식으로 구성되어 있다.[14]

　그 밖에 기증된 시나리오 중에는 유일하게 코넌트가 감독한 영화인 〈한국의 환상〉의 장면
목록이 있다. 앞부분이 분실되어서 4번째 시퀀스에서 시작하는 이 문서는 전체적인 틀이 영
상본과 유사하기는 하지만 구체적인 내레이션과 장면 묘사가 동일하지는 않다. 그 외에 최인

13　1부 2장의 코넌트 구술, 59쪽 주 50번 참고.

14　1부 1장의 김희윤, 앞의 글, 24~25쪽 참고. 〈기나긴 행보〉가 코넌트의 라디오 대본을 변경한 것인지
　　혹은 그것과 무관한 제럴드 킨의 창작 대본이었는지는 명확하지 않다. 그러나 형식의 유사성으로
　　보아서 완전히 다른 작품으로 보이지는 않는다.

규 감독의 〈죄 없는 죄인〉[15]의 기획 의도와 간략한 개요, BBC에서 제작한 〈부산의 행복동산 고아원 *Happy Mountain Orphanage in Pusan*〉의 방송 대본 그리고 '아리랑'을 주제로 한 아이디어를 수기로 적은 메모 등이 있다. 마지막으로 한국과는 관련이 없어 보이는 홍콩에서 만든 교통안전에 대한 짧은 영상물인 〈도로 안전 영화 *Road Safety Film*〉의 촬영대본이 있다. 최인규 감독의 기획서와 〈도로 안전 영화〉 촬영대본을 제외하면 위에 언급한 시나리오들은 모두 외국 방송 혹은 외국 단체가 제작하거나 기획한 작품으로, 전쟁 중인 혹은 전쟁 직후의 한국을 담고 있다. 한국전쟁과 이후 재건의 상황에 대한 '외부'의 시각을 볼 수 있다는 점에서 흥미로운 자료들이다.

계약서 및 보고서류와 유엔 발행 인쇄물

코넌트가 기증한 문서 중에서 가장 흥미로운 것은 1958년부터 1960년까지 미 국무부 산하 국제협조처와 시라큐스대학 사이에 체결한 계약서들과 보고서들이다. 이 프로젝트는 공보실의 영화 인력 양성과 영화 제작 시설 구비 및 기술 향상을 위한 작업이었는데, 코넌트는 사운드 부문의 책임자로 참여하였다. 그가 기증한 문서는 이 프로젝트의 계약서인 "Contract No. ICA-W-644"와 1959년도 실행 계획을 서술한 "Work Plan" 그리고 분기 보고서로 1959년 9월 16일부터 12월 15일까지의 활동을 담은 "Improvement of Technical Information Service", 1959년 9월 16일부터 1960년 3월 15일까지의 반년 치 보고서인 "Semi-Annual Report"가 있다. 또한 이 활동과 관련된 영화 제작 프로젝트 조직도인 "Personal Breakdown"이 있다.[16]

"Contract No. ICA-W-644"는 프로젝트의 계약서로, 계약의 원칙적인 내용과 시라큐스 인력에 대한 대우 등이 자세히 기술되어 있다. "Work Plan"의 경우는 1959년 9월에 제출된 것

---

15   한국영화데이터베이스(KMDb)에는 영문 제목이 〈An Innocent Criminal〉로 되어 있으나, 이 기증 문서에는 〈Faithful unto Death〉로 표기되어 있다.

16   이 중 "Work Plan"과 "Semi-Annual Report", "Personal Breakdown"은 이 장의 「부록 1: 소장 문서」에 수록된 "작업 계획서"와 "반기 보고서", "조직도"를 참고.

으로, 계약 2년차의 계획을 담고 있다. 이 작업 계획서에 따르면 시라큐스 고문단은 일반적인 영화와 교육, 훈련 목적의 영화들을 제작하는데, 일반적인 영화의 경우 1년 동안 10분짜리 작품을 총 112편 제작한다. 여기에는 미군을 겨냥한 한국에 대한 여행 문화영화인 〈한국의 이야기 Story of Korea〉를 비롯한 문화영화, 뉴스 릴, 다큐멘터리가 포함되어 있다. 교육·훈련 목적의 영화는 2릴짜리 흑백 영화 20~25개를 목표로 하고 있다. 그리고 이에 맞춰 각 영역별 1년 계획이 짜여 있다. 1959년의 분기별 보고서인 "Improvement of Technical Information Service"는 지난 활동을 보고하면서 첨부 문서로 사운드와 애니메이션 강의 개요 및 조명에 대한 기술 강의안 그리고 진행 중인 영화의 제작 진행표가 포함되어 있다. 반년 치 보고서인 "Semi-Annual Report"도 그간의 활동 내용과 더불어 각 담당자의 근무 형태들과 진행되고 있는 교육·훈련용 영화 목록 및 진행표가 첨부되어 있다.

시라큐스대학과 국제협조처 간의 프로젝트 관련 문서 외에, 당시 영화산업의 상황을 짐작할 수 있게 하는 문서는 코넌트가 극동현상소에 보낸 현상료 청구서인 "Invoice 14A"이다. 〈위기의 아이들〉, 오래된 일본 장편영화, 〈도시의 리듬 Rhythm of a City〉 등, 코넌트가 보낸 작품들에 대한 현상료가 적혀 있다. 또한 낱장으로 되어 있는 "Appendix One: List of Laboratories and Studios visited"는 1960년대 초반으로 추정되는 시기에 한국 내의 각 스튜디오와 현상소의 설비를 조사한 문서이다. 이 문서는 당시의 한국 영화산업의 현황을 보여주는 중요한 자료이다.[17]

그 외 유솜(USOM)이 작성한 것으로 보이는 "Project Agreement"는 낱장만이 남아 있는데, 1960년 한국의 정치 사회 상황만이 기술되어 있고 나머지는 분실되었다. 또한 유엔 라디오부가 작성한 〈기나긴 행보〉에 대한 내부 홍보물인 "Documentary Radio Program on Korea", 유엔에서 발간한 운크라에 대한 브로셔와 한국에 대한 소개서 및 한국 아동들의 상황을 설명하는 인쇄물 등이 있다.

---

17   "Invoice 14A"와 "Appendix One: List of Laboratories and Studios Visited"는 이 장의 「부록 1: 소장 문서」에 수록된 "청구서 14A"와 "별첨 1. 방문 현상소 및 스튜디오 목록"을 참고.

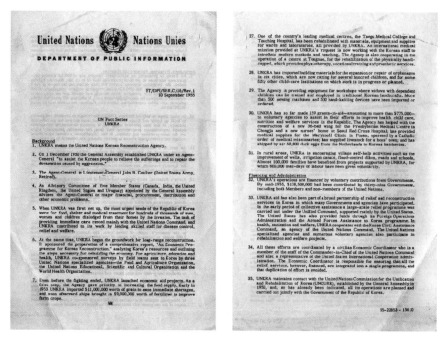

유엔 발간, 운크라 소개 브로셔

신문기사 및 홍보물

코넌트가 기증한 문서 가운데 가장 많은 분량을 차지하는 것은 신문기사 및 홍보물들이다. 어떤 경우에는 신문기사를 오려 관련된 다른 기사들과 함께 종이에 붙인 스크랩이나 본인이 재작성한 문서도 보인다. 그중에서도 가장 많은 양을 차지하는 것은 본인을 소개하는 기사들이다. 1958년 5월 10일《한국일보》에 게재된 "영화를 통한 한국의 소개자: 신생활교육원의 테드 코넌트 씨"[18]와《코리안 리퍼블릭》의 1960년 2월 24일 기사인 "Movies about Korea: Noted U.S. Film Maker Here"는 코넌트의 한국 활동을 비교적 자세히 소개하고 있으며,《뉴욕 타임스》의 1952년 11월 30일 기사인 "Shoestring Screen Study in Stricken Seoul"[19]은 영화 〈고집〉과 관련한 상황을 상세하게 다루고 있다.

18   이 장의 「부록1: 소장 문서」에 수록된 동명의 신문기사 참고.

19   이 장의 「부록1: 소장 문서」에 수록된 "신음하는 서울에서의 저예산 영화 제작기" 참고.

신문기사 중 눈길을 끄는 것은 시어도어 코넌트와 엘런 코넌트의 결혼 기사이다. 《코리아 타임스》를 비롯한 영자 신문들은 고재봉 서울시장 집무실에서 결혼 증명서를 받는 것으로 이루어진 두 사람의 파격적인 결혼식을 사진과 함께 기사화하였다.

그 외의 신문기사는 대부분 자신의 영화에 대한 소개와 본인 작품이 방송되는 TV 편성표 등이다. 그중에서도 그가 제작에 참여한 논쟁적인 TV 시리즈인 〈한국: 알려지지 않은 전쟁〉[20]에 대한 기사가 많은 분량을 차지하는데, 이 작품은 한국전쟁에 대한 주류의 시각을 비판하고 전쟁의 이면을 파헤치기 위해 기획되었다. 당시 공보실 영화과장이었던 이성철은 구술에서 그를 '반골'이라고 표현하는데, 이러한 언급을 한 이유 중 하나는 코넌트와 친분이 있던 《시카고 데일리 뉴스》의 키즈 비치가 쓴 기사 "미국은 이승만의 선거 선전에 어떻게 돈을 들였는가" 때문이다.[21] 이 기사는 코넌트의 구술에도 등장하는데, 코넌트는 본인이 그 기사 작성을 도와주었음을 은연중에 시인한다.[22] 문서 컬렉션에 포함된 이 기사 수집본은 신문을 스크랩한 것이 아니라 종이에 그 내용을 다시 타이핑한 것인데, 이는 아마 그가 보관을 위해서 재작성한 것으로 보인다. 그 외에도 아시아영화제에 출품된 한국영화에 관한 잡지기사, 한국의 문화와 관련된 자료들(공자의 사당, 전쟁고아에 대한 기사 등)이 있어 코넌트의 한국에 대한 관심을 드러낸다.

개인서류 및 팸플릿, 기타

시어도어 코넌트가 기증한 개인 서류는 주로 본인의 이력서와 대학에서 보낸 강의 의뢰 서신 그리고 강의 개요문이 대부분이다. 특이하게 1985년에 작성된 이형표 감독의 이력서가 그의 수집 목록에 포함되어 있다. 코넌트가 주로 맡았던 강의는 영화 관련 분야지만, 그는 간혹 단기 특

---

20   그러나 이 작품의 크레디트에는 시어도어 코넌트 이름이 포함되어 있지 않는데, 그에 대해서는 1부 2장의 코넌트 구술, 61~62쪽을 참고.

21   공영민, 「이성철」, 『2009년 한국영화사 구술채록연구 시리즈 〈생애사〉』, 한국영상자료원, 2009, 129~131쪽. 이성철은 이승만 정부에 대한 비판적인 시각을 지닌 이 기사로 인해 미국 내 여론이 악화되어 시라큐스 교육 프로젝트의 연장이 취소되었다고 생각했다.

22   1부 2장의 코넌트 구술, 78쪽 참고.

운크라에서 발행한 코넌트 여행 허가증(좌)과 귀환인을 위한 여행 지침서(우)

강 형식으로 "한국의 현대사"에 대해 강의하기도 했다(하버드대학에서 했던 "History of Far Eastern Civilization" 강좌의 "Korea in Modern Times" 강의나 컬럼비아대학의 "History of Modern Korea" 강좌에서 그가 맡았던 특강 등). 또한 그가 기증한 개인 서류에는 운크라에서 발행한 여행 허가증인 "Travel Authorization"과 귀환인을 위한 여행 지침서인 "Instruction to Travellers returning from Home Leave"와 같은 서류가 있다. 그의 여행 허가증에는 여행의 자세한 경로, 짐 무게, 경비 등이 기록되어 있다. 또한 여행 지침서에는 극동에서 여행하는 운크라 직원은 도쿄에 있는 운크라 도쿄 사무실에 필히 연락할 것과 귀환 시 서울 혹은 부산에 필히 신고할 것을 명시하고 있다.

영화 팸플릿과 광고는 코넌트의 작품이 수록된 인쇄물이 대부분이다. 〈한국의 환상〉이 출품되었던 제1회 마닐라국제영화제 팸플릿과 같은 인쇄물도 있지만, 〈한국의 시각〉을 비롯해 그가 제작한 〈위기의 아이들〉, 〈한국의 예술가〉, 〈한국의 환상〉 및 그가 참여한 〈한국: 알려지지 않은 전쟁〉 등이 실린 잡지의 스크랩과 복사물이 주를 이룬다.

한국에 관심을 가졌던 코넌트는 1980년대 이후 뉴욕현대미술관(MOMA)과 같은 미술관이나 대학에서 상영한 한국영화제 팸플릿도 모아두었다. MOMA와 뉴욕 한국문화원이 공동주

최한 "Three Korean Master Filmmakers - Shin Sang-Ok, Yu Hyun-Mok, Im Kwon-Taek"과 같은 영화제 팸플릿이 대표적인 예이다. 이규환의 〈춘향전〉(1955) 소개 팸플릿으로 보이는 자료도 있다. 그 밖에, 본인이 참여한 작품들에 관한 홍보물도 수집했는데 어린이보호기금(The Save the Children Fund)이 후원하고 코넌트가 사운드를 담당한 〈먼 곳의 외침 *A Far Cry*〉의 홍보물이나 〈전후의 한국 *Korea, After the War*〉, 〈한국의 캐나다인들 *With the Canadians in Korea*〉 같은 영화가 소개되어 있는 캐나다 국립영화제작소(National Film Board of Canada: NFB)의 웹사이트를 스크랩한 자료도 있다.

부록1
소장 문서

영화를 통한 한국의 소개자
– 신생활교육원의 테드 코난트 씨

《한국일보》 1958년 5월 10일, 4면

〈전송가〉, 〈영도작전〉, 〈적중돌파〉 등 미국영화는 그것이 한국전쟁에서 취재되고 세트로나마 한국을 무대로 한 것이어서 우리에게는 적지 않은 흥밋거리였다. 이러한 흥미는 이 영화들이 좋든 나쁘든 외국인에 의하여 묘사된 한국의 부분을 보는 데서 일어나는 것인데, 목적이 오락에 있는 단순한 극영화라고는 하나 이 영화에 나타난 감독들의 피상적인 견해는 우리 한국인으로서는 불만을 가지게 하는 점이 적지 않았다. 상업주의 영화의 하나의 통폐(通弊)가 되는 사실일 것이다.

그런데 우리 한국인이 모르는 사이에 우리 한국을 소재로 한 기록영화를 만들어 한국을 널리 소개한 것은 물론 '베르린', '에딘바라', '마닐라' 등에서 수상까지 한 미국인 기록영화 제작자가 있다. 그는 테오도르 코난트 씨로 현직으로는 '유네스코·운크라' 경영의 수원 신생활교육원 원장서리를 하는 사람이다.

세 편의 16미리 필름
– '에딘바라'·'마닐라' 양 영화제서 대상
한국인의 생활 감정을 포착

코난트 씨가 한국을 소재로 제작한 기록영화는 16미리 흑백의 〈위기의 어린이들〉(Chilren in Crisis), 16

미리 색채의 〈한국인 미술가〉(Korean Artist), 역시 16미리 색채의 〈한국의 환상〉(Korean Phantasy) 등 3편인데 한국과 그의 풍속이 잘 묘사되어 있는 것은 물론 각각의 주제의 면에서는 그 진수에까지 육박포착하고 있는 명편(名篇)들이다. 이 기사의 목적은 테드 코난트 씨와 그가 제작한 3편의 영화를 개관하려는 데 있다.

코난트 씨 (A)

1936년생의 테드 코난트 씨가 한국에 오기는 1952년 운크라 영화부의 일원으로서인데, 오늘에 이르기까지 무수한 운크라 영화를 제작하는 틈틈에 상기한 기록영화들을 자비로 만들었다고 한다. 제작, 편집, 촬영, 현상, 녹음들을 모두 자신이 하는 코난트 씨의 수원 자택을 찾아가보면 일실에는 필름, 테이프 등이 각종 영화 녹음 기재 옆에 산적해 있어 일대 장관이다. 그가 영화에 관심하게 된 동기는 그가 중학 시절에 고(故) 로버트 후래허티 씨와 알게 된 데서부터라고 하는데 이 로버트 후래허티 씨는 미국 기록영화계의 제1인자적 존재였으며 그의 모두가 기록이면서도 서정적인 분위기가 넘쳐흐르는 화면들은 그로 하여금 영화사의 많은 면을 차지하게 하는 것으로 알려져 있다.

코난트 씨의 소년 시절이 이 로버트 후래허티의 영향 밑에 형성된 것일 테니까 코난트 씨의 기록영화 제작자로서의 오늘날도 수긍이 가기는 하는데 후래허티의 대표작이며 미국 기록영화의 명편으로 알려져 있는 〈저 루이지아나 스토리〉 제작에 있어서는 코난트 씨가 조수로서 일했다한다.

코난트 씨는 2차 대전 중 해군에서 싸웠는데 후기에는 해군을 위하여 '뉴스·리일' 제작에 종사했다. 이러한 경험들은 그로 하여금 영화 기술을 자의로 구사할 수 있게 하면서 자신을 주었는데 그가 스와즈모어대학 재학 중에 각본, 제작, 감독, 촬영, 출연한 〈범죄〉

코넌트가 기증한《한국일보》의 기사 스크랩본

라는 35미리 영화는 학생이 혼자서 만든 최초의 영화
로 기록되어 있다.

코난트 씨 (B)

1951년도 베니스영화제에서는 미국영화가 최초로
얻는 그랑·쁘리를 한 미국 단편영화에게 주었는데,
〈도회의 추상〉(Abstruct in Concrete)이라는 색채영
화였다.

수상은 아·뺑가르드 영화로서였는데 이 영화가 바로
코난트 씨가 구라파의 기록영화 제작자 두 명과 합
작한 것이었다. 비 내리는 밤의 대도시의 네온·싸인
과 포도(鋪道)를 이상하게 배합하여 촬영한 이 영화
는 과연 그의 이름대로 대단히 추상적이어서 퍽 난해
한 감이 없지 않았지만 실험영화로서 미국 최초의 베
니스제의 그랑·쁘리를 탔다고 하니까 우선 감탄하지
않을 수 없다.

내한 이후의 그는 운크라 영화를 주로 제작하는 한
편 미국의 퀘에키 교본부의 위촉을 받아 그의 때때로
의 휴가를 인도와 인도네시아 지방을 여행하면서 기
록영화의 촬영을 했다고 하는데, 그가 퀘에키교의 위
촉으로 영화를 만드는 것은 다른 계통의 위촉이 각종
주문이 있는 데 비하여 아무 주문도 안하고 다만 사
실만 촬영해주기를 원하는 그들의 태도 때문이라고
말하고 있다. 기록영화 제작뿐만 아니라 라디오를 위
한 싸운드·레코딩에도 비범한 재능을 가지고 있는
그는 영국의 BBC나 미국의 NBC를 위하여도 각종
작업을 하였는데 트레봐 화워드 씨나 후레드릭·마
아취 씨 등이 그의 작업의 해설을 담당하고 있는 신
문기사와 보도사진을 기자는 목도하였다.

그의 최근의 영화 작업은 영국 시인 오든(Auden)의
〈마카오〉의 시를 주제로 하여 서구적 전통과 죄악이
이상하게 혼합되어 있는 '마카오' 항(港)의 기록영화

인데 이 영화도 에딘바라영화제에 출품하리라고 그
는 말하고 있었다.

그런데 그는 구(舊) 하바드대학 총장 코난트 씨의 영
식(令息)이며 한국미술계에 적지 않게 영향한 바 있
는 프새티 여사의 부군이다.

× ×

그의 제작, 촬영에 의한 6편의 영화를 직접 감상할 기
회를 가진 기자는 그 가치를 영화적으로 판단해 보려
는 독립된 문장을 준비 중이므로 여기서는 그의 한국
소재의 3편의 영화만을 소개한다.

〈위기의 어린이들〉

동란의 광풍이 마구 불고 지나간 서울의 폐허 속에
동물처럼 생존해가는 어린이들의 표정과 모습을 포
착하여 전쟁의 참화를 다른 각도에서 표현하고 있다.
생음(生音)과 단편적인 '퉁수' 독주 소리가 배경 음악
이 되어 있는 이 영화는 아직 인간으로서의 희비를
모르는 채 파괴와 직면한 어린이들의 생태를 그대로
묘사하여 소재는 한국의 어린이나 우주적인 어린이
의 비극을 생생하게 나타내고 있는데 화면을 일관하
여 흐르는 따뜻한 심장에 의한 따뜻한 눈이 느껴진다.
이상하도록 조잡하게 묘사된 휴머니즘의 극치가 된
다. 1956년도 '벨린', '에딘바라' 영화제에서 수상했다.
10분간의 흑백.

〈한국인 미술가〉

20세기 아세아가 직면하는 가장 큰 문제는 서구문명
의 파도 속에 어떻게 자신을 처할 것인가라는 것인데,
그러한 영향이 한 한국인 미술가에게서는 어떻게 현
상하고 있는가 하는 것이 표현되어 있다. 영화 종류로
서는 앙리·죠르쥬-클루조오의 피카소를 그린 〈천재
의 비밀〉이라는 영화의 앞을 갈 수 있을 것이다. 모델

로는 공보실 영화과에 있는 이형표 씨가 나오고 있으
며 한편 동씨와 코난트 씨의 합작으로 되어 있다. 약
80편의 카피가 미국을 위시한 세계 각국의 박물관,
미술관에 비치되어 있다 한다. 색채. 14분간.

〈한국의 환상〉

한국생활의 하나의 개관을 하고 있는데 어딘지 동양
적인 신비를 간직하고 있는 농촌이며 종교며 계절이
며 예술이며 등이 단편적으로 포착되어 표현되어 있
다. 산만한 면도 없지 않으나 단편영화가 다 할 수 없
는 소재를 비교적 유려하고 통일된 화조로 보여준다.
부분적으로는 우리 한국인이 능히 볼 수 없는 세부가
발견되어 있다. 제3회 마니라영화제에서 수상했다.
색채. 15분간.

[소장 문서 2]

신음하는 서울에서의 저예산 영화 제작기[1]

3명의 한국인에 대한 장편세미다큐멘터리 영화 4명의 미국인들이 제작하고 있어

그레그 맥그레고어(Greg MacGregor), 서울

《뉴욕 타임스》 1952년 11월 30일

전쟁의 파괴에 맞선 3명의 한국 어린이들의 고투를 다루는 장편 길이의 세미다큐멘터리 영화가 이 도시 안팎에서 촬영 중이다. 제작되고 있는 영화는 본래 유엔 한국재건단(The United Nations Korean Reconstruction Administration)이 훨씬 적은 규모의 제작을 목표로 예산을 책정한 탓에 현재 장편으로는 무척이나 빠듯한 예산으로 진행되고 있는데, 이 작품에 투입된 4인의 미국인들이 영화 제작에 필요한 물품과 장소, 인력들을 고군분투하며 어떤 방법으로든 조달하고 있어 촬영은 계속되고 있다.

이 영화는 본래 한국재건단장인 도널드 킹즐리 (J. Donald Kingsley)와 국제난민기관(the International Refugee Organization)의 돈 프라이어 (Don Pryor)가 계획한 프로젝트였다. 두 사람은 한국 밖 세계에 한국인들의 생활 모습을 보여주고 그들 역시 같은 인간이며 마땅히 구호와 원조의 손길이 필요하다는 것을 알려주는 선전적이지 않은 훌륭한 단편영화를 제작하고자 했다. 미화 75,000달러의 예산이 이 단편에 배정되었고, 영화 제작 능력을 갖춘 네 명의 인력들이 이 프로젝트에 합류하여, 제작이 현재 진행 중이다.

판타지 소설 「미스터 아담 MR. Adam」으로 문학적 명성을 얻고 이후 한국전쟁에 참여했던 해군에 대한 소설 「밤을 사수하라 Hold Back the Night」를 쓴 작가 팻 프랭크(Pat Frank)가 시나리오를 담당했다. 공교롭게도 작가 프랭크는 한국에 대한 유명한 소설을 썼지만 한 번도 한국을 와본 적이 없었기 때문에, 한국에 와서 한국이 정말로 어떤 모습인지를 보고 싶어 했다. 그런 이유로 그는 이 프로젝트에 큰 관심을 보였고 열정적으로 시나리오 작업을 한 결과, 최종적으로 탈고된 시나리오는 부탁받은 것보다 훨씬 긴 분량이 되었다.

이 영화를 위한 작업에 선택된 다른 세 명의 기술 인력들은 전 세계를 돌며 유엔용 비영리 다큐멘터리들을 만든 카메라맨 앨프리드 웨그(Alfred Wagg)가 이끌고 있다. 웨그의 최근작은 트루먼 대통령의 친밀한 이야기를 담은 「미스터 프레지던트 Mr. President」라는 사진 작업이다. 그는 지치지 않는 에너지를 가지고 있는 사람으로, 이 땅딸막한 사나이가 부대에 드나드는 모습은 이곳 주한 미군들에게 이미 익숙할 것이다. 부분 탈모의 대머리와 대비를 이루는 뾰족하고 붉은 반다이크 수염을 기른 그는 황폐한 서울의 여기저기를 분주히 움직이며 돌아다니고 있다.

---

[1]   원문 제목: Shoestring Screen Study in Stricken Seoul

코넌트가 기증한 《뉴욕 타임스》의 기사 스크랩본

제작진

사운드 녹음의 책임자는 고(故) 로버트 플래허티의 〈루이지애나 스토리 *Louisiana Story*〉의 사운드를 담당했으며 하버드대학 총장의 아들이기도 한 테드 코넌트이다. 비교적 최근에 영화제에서 상을 받은 다큐멘터리인 〈침묵하는 소년 *The Quiet One*〉의 촬영감독이었던 리처드 배글리(Richard Bagley)가 카메라를 담당한다. 이 4인조가 한국에 왔을 때 그들은 텔레비전 방영용 27분 분량의 필름 두 권과 그에 맞는 제작 도구와 장비들을 가지고 있었다. 그러나 프랭크가 완성한 그 시나리오를 본 후, (팀원들이 부르는 대로 하자면) 이 팀의 "아버지(Father)"인 웨그는 일본과 한국에서 영입한 기술 인력들과 군에서 차출한 인력들을 포함해 제작진을 21명으로 늘리고, 필름 6~7권이 드는 약 1시간 30분 분량의 영화를 제작하기로 결정하였다. 그러나 안타깝게도 예산 증액은 불가능했

다. 이러한 큰 난관에도 불구하고, 웨그는 스태프들과 의논한 후 일반 배급을 목표로 한 장편영화를 시도하기로 결정했다.

비전문 배우들을 캐스팅해 작업하는 것 역시 보통 일이 아니었다. 세 명의 주연 배우를 캐스팅하기 위해서 "아버지" 웨그와 그의 세심한 팀원들은 길거리에서 발탁한 약 50,000명의 남녀 어린이들을 만났다. 특징적인 얼굴 등의 외양이 첫 번째 고려 대상이었고, 그다음은 영어 실력과 노래 실력, 전반적인 이해력이었다. 약 2,000명이 음성 녹음 테스트를 거쳤고, 이들 중 약 1,000명이 스크린 테스트를 받았다. 14살 고아 소년 고집과 15살 고아 소녀 영순과 기순이 최종 선발되었다.

그 후 웨그 감독은 예상치 못한 캐스팅 문제를 겪었다. 그는 도쿄에 갔을 때 전직 그리니치 빌리지의 카페 여가수이자 현재 미 여군 대위인 버지니아 완들트(Virginia Wandelt)를 영화의 주요 배역 중 유일하게

서양인 군 간호장교로 캐스팅하였다. 그러나 이 일을 알게 된 육군 간호대는 그 역할을 비전문 배우가 맡는 이상 실제 군 간호병이 연기해야 함을 강력히 요청하여, 상황은 곤란해졌다. 그러나 "아버지" 웨그는 완들트 대위가 그 역할을 해야 한다고 생각했고, 그 점에서 전혀 타협할 생각이 없었다. 이러지도 저러지도 못하는 여러 날이 흘렀고, 군에서 추천한 여러 간호사들이 끝내 마음에 들지 않았던 그는 그 역할을 유엔 사회복지사로 수정하여 시나리오를 다시 썼다. "아버지" 웨그가 지닌 또 하나의 천부적 재능은 충분한 예산이 없는 상황에서 반드시 원하는 효과를 낸다는 것이다. 시나리오에 있는 서울 기차역 폭발 장면, 움직이는 기차를 날려버리는 장면을 실현하기 위해 그는 공군을 설득했다. 공군은 적과 맞서 임무를 마치고 돌아오는 전투 파일럿에게 1마일 정도 방향을 바꾸어 운항하고 경로를 벗어나 역으로 곤두박질치는 비행을 하게 했으며, 배글리의 촬영팀이 그 장면을 담아냈다.

다행히도 캐스팅 비용의 최소 90퍼센트는 무보수로 진행된다. 주연배우를 제외한 배우들은 이 영화 촬영 작업을 휴가라 생각하는 공무원이거나 정부에서 고용된 인력들이다. 주연을 맡은 세 명의 한국인 고아들이 받은 출연료는 1,250,000원인데, 현재 환율로 약 미화 104달러에 달하며, 이 돈은 한 명이 일 년 동안 학교에서 교육 받을 수 있을 정도의 금액이다.

이 한국의 젊은이들은 타고난 배우들이다. 3주 정도의 시간이 지난 후, 그들은 57페이지의 대본을 암기하고 연륜 있는 배우처럼 감정 연기를 하였다. 맡은 역할들이 그들의 실제 삶과 매우 유사한 탓에 역할에 깊이 빠져 영화 장면이나 타당성으로 인해 때때로 흥분하는 일이 있었기 때문에, "아버지" 웨그는 때로 그들이 감정을 자제하도록 연기 지도를 했다. 감독은 그들을 배우로 선발한 후에 그들에게 군대식 식사를 하게 했고, 그뿐만 아니라 그 스스로 자타공인 비타

민 중독자인지라 기회가 있을 때마다 비타민도 먹게 했다. 치자와 비슷한 마늘 향을 내는 김치를 식단에서 제외한 것에 대한 격렬한 저항이 일어나, 김치 또한 먹을 수 있게 되었다.

기괴한 영화 음악

이 영화의 미국인 제작진들은 영화의 배경음악이 미국에서 화제를 불러일으킬 것이라고 확신한다. 한국 음악은 다른 나라의 음악에서는 찾을 수 없는 느리고 섬뜩한 이중의 비트를 가지고 있다. 보컬이 들어간 노래들은 반주 없이 목소리로만 불려진다.

이 영화가 예술적인 작품이 될지 아니면 대중적인 성공작이 될지에 대해서는 웨그 역시 확신을 가지고 있지는 않다. 꼭 그렇게 말하는 것은 아니지만, 그는 한국을 배경으로 한 또 하나의 〈구두닦이 소년 Shoe Shine〉이 되기를 희망한다. 그는 이 영화에 대해 이렇게 말한다. "결과가 엄청날 수도 있고 완전히 실패할 수도 있죠. 그렇지만 어떤 식으로든 의미가 있을 것이라고 생각합니다." 웨그에 따르면 얼마 전 20세기 폭스사 대표 스피로스 스쿠라스(Spyros. P. Skouras)가 구호 활동으로 한국에 왔을 때 이 영화에 관심을 보였다고 한다. 스쿠라스 씨는 배급 가능성을 염두에 두고, 완성된 영화를 보고 싶어 했다.

이 영화에는 아직 공식적인 제목이 없다. 처음 몇 주 동안 제작진들은 이 영화를 한국식 영어인 "해버 노(Hav'A No)라 불렀는데, 이 표현은 한국인들이 자기들은 아무것도 가진 게 없다는 것을 알리고자 할 때 쓰는 표현이다. 그러나 웨그는 영화의 주인공 소년 이름인 "고집"을 제목으로 쓰고 싶어 한다. 현재 영화는 마무리 단계로, 약 5주 동안 촬영되었고 45,000피트 정도의 필름이 소요되었다. 뉴욕에서 편집하여, 1월에 배급될 예정이다.

[소장 문서 3]

"고집"[1]

장면 분할, 대사, 카메라 지시 사항, 장면 묘사, 현재까지
(1952년 11월 24일) 촬영한 푸티지 목록 정리가 포함된 시
나리오

〈고집〉은 국제연합 한국재건단 사업의 일환으로 앨
프리드 웨그(Alfred Wagg)가 제작·감독한다. 이 작
품은 유엔군 사령부 내의 여러 단체들의 합작 프로젝
트로, 미 극동군 사령부, 미8군, KCOMZ,[2] UNCACK[3]
와 UNCURK[4] 등의 적극적인 협조로 제작 중이다.

제작: 국제연합 한국재건단의 정책 지시서가 명시하
고 있는 〈고집〉의 제작 목표는 다음과 같다. (1) 대부
분의 장면들을 할리우드나 그 밖의 국제적인 영화 제
작 중심지들에서 촬영했던 한국에 대한 다수의 최근
영화와 달리, 이야기의 실제 장소인 한국에서 모든 장
면을 촬영하여 독자적인 진정성을 확보한다. (2) 시
나리오 작가가 한국을 방문하여 실제 인생 이야기인
영화 내용의 정확성을 담보한다. (3) 한국의 정신을
전달하는 매개체로서 그리고 다른 아시아 국가와 한
국을 구별하는 효과를 위해 한국 전통 음악을 적극적
으로 활용한다. (4) 한국인들의 방식, 스타일, 화법 그
리고 모습에 대한 정확성을 부여하기 위해 인종적으
로 순수 한국인을 캐스팅한다. (5) 전쟁 발발과 함께
각자의 상황 속에서 사람들이 견디는 불안의 정도를
공정하게 묘사하고, 국경선과 경계선, 바다와 대양
을 오로지 일시적 한계선으로 만들어 군인을 양산하
는 정치적 불안으로 가득한 세계 속에서 자신의 기구
한 운명으로 여기는 모든 이들의 이해부족을 반성적
으로 묘사한다. 〈고집〉에서 우리는 전쟁의 힘과 폭력
을 희망과 믿음 아래 살아가는 한 소년의 의지가 지
닌 무한한 힘과 따뜻함으로 바꾼다. 이것은 이상주의
적일 수 있지만 강력하고 역동적인 것이다.

스토리: 〈고집〉. 요약하면 전시 한국의 어려움과 공
산주의자들이 서울을 점령했다는 사실과 공포, 그리
고 승패와 상관없이 군대 주둔 후 이어질 경제적, 윤
리적 혼란에 맞서는 14살 한국 소년의 이야기이다.
그의 조상들로부터 내려온 오랜 철학, 그들에게서 면
면히 내려오는 가르침, 사랑하는 사람들에 대한 기억,
주인공 소년의 노래 그리고 마지막으로 그의 결심에
서, 우리는 젊음의 특징과 확고함의 증거를 발견하
게 되는데, 이는 국민과 국가의 가치 척도가 된다. 이
이야기는 작가 팻 프랭크(Pat Frank)가 국제연합 한
국재건단의 영화 제작 사업을 위해 작업한 극본인
〈해버 노 *HAV'A NO*〉를 극화한 것이다. 조지 존스
(George Jones)와 앨프리드 웨그가 오리지널 시나
리오를 각색했다.

---

1   원문 제목: Ko-Chip

2   KCOMZ(Korean Communications Zone): 한국전쟁 중 설립된 극동 육군 소속 한반도 지역 군사 지
     원 사령부로, 한반도에 배치된 주한 미군, 유엔군, 대한민국 국군에 대한 모든 군수 지원을 도맡았으
     며, 거제도 포로수용소에 수용된 전쟁포로 또한 감독하였다. 대한민국 측에서는 이를 '후방기지사령
     부', '후방관구사령부', '한국병참지대사령부', '한국병참관구' 등 다양한 명칭으로 불렀다.

3   UNCACK(United Nations Civil Assistance Command in Korea): 국제연합 한국민사원조위원회.

4   UNCURK(United Nations Commission for the Unification and Rehabilitation of Korea): 국제연합
     한국통일부흥위원회.

장면 1

카메라: 타이틀: 한강을 프레임 가득 잡으며 시작. ("도라지"의 오케스트라 연주와 가창이 배경으로 깔리며) 한강을 전경에 두고 빠져나와 서울을 롱 쇼트(LS)로 보여준다. 그리고는 행인들의 얼굴, 지게, 우마차, 조그마한 자동차, 커다란 군용 트럭 등을 미디엄 쇼트(MS), 클로즈업(CU)으로 잡는다. 마지막 프레임 위로 "한국 서울, 1952년 가을"이라는 타이틀이 떠오른다

그 후 서울시의 중앙 광장(로터리)인 "PX 광장"으로 옮겨간다. PX의 입구로 접근하기 시작하면, 구입한 물건들은 숄더백에 넣고 PX를 나서는 미 육군 간호대 대위 메리 헤이스팅스의 상체를 잡는다. 이제는 폐허가 된 낡은 서울 중앙우체국 거리를 지나는 헤이스팅스 대위를 잡은 후, 카메라를 향해 걸어오는 모습을 잡거나, 큰 사이즈의 클로즈업을 유지하며 돌리로 촬영한다. 그런 다음, 골동품 상점으로 나 있는 거리를 잡는다.

메리 헤이스팅스(미 육군 간호대 대위)가 PX 코너에서 사무엘 리의 골동품 상점으로 들어간다.

미 육군 간호대 대위인 메리 헤이스팅스는 서울 PX를 나선다. 문 앞에 잠시 멈춰 섰다가, 자기가 산 물건들을 숄더백에 넣고는 주위를 둘러본다. 거리를 걸어 미스터 리의 가게 쪽으로 걸어가다가, 간판을 살펴보고서는 지갑을 열고 종잇조각에 적힌 주소를 확인한 후 다시 간판을 쳐다본다. 그리고는 가게로 들어선다. (장면 전환, 미디엄 쇼트)

1001A	LS	PX 코너, 헤이스팅스 대위가 PX에서 나와 걸어간다.
1001B	MS	헤이스팅스 대위와 미스터 리의 상점
1001J	MS	미스터 리의 상점 간판
1001K	LS	미스터 리의 상점에 다가가 그곳으로 들어서는 헤이스팅스 대위
재촬영분		
200JD	LS	미스터 리의 상점에 들어서는 헤이스팅스 대위
2025H-3	LS	미스터 리의 상점에 들어서는 헤이스팅스 대위
2025J-1		미스터 리 상점의 (새로 칠한) 간판

장면 2

카메라: 상점으로 들어서며 내부를 잡는다. 카메라를 향해 걸어오는 모습을 잡은 후, 골동품들의 인서트로 연결. 클로즈업과 짧은 패닝. 회계 장부에서 눈을 돌려 위를 올려다보는 미스터 리의 미디엄 클로즈업에서 장소 안으로 걸어 들어오는 메리 헤이스팅스의 마스터 쇼트로 전환. 미디엄 쇼트에서 마스터 신으로. 그런 다음 전경에 있는 상품들을 보고 있는 헤이스팅스 대위의 두 번째 클로즈업을 잡고, 전경과 함께 미스터 리의 두 번째 클로즈 업을 잡는다. 미스터 리가 자기 상점에 있는 소중한 보물들에 대해 설명할 때, 어깨를 걸쳐 찍은 뒤, 대화가 오가는 동안 도자기 등 상품들의 클로즈업으로 돌아온다. 반응 쇼트 역시 필요 : 미스터 리를 바라보는 헤이스팅스 대위, 그녀의 반응에 대한 대사 등. '동양적인' 관현악곡 삽입을 위한 최적의 기회임.

메리 헤이스팅스 대위는 미스터 리의 상점 쪽으로 다가간다. 간판을 올려다보고, 들어간다

헤이스팅스 대위는 태평로에 위치한 미스터 리의 상점에 있다.

미스터 리의 상점 안에는 모든 시대의 다양한 특성을 지닌 함들이 피라미드를 이루고 쌓여 있다. 테이블 위에는 고색창연함을 내뿜는, 손으로 두드려 만든 청동 선반, 깨지기 쉬운 중국 다구(茶具), 고려와 신라 왕조 무렵의 도자기, 옥으로 만든 인장, 잊혀진 사대부 가문의 인감(chop) 등이 놓여 있다. 벽에는 인쇄물들과 태피스트리들이 걸려 있다. 은으로 만든 보석상자, 곡선형의 칼집 속에 담긴 단검과 장검 등도 진열되어 있다. 윗면이 유리로 된 잠긴 상자 안에는 고대의 보석들, 백옥으로 만든 담배상자, 공자 이전 시대로 거슬러 올라가는 동전 등이 담겨 있다. 헤이스팅스 대위는 상점에 들어서서 이 보물들을 훑어보기 시작한다. 미스터 리는 그녀가 들어오는 것을 보고 있다가 조용히 다가간다.

리: 실례합니다, 손님.

일본식으로 인사를 올리고, 훌륭한 영어로 이야기를 시작한다.

헤이스팅스: 함을 찾고 있어요. 특별한 종류의 함이요. 어머니께 드릴 거예요. 어머니가 원하는 건… (망설인다)… 고려 시대의 송도 자개함이에요.

망설이는 가운데: 편지를 꺼내, "송도 자개함"이라는 이름을 읽는다.

리: 송도 자개함을 찾으시는군요! 요즘은 정말 귀한 물건입니다.

헤이스팅스: 구할 수 있을까요?

리: 예. 물론 공산당이 다녀간 이후로 구하기가 힘든 건 사실이에요. (잠시 멈춘다) 다른 좋은 선물들도 있답니다. 이를테면, 청자나 고(古)불상 같은 종류들로 말입니다. 그리고 여기 이 함을 보세요! 그렇게 오래 되진 않았지만, 세공 솜씨가 기가 막힙니다.

미스터 리가 상점 안의 다른 보물들을 가리킨다. 불상, 문갑 등을 클로즈업

헤이스팅스: 하지만 어머니가 원하시는 건 송도 자개 함이에요.

리: 어쩌면 하나쯤 찾을 만한 곳을 알긴 합니다.

이 말을 하며 미소를 짓지만, 그녀가 다른 어떠한 것도 대신해서 받아들이지 않을 것이라는 걸 알 수 있다.

헤이스팅스: 좋아요! 지금 볼 수 있을까요?

리: 아마도요. 장 씨 댁에서 가지고 있는데, 그 댁 할 아버지를 압니다.

헤이스팅스: 꽤 비싸겠죠?

리: 예술가의 일생 중 한 달의 시간이 그 함 속에 녹아 들어간 겁니다. 그 한 달의 가치가 얼마겠습니까? 자, 50만 원이면 좋은 가격이고, 요즘 같아선 적당한 겁니다.

헤이스팅스: 그렇다면... 85달러쯤 되는 거군요.

리: 그렇죠. 공식 환율로 85달러입니다. 하지만 50만 원이 실제 시장에서는 55달러 값어치밖에 없습니다. 전엔 50만 원이면 부자 살림의 한 재산이 됐었죠! 지금은 인플레이션 때문에 한 달 식량거리와 집세밖에는 안 됩니다. (잠시 멈춘다) 하지만 팔려고 할지 모르겠어요. 확인해보도록 하죠. 장 씨 댁이 멀지 않습니다. 직접 모시고 가도 좋고요.

미스터 리 클로즈업

헤이스팅스: 아, 아녜요. 가게 비우실 것까진 없어요.

리: 별 것 아닌걸요. 지금 출발할까요?

미스터 리는 인사를 한다. 둘이 상점을 나서고, 미스
터 리가 상점 문을 잠근다.

1002A	LS	헤이스팅스 대위가 미스터 리의 상점에 들어가 주위를 둘러보고 미스터 리가 대위를 맞는다.
1002B	MS	헤이스팅스 대위가 송도 자개함을 부탁한다.
1002C	CU	미스터 리가 다른 함을 권한다.
1002D	MS	다른 함도 구경해보지만, 헤이스팅스 대위는 송도 자개함을 고집한다.
1002E	MCU	미스터 리가 고집의 자개함에 대해 이야기한다. 헤이스팅스 대위는 볼 수 있는지, 가격이 얼마인지 묻는다.
1002F	CU	미스터 리가 대답한다.
1002G	CU	미스터 리는 한국 원화의 가치에 대해 이야기한다.
1002H	LS	헤이스팅스 대위와 미스터 리가 상점을 떠난다.

장면 3

카메라: 헤이스팅스 대위와 미스터 리가 고집의 집으로 가는 장면 2와 장면 3 사이의 트랜지션. 흥미로운 거리 모습과 집에 들어가는 모습까지 담는다. 다양한 지방색, 트럭들을 피하는 행인, 재미있는 사람이 건네는 인사 등을 널빤지 위 혹은 차 안에서 돌리 쇼트로 촬영. 북창동에서 군 차량들이 움직이는 것을 보여주고, 도로가에서 자그마한 조랑말들이 끄는 달구지와 제기들을 보여준다. 헤이스팅스 대위가 보는 것이라는 점에서 인터커트용으로 좌우를 살피는 헤이스팅스 대위의 모습을 담을 것.

미스터 리는 헤이스팅스 대위를 북창동 아래쪽의 널
찍한 거리로 데리고 간 후, 다시 샛길로 데려간다. 그
들은 가회동으로 돌아서 장 씨 댁 앞에 멈춰 선다.

1003A	LS	장 씨 댁으로 향하는 헤이스팅스 대위와 미스터 리
		중간에 멈춰 서서 장씨 댁에 대해 이야기한다.
1003B	LS	거리 장면

장면 4

카메라: 미스터 리와 헤이스팅스 대위가 장 씨 댁에 도착한다.

미스터 리와 헤이스팅스 대위는 장 씨 댁 앞에 멈춰 선다.

리: 장태라는 남자 아이가 있습니다. (미소를 지으며)
우리는 고집이라고 부르죠. 누이 기순과 어린 여동생
도 있어요. 아이들 모두 집에서 면직물을 짜는 일을
한답니다. (노크를 한다) 그 아버지를 잘 알았죠.

미스터 리가 노크한다.

1004H	LS	헤이스팅스 대위와 미스터 리가 집 안으로 들어간다.
		"그 소년이 이 집의 가장이다."
1004J	CU	헤이스팅스 대위와 미스터 리가 아이들에 대해 이야기한다.

장면 5

카메라: 고집이 밥을 먹다가 노크 소리에 반응하는 모습 클로즈업–미디엄 쇼트. 두 자매는 노크 소리에 살짝 겁먹은 듯 반응한다. 고집은 카메라에서 빠져나와 대문으로 향한다. 대문을 열고, 고집은 그들에게 들어오라고 한다. 미스터 리와 헤이스팅스가 들어와 마루 앞에서 신을 벗는다. 그런 후 마루로 올라온다. 두 자매는 다 먹은 접시들을 모아 쌓는다. 카메라가 아직 다 먹지 않은 영순의 국그릇을 잡는다.

고집, 미스터 리, 헤이스팅스 대위가 마루로 들어선다.

미스터 리와 헤이스팅스 대위가 들어서자, 서있던 고집이 그들을 맞이한다. 두 자매는 국그릇에 담긴 국을 먹으며 마루에 앉아 있다.

리: 고집아, 이 미국 여성분은 우리 가게에서 모셔온 거란다. 이쪽은 고집이라고 하고… 여기는 헤이스팅스 대위시란다.

고집: 안녕하세요. 대위님. 여기는 저희 누나 기순과 여동생 영순이에요. 앉으세요. 기순이 누나가 차를 가져올 거예요.

리: 영순이는 좀 마른 것 같구나.

영순이 기침한다.

고집: 잘 먹지를 않아요.

헤이스팅스: 국을 마저 먹지 그러니?

영순: 많이 먹었어요.
(헤이스팅스 대위는 미소를 짓고, 궁금하다는 듯 미스터 리를 바라본다.)

카메라는 거의 그대로인 국그릇을 보여준다.

헤이스팅스: 이 댁의 가장은 어디 계시죠?

고집: 제가 가장이에요.

리: 그게, 공산당들이 2년 전에…

고집: (단호하게) 아저씨, 무슨 일이 있었는지 제가 얘기할게요.

조용히 고개를 떨구는 고집 클로즈업. 이내 고집은 고개를 들어, 매우 천천히 이야기를 시작한다. 카메라가 돌리로 접근한다.

| 1005A | LS | 미스터 리와 헤이스팅스 대위가 고집과 그의 형제들이 식사 중인 방에 들어온다. 아이들이 일어서고, 미스터 리는 헤이스팅스 대위를 데려온 이유를 설명한다. 그리고 모두 앉는다. |
| 1005B | MS | 헤이스팅스 대위는 미스터 리에게 아이들이 영어를 할 줄 아는지 묻는다. 미스터 리가 대답한다. |

장면 6

카메라: 장면 6부터 장면 8까지는 플래시백. 고집의 얼굴을 비추며 시작. 어머니의 얼굴로 페이드 아웃 – 마룻바닥에 앉아 있는 어머니를 보여주며 돌리 아웃. 바느질을 하며 "봉선화"를 조용히 부른다(클로즈업). 어머니를 비춘 배경 위로 음악이 흐르는 가운데 고집의 얼굴로 돌아온다.

고집: (내레이션) 1950년 6월, 공산당들이 서울에 입성하는 걸 봤어요. 2년 전에 말이에요. 저희 어머니는 그때도 우리와 함께 계셨어요. 노래 부르길 좋아하셨죠.

(어머니 모습에서 플래시백 트랜지션 시작)

어머니가 한국어로 노래를 부른다.

봉선화

1. 울 밑에 선 봉선화야
네 모양이 처량하다
길고 긴 날 여름철에
아름답게 꽃필 적에
어여쁘신 아가씨들
너를 반겨 놀았도다

2. 어언간에 여름 가고
가을바람 솔솔 불어
아름다운 꽃송이를
모질게도 침노하니
낙화로다 늙어졌다
네 모양이 처량하다

북풍한설 찬바람에
네 형체가 없어져도
평화로운 꿈을 꾸는
너의 혼은 예 있으니
화창스런 봄바람에
회생키를 바라노라

고집: (내레이션) 공산당원들이 아버지를 데려갔어요. 아버지의 직물 공장도 빼앗아갔고, 저희 형도 데려갔어요. 아버지는 기독교 신자셨죠. 외국인 친구분들이 많았어요. 아버지는 공산당들이 우리를 괴롭힐 거란 걸 아셨죠. 어느 날 밤에 우리를 부르셨어요. 제 기억에…

고집의 얼굴에서 페이드 아웃해서 어머니 얼굴로 트랜지션. 음악이 멈추고 어머니가 방으로 들어오는 아버지를 올려다본다. 아버지의 손에는 성경책이 들려져 있다. (얼굴 클로즈업에 이어 성경책을 든 손 클로즈업) 아버지는 성경책을 서랍 안에 조심스럽게 넣는다. 아버지가 들어와 자리에 앉는 동안, 어머니의 목소리는 차츰 작아진다. 화면은 아버지의 얼굴, 머리, 어깨 클로즈업에서 돌리 아웃된다. 그런 후 둘을 보여준다. 왼쪽 측면 클로즈업으로 전환 – "봉선화"를 부르는 동안, 어머니의 얼굴 오른쪽을 로우 앵글 쇼트로 보여줌. (추천 쇼트- 측면 돌리)

아버지: (미소 지으며) "봄바람이 다시 불어오면…"
우린 곤경에 처했을 때 노래 부르길 좋아하지.

어머니: (고개를 천천히 들며) 우리가 지금 곤경에 처한 건가요?

아버지: (어깨를 으쓱하며) 곤경? 어쩌면, 모르겠소. 우리는 기독교 신자지 않소. 우리 아이들은 모두 외국말을 할 줄 알고. 그런 것 때문에 젊을 적에 교도소엘 다녀오기도 했지. 그런 일이 또 일어날지 모르오. 두고 봅시다.

이 말이 끝나자 아이들이 방으로 들어서고, 어머니는 손을 (입술 쪽으로) 가져다 대며 그에게 눈치를 준다. 하지만 아버지는 계속 말을 잇는다.

아버지: 얘들아, 적들이 도시에 들어왔다. 다른 소식이 더 들리기 전까지는 집에 있어야 한다.

고집: 무슨 일이라도 생기면 어떻게 해야 하죠?

아버지: (단조로운 톤으로 말하는 동안, 시선은 바닥에 머문다) 난 늘 (큰아들에게) 너나 (고집에게) 네가 언젠가는 외국에 나가 공부했으면 했다. 하지만 지금은 아무것도 확실치 않구나. 이거 하나는 빼고 말이다. (잠시 멈춘다) 얘들아, 세상에는 선한 것과 악한 것이 있단다. 둘을 혼동하면 안 된단다. 너희 마음속에 있는 선한 존재에 귀 기울이고, 그걸 지키도록 하거라. 바로 그것이 너희의 적이 파괴하려 하는 것이기 때문인 게다. 적은 너희에게 선이란 존재하지 않는다고 말할 게다.... 너희 선조의 가르침이 그르다고 할 게야.

문 밖에서 시끄럽게 문 두드리는 소리가 들리자, 아버지는 머리를 급히 들어올린다. 공산당 한 명이 뛰어 들어와 가족들을 훑어보다가 결국 아버지에게 시선을 고정시킨다.

공산당원: (짖듯이) 이름이 뭐요? (한국어로)

아버지: (고개를 숙이며) 장…

공산당원: (큰아들을 가리키며) 네 이름은? (한국어로)

큰 아들: 장태권입니다. (일어선다)

공산당원은 큰아들의 어깨를 잡아채고는 문 밖
으로 끌고 나간다. 아버지는 그들을 따라 문 쪽으
로 버선발로 뛰어간다. 아들의 납치를 막으려 쫓
아간 아버지의 뒤로 대문이 닫힌다. 기순은 구석
으로 몸을 숨긴다.

영순: 엄마! 엄마…

고집: (문 쪽으로 걸어간다)

어머니: 이리 와, 이리 오거라. 고집아…

고집: (굳은 의지를 보이며 단호하게) 도움이 필
요할 거예요. 아버지와 형을 찾아봐야겠어요.   문을 닫고 집을 나선다.

어머니: (앞뒤를 살피며) 어쩌면 좋니. 기순아, 영
순아.   영순을 껴안은 어머니는 잠시 후 "봉선화"의 멜로
디를 되뇌며 허밍을 시작한다. 어머니의 얼굴 클로
즈업

1052A–2	LS	마루에 앉아 있는 장 씨 일가. 아버지가 이야기한다.
1052B–2	MS	어머니가 "봉선화"를 부른다.
1052C–1	CU	노래 부르는 어머니
1052D–1	CU	"봉선화" 전체 곡을 부르는 어머니
1052E–1	CU	2절 중반부를 부르는 어머니
1052F–3	LS	공산당원이 집에 들어와 고집의 형을 데려간다.
1052G–4	MLS	아버지는 걱정하며 마루를 나선다. 어머니가 영순을 껴안는다.

장면 7

카메라: 극장으로 이어지는 거리 장면 트랜지션 쇼트 위로 고집 클로즈업 오버랩. 트랜지션 쇼트가 극장 잔해에 이르면 고
집은 페이드 아웃하고, 극장 신으로 이어진다.

고집: 아버지는 완전히 사라지셨어요. 우리는 다시는 아버지에 대해 듣지 못했죠. 하지만 공산당들은 다음 날 영화관으로 많은 젊은이들을 데려갔어요.

트랜지션 쇼트 위로 고집의 클로즈업 오버랩

극장 안에는 18세부터 25세 사이의 많은 젊은 남성들 사이에 앉아 있는 장태권이 보인다. 불이 꺼지고, 몇 초 동안 실제 공산당 선전영화가 영사된다. 공산당 영화가 끝나고 불이 다시 들어오면, 화면은 장태권으로 전환된다. 출입구를 무장한 공산당원들이 지키고 있는 것을 보여주고, 두리번거리는 장태권을 보여준다. 출구는 모두 봉쇄되어 있다. 조명이 비춰진 무대 위로 장교 한 명이 올라온다.

고집: (내레이션, 음성만) 한 군인이 영화가 마음에 든 사람들은 손을 들라고 시켰어요.

모두가 손을 든다. 불안해하며 서로를 바라보는 고집의 형을 비롯한 몇몇의 클로즈업

고집: (내레이션, 음성만) 그건 속임수였어요. 그 군인은 손을 든 사람들은 이제 인민 해방군이 되는 거라고 말했어요.

다시금 서로를 바라보는 몇몇 젊은이들의 클로즈업. 천천히 주먹 쥐는 한두 명의 손 클로즈업. 형의 모습에 이어 그의 손을 각각 클로즈업으로 보여주는데, 형의 손은 주먹을 쥐지 않은 채 떨고 있다.

고집: 영화관을 나가는 형을 봤어요. 저는 그 후로 다시는 형을 보지 못했죠. 하지만 저는 제가 본 것은 잊지 않고 있습니다. (이 목소리는 비욘티 클로즈업이 제시되는 동안 차츰 작아진다)…

고집 클로즈업 오버랩

극장 밖으로 감시하에 줄 지어 나오는 젊은이들이 보인다. 그림자 속에 고집이 바라보고 있다. 고집이 형을 보고 있고, 다음 장면은 비욘티의 모습이다.

극장 신 마지막 부분에서 오버랩된 고집의 클로즈업이 비욘티의 광학줌으로 페이드 아웃 (비고: 비욘티 클로즈업 푸티지 쇼트 없음)

1054D-1	LS	극장으로 들어가는 소년들 [다니엘(Daniell) 촬영]
1054B-1	LS	극장으로 들어가는 소년들 [로든(Roden) 촬영]
1053B-1	LS	극장 객석을 가득채운 소년들 (로든 촬영)
1053F-2	LS	극장 객석을 가득채운 어린 소년들 (배글리)
1053C-2	LS	북한군 장교가 소년들을 회유한다. (배글리)
1053D-1	CU	북한군 장교가 소년들을 회유한다. (다니엘)
1053G-2	MS	자리에 앉아 있는 어린 소년들. 불이 꺼지고 영화가 시작된다. (배글리)

[장면 8~장면 47 일부 페이지 누락]
장면 47 (계속)

1046A	LS	머레이가 고집의 집 앞으로 차를 몰고 가 고집을 부른다.
1046E	CU	머레이가 고집을 부른다.
1046B	MS	고집이 집에서 나와 머레이와 이야기를 나눈 후, 톱니바퀴를 찾으러 간다.
1046D	MS	기순이가 구멍을 통해 엿본다.
1046C	MS	고집이 부품을 가지고 나온 후, 지프에 올라탄다.
1046F	MS	머레이는 병기창에 있는 자기 친구에 대해 이야기한다.
		클로즈업 촬영 필요

장면 48

카메라: 판토마임 시퀀스에서 장면 50과 장면 51 사용 가능

머레이와 고집은 차를 타고 59 병기창 구내로 간다.

그들의 지프가 병기창을 통과한다. 고집은 열 맞춰 늘어선 차량들과 기계 공작실에 놀란다. 그들은 이동식 기계 공작실 앞에 멈춰 선다

작동 중인 기어와 함께 기어 박스가 열린 채 선반 위에 올려 있는 모습을 근접해 들어가는 쇼트 혹은 캐터필러 수리를 위해 견인 위치에 있는 스프라켓 휠이 돌아가는 모습을 클로즈업 쇼트로 잡는다. 카메라가 뒤로 빠지면, 위병이 지키는 59 병기창의 문이 눈에 들어온다. "문제가 있으시다고요? 부품이 필요하시다고요? 해버 예스"[5]라고 적힌 간판이 보인다. 수리 중인 다른 탱크와 차량들이 보인다.

머레이: 이봐, 콜스. 얘가 내가 얘기했던 그 꼬마야.

콜스: 안녕. 톱니바퀴 한 번 볼까.

손을 흔들어 아는 척을 하고, 그가 작업하고 있는 엔진을 비춘 뒤, 머레이를 향해 걸어가는 모습을 보여준다.

고집: (고집이 톱니바퀴를 콜스에게 건네자, 콜스는 그것을 바닥에 내려놓고 무릎을 꿇어 살펴본다) 아저씨가 고쳐요?

머레이: 콜스는 몬타나 출신인데, 뭐든 다 고쳐.

콜스: 이건… 아니. 이건 용접으로 안 되겠어. 무쇠로 만든 건데다, 일부는 없어진 상태야.

머레이: 창고에 그 비슷한 게 없을까?

콜스: 잘 모르겠어. 한 번 찾아볼게.

장면 분할에서 누락된 쇼트들: 여분의 푸티지

2001A, B, C	10월 26일 분량. 영순이 일하며 "도라지"를 부른다.
3001A-2	영순이 밥상을 차리며 "아리랑"을 부른다.
3003A-1	영순이 "도라지"를 부른다.
107J-1,2,3,4,5	베틀용 볼트와 너트 쇼트
2000A-4	
B	기순이 어린 소녀들을 불러온다. 두 소녀가 기순의 노래에 맞춰 춤을 춘다.
4000	지붕 위의 새들

---

5   당시 가진 게 아무것도 없다는 뜻의 한국식 영어 '해버 노 Hav'A No'에 착안해 만든 것으로, 뭐든지 다 있다는 뜻의 병기창 문구.

UNITED NATIONS KOREAN RECONSTRUCTION AGENCY
EDUCATIONAL FILM UNIT

SHEET NO.   ROLL NO.   DATE   **7 Dec 52**   LOCATION   **House #102**

							SOUND		
SLATE			DESCRIPTION				TAPE TO FILM INSTRUCTIONS		SLATE
5025 B-1			CU – KO-CHIP & KI-SOON "But the wheel – – the loom"						
5025 C-1			CU – KO-CHIP & KI-SOON "The wheel is finished"						
5025 D-1			CU – KO-CHIP & KI-SOON "Ko-Chip, you do not make sense"						
5025 E-1			CU – KO-CHIP "Young-Soon dropped it"						
5025 E-2			" " "						
5025 F-1			MCU – KO-CHIP & KI-SOON "Well, Young-Soon will – –"						
5025 G-1			CU – KI-SOON "You stop"						
5025 G-2			" " " "						
5025 H-1			MCU – KO-CHIP & KI-SOON "Get to work"						
5025 H-2			" " "						

CAMERAMAN :

〈고집〉의 1952년 12월 7일 촬영 회차표

[소장 문서 4]

— [문서의 첫 페이지 누락]

… 30분 분량의 방송을 위한 *분 영화. 혹은 당신의 결정에 따라 두 개의 버전을 만들 수도 있습니다. 조지와 저는 이 영화에 대해 과감한 변형이 일어나는 것을 원치 않지만, 최종 결정은 당신에게 있다고 생각합니다.

러프커트 러시필름에 맞춰 음악과 사운드 효과를 진행하겠습니다만, 당신의 지시가 있기 전까지는 대규모 녹음 작업은 하지 않겠습니다. 내레이션을 포함한 35mm 트랙 역시 마찬가지입니다.

음악에 대한 우리의 생각을 적은 메모와 영화의 오프닝 시퀀스를 어떻게 조합할지에 대해 의견을 정리한 메모를 첨부합니다.

스톡 쇼트[1]들에 대해 상당한 분량의 조사 및 검토를 진행했습니다. 활용할 수 있는 훌륭한 자료들이 많지만, 화질이 조악합니다. 대부분의 경우, 카메라맨이 화면 구도를 어떻게 잡을지 모르거나 클로즈업에 대한 개념이 없습니다. 이러한 이유로 우리는 스톡 푸티지를 필요로 하는 시퀀스를 조합하는 데 상당히 애를 먹고 있으며, 이 시퀀스들을 만들기 위해 자체적

으로 상당 분량을 촬영해야 합니다.

이 정도로 마치고, 아래에는 촬영 중 수정된 내용 및 16mm 러시필름에 포함된 장면과 포함되지 않은 장면에 대해 보고합니다.

장면 1 — 16mm 러시필름에 포함, 부분적인 편집만 된 상태

PX 모퉁이에서 시작하지 않고, 서울의 고전적 상징인 남대문을 LS로 비추며 시작. 남대문 쇼트에는 "지프차와 트럭들이 들어선 고도(古都)…"로 시작하는 내레이션이 깔림. 남대문을 잡고 있는 카메라 앞으로 지나가는 군용버스를 이용해 트랜지션을 걸고, 카메라를 가렸던 군용버스가 프레임 밖으로 빠져나가면 PX 모퉁이가 LS로 등장함. 그런 다음 PX를 MS로 잡은 후, PX 간판을 CU로 잡고, 이어 PX 문으로 팬 다운하여 서로 밀쳐대는 GI 무리에서 빠져나오는 메리 헤이스팅스를 잡음. 장면 1의 나머지 부분들은 다음 두 부분을 제외하고 스크립트를 따름. 첫 번째, 서울 우체국 앞에서 노는 아이들이 나오는 유쾌한 쇼트는 촬영 불가(그러나 영화의 다른 부분들에 아이들이 등장하는 지역색 묻어나는 장면들은 충분히 삽입). 두 번째, 상점 유리창을 들여다보는 할머니 대신 어린 소년 등장. 할머니는 자신의 일상과 너무도 괴리된 이 상점 유리창에 비치는 물건들에 관심을 가지지 않을 것이라는 판단에서임. 어린아이들이라면 들여다볼 것이고, 또 그들을 다루는 것이 더 수월하며, 더 포토제닉할 것으로 판단됨. 그러나 당신도 알겠지만,

---

1 　스톡 쇼트(stock shot): 다른 영화에 활용 가능한 기 촬영분을 지칭한다. 라이브러리 쇼트(library shot)라고도 불리며, 복수의 스톡 쇼트는 스톡 푸티지(stock footage), 아카이브 푸티지(archive footage) 등의 용어로 부르기도 한다. 본문의 경우에는 〈고집〉 촬영팀이 이미 촬영해놓은 필름들을 뜻한다.

쌀 파는 시퀀스에서는 할머니를 잡은 훌륭한 CU를 건질 수 있었음.

이 러시필름에는 오프닝 시퀀스가 대체로 없음. 현재 촬영 및 편집 중.

장면 2 ― 골동품 상점 내부를 제외하고는 16mm 러시필름에 포함

트랜지션을 좀 더 부드럽게 걸고 동작의 연속성도 향상시키기 위해, 스크립트에 적혀 있는 오프닝 쇼트(미스터 리의 클로즈업)를 헤이스팅스가 상점 안으로 들어오는 것이 보이는 골동품 상점 내부 LS로 대체하였음. 카메라가 헤이스팅스를 따라 상점 안으로 들어가면, 사무실에서 일하고 있는 미스터 리가 보임. 그가 헤이스팅스를 올려다보면, 그 순간 미스터 리의 MCU로 커트됨. 이러한 수정은 헤이스팅스와 미스터 리 모두를 매우 부드럽게 화면 안으로 끌어들일 수 있고, 이전의 LS에 미스터 리의 공간이 언급되기 때문에 상점과 미스터 리의 MCU로 쉽게 커트될 수 있음. 시퀀스의 나머지 부분들은 스크립트에 정확히 맞춰 촬영됨.

장면 3 ― 16mm 러시필름에 포함

헤이스팅스와 미스터 리가 고집의 집으로 들어감. 미스터 리가 한국식 관습에 따라 문고리를 흔들어 보이는 모습 CU를 추가한 것 빼고는 수정 없음.

장면 4 ― 16mm 러시필름에 포함

수정 없음

장면 5 ― 16mm 러시필름에 없음

이 장면에서 수정한 것은 이전 장면에 비해 더 강한 콘트라스트를 주고 가족들을 소개하기 위해 오프닝의 MS를 LS로 바꾼 것이 유일함. 이 쇼트가 시작되면, 다툼 중에 언성이 높아진 삼촌의 목소리가 들리고, 곧 깊은 생각에 빠진 아버지의 CU로 옮겨감. 그러나 이 LS는 웨그가 연출한 다양한 실내 LS와는 상당히 다름. 참고사항: 아버지의 소품으로 설정되었던 은행 통장은 다음 이유로 신문으로 교체. 이 시점이면 아버지의 사업은 공산당에 의해 완전히 망했을 것이고, 따라서 자기 계좌를 확인해볼 이유가 없음. 그보다 이 시기에는 누구라도, 특히 공산당의 점령으로부터 해방을 기원하는 사람들은 어떤 식의 뉴스라도 매우 간절했을 것임.

장면 6 ― 16mm 러시필름에 포함되어 있지 않음

배우 핸들링에 어려움이 있어 이 장면은 몇 가지 수정을 거침. 기순이 움츠러드는 모습이 그다지 현실감 있어 보이지 않아, 이 쇼트는 삭제. 이 부분 삭제로 인해 편집에 더 빠른 템포가 실렸음. 대신 매우 자연스러운 연기 장면들을 활용. 예컨대 기순이 두려움에 떠는 장면에서, 어머니 곁에 있으려 하리라는 것. 아서(Arthur)[2]와 여타 한국인 스태프들 또한 그런 상황에서 그녀가 그저 앉아서 기다리고만 있지는 않을 거라고 생각함. 이 캐릭터는 쓸데없는 일이라는 것을 알면서도 공산당원들에게 자비를 구하며 확고하고 분명한 반응을 보일 것이라 생각했기 때문에, 우리는 그녀에게 일어서서 저항의 뜻을 표하도록 연기 지도를 했으며, 이 지점에서 고집이 장면에 개입하여 그

2   이형표 감독의 영어 이름.

녀를 말리며 (당연히 한국어로) 자기가 알아서 하겠다고 말을 함. 이런 방식으로 장면을 탄탄한 클라이맥스로 구성하였음.

한국식 미닫이문에는 빗장이 없는 관계로 빗장에 올려놓은 손 CU는 삭제하였음. 대문 밖의 CU로 충분하며, 이 쇼트가 없어야 장면이 더욱 부드럽게 커트된다고 판단됨. 그러나 당신이 그 장면이 필요하다고 한다면, 재촬영 및 삽입 모두 어렵지 않음.

장면 7 – 16mm 러시필름에 부분적으로 포함

극장 내부. 수정 없음

장면 8 – 16mm 러시필름에 포함

템포가 처지는 듯하여, 스크립트에 적힌 CU 중 몇 부분 삭제. 또한 배글리의 푸티지를 여기에 넣기에는 퀄리티가 좋지 않고, 재촬영하기도 힘든 쇼트임. 그런 관계로 학생들에게 둘러싸인 형의 MS에서 모든 학생들이 천천히 손을 드는 쇼트로 연결하였음.

장면 9 – 16mm 러시필름에 포함되어 있지 않음

수정 없음

장면 10 – 러시필름에 부분적으로 포함 (전쟁 장면 스톡 푸티지 미포함)

수정 없음

장면 11 – 16mm 러시필름에 포함

본 러시필름에 스톡 푸티지를 사용할 필요성을 못 찾겠음. 그러나 긴장감 구축하기 위해 스크립트에 지시된 것보다 살짝 더 타이트한 템포로 편집하였음.

장면 12 – 16mm 러시필름에 포함되어 있지 않음

가족 관계를 강조하고 템포를 타이트하게 만들기 위해, 두 자매 각각의 CU 대신 함께 있는 모습을 CU로 잡았음. 이 자매에게 밥상에서 그릇을 치우는 연기를 시켰을 때 문제가 발생함. 마루에서 식사를 한 후의 일상적인 청소, 정리라기보다는 잔치 후에 일어나는 일처럼 보였음. 일반적으로 이런 행동은 한국인들의 행동 양식이 아님. 그릇별로 내는 게 아니라, 그릇이 놓인 상 채로 내가는 것이 보통임. 이러한 한국식 관습을 따라, 자매들에게 밥상을 마루에서 부엌으로 내가도록 연기 지도. 자개함 거래가 진행되는 동안 이 자매는 마루로 돌아오지 않는데, 그 이유는 첫째 여성, 특히 젊은 여성들은 일과 관련한 거래를 할 때 결코 끼어들지 않고, 둘째 저녁상을 치운 후의 논리적 순서는 설거지일 것이기 때문. 악수라는 것이 한국에서는 꽤나 친밀한 관계를 맺은 후에야 혹은 서구적 환경에서 일하는 사람들에게나 익숙한 것이기 때문에 악수하는 장면은 삭제하였음.

장면 13 – 16mm 러시필름에 포함

수정 없음

장면 14 – 16mm 러시필름에 포함되어 있지 않음

이 장면은 집 옆의 구덩이를 LS로 비추고, 그 다음 베틀로 옷감을 짜고 있는 기순의 MLS로 전환할 예정임. 이 장면은 베틀의 리드믹한 소리와 아리랑 허밍에 맞춘 몽타주 시퀀스로 다룰 예정(이 촬영분을 본 한국인들은 모두 베틀로 옷감 짜는 여성이 촬영 및 녹음된 것처럼 노래 부를 리 없다고 생각하는 듯함. 이 때문에 미리 골라두었던 이탈리아 오페라 스타일의 아리랑 대신, 한국 소녀가 부른 좀 더 본래에 가까운, 단순한 아리랑 허밍으로 대체). 기순이 거울 앞에 앉아 팔을 길게 뻗어 머리를 빗는 장면은 삭제. 연관성이 없어 보이며, 지나치게 늘어지는 장면임.

장면 15 — 16mm 러시필름에 포함되어 있지 않음

이 장면을 삭제해야 한다는 것이 우리의 의견임. 딱히 어떻게 넣어야 할지 확신이 없고, 늘어지는데다 크게 중요한 장면이 아님. 연속성을 위해서는 기순이 일하는 장면에서 고집이 일하는 장면으로 디졸브 하는 것이 나을 듯함. 만일 당신이 이 장면을 넣기로 결정한다면, 장면 15에서 웨그가 작업한 푸티지를 사용할 수 있으나, 전체 톤이 이야기의 무드에서 어긋날 것이라 판단됨.

장면 16 — 16mm 러시필름에 포함되어 있지 않음

고집이 공부하고 있는 학교 교실을 보여주는 짧은 시퀀스를 추가하였음. 이 짧은 시퀀스는 책을 든 학교 아이들을 바라보는 고집의 CU와 이중인화할 예정. 영국 군인이 등장하는 시퀀스는 촬영이 어렵게 되었으며, 게다가 이 시퀀스에서 우리가 구축하려는 템포를 방해할 것이라 판단됨. 고집이 길을 걷는 모습에서 면화 가게로 들어서는 모습으로 이어 붙이는 게 훨씬 나을 것이라 판단됨.

장면 17 — 16mm 러시필름에 부분적으로 포함

면화 상인의 LS에서 시작해 선반 위의 면사 CU로 디졸브. 그 후 카메라는 책상 앞에서 일하고 있는 박 씨에게로 팬. 장면 전체의 고른 속도와 템포 유지를 위해 장면 17의 끝부분을 약간 압축하였음.

장면 18, 19, 20 — 러시필름에 포함되어 있지 않음: 현재 촬영 중

면화 상점에서 나오는 고집의 MLS에서 시작해 베틀 앞에서 일하고 있는 기순으로 디졸브. 이어 기순의 베틀이 고장 나고, 기순은 영순을 보내 고집을 찾아 보도록 함. 그 다음 사고 시퀀스로 넘어감. 이 시퀀스들을 신속, 경제적으로 움직여가면서 사건이 클라이맥스로 치달을 때까지 더욱 견고한 연속성과 템포를 구축할 수 있음.

우리가 제안하는 대안은 장면 18과 19의 연결임. 고장 난 부품을 CU로 보여주고, 기순이 "영순, 영순!"(실제 한국어 대사로는 "영순아"일 것임)하며 부르는 소리가 들림. 그러면 영순이 청소하고 있는 마루로 재빨리 커트됨. 영순은 무슨 일인지 모른 채 평소와 다름없이 대답함. 그러면 기순이 마루로 고장 난 부품을 들고 들어옴. 동시녹음분이 이어지고, 기순은 서둘러 옷도 갈아입지 않은 영순을 보내고, 비교적 별 걱정 없는 표정으로 자리에 앉음. 기순의 MCU에서 보자기에 싸인 부품을 손에 들고 길을 헐레벌떡 뛰어 내려오는 영순의 모습으로 디졸브. 그런 다음 여동생을 이제 막 걱정하기 시작한 기순으로 돌아오고, 숨을 몰아쉬며 뛰고 있는 영순의 CU, 로터리에서 고집을 부르는 영순의 MLS, 고집의 CU 그리고 사고 장면이 이어짐. 현재 이 시퀀스, 즉 장면 18, 19, 20의 촬영을 막 마친 상태임.

장면 21 — 러시필름에 포함

수정 없음

장면 22 – 16mm 러시필름에 포함되어 있지 않음: 부분적으로만

수정 없음. 병원 실내 장면

장면 23 – 16mm 러시필름에 포함

고집이 남대문에서 부품을 찾는 모습. 이 시퀀스를 살짝 압축하였음.

장면 24 – 러시필름에 포함

수정 없음

장면 25 – 16mm 러시필름에 포함

수정 없음

장면 26, 27, 28 – 러시필름에 부분적으로 포함

약간 다른 액션으로 장면 26의 핵심을 유지하고자 하였음. 카메라가 천천히 부품을 싼 보자기를 들고 있는 손을 따라가다가 기계 부품점 앞에 서 있는 고집을 보여주기 위해 패닝해서 빠져나옴. 고집과 가게 주인이 프레임 안으로 들어오면 MCU로 잡으면서 고개를 젓는 가게 주인의 모습을 보여줌. 그런 후 고개를 젓기만 하는 기계 부품 가게 주인들의 몽타주 시퀀스가 이어짐. 이 모든 몽타주 시퀀스는 고집의 발걸음을 보여주는 CU 돌리 쇼트와 이중인화될 예정임. 결국 고집이 부품을 찾아 폐허가 된 한 기계 창고로 들어서면, 그는 쌓여 있는 고장 난 부품들 위로 이중인화된 누이의 얼굴을 보게 됨. 폐허가 된 기계 창고의 암울한 모습과 낙담한 고집의 모습이 공군 인사부에 일자리를 얻으려 애쓰는 그의 모습으로 이어짐.

본 러시필름에 포함된 장면 28에는 수정 없음.

장면 29 – 러시필름에 포함되어 있지 않음

고집에게 선전지를 나눠주라고 부탁하는 삼촌의 모습. 수정 없음.

장면 30 – 16mm 러시필름에 포함

선전지를 집어 던지는 고집. 수정 없음.

장면 31 – 16mm 러시필름에 포함되어 있지 않음

장면 30에서 장면 31을 느린 디졸브로 연결. 자개함을 팔기로 마음먹은 고집. 좀 더 나은 시각적 효과와 균질적 커팅 속도를 위해 약간 압축하였으나, 기본적으로 스크립트에 적힌 것과 동일.

장면 32 – 러시필름에 포함되어 있지 않음

자개함을 구매하는 헤이스팅스. 장면의 시작에서 차를 마시는 미스터 리와 헤이스팅스는 이야기만 나누는 것으로 대체하였음. 아서 리와 다른 한국인들의 의견으로는 일본과는 매우 다르게 이런 상황에서는 차를 마시지 않을 것이라고 봄.

장면 33, 34 – 16mm 러시필름에 포함

수정 없음. 디졸브 함.

장면 35 – 러시필름에 포함: 장면 36과 동일 시퀀스
가을에 쌀을 사고 있는 고집의 모습과 겨울에 쌀을 사고 있는 고집의 모습 사이에 트랜지션을 넣을 계획임. 낙엽, 눈 혹은 그와 유사한 것들을 사용하게 될 것

임. 이를 위해 일부 쇼트를 촬영할 계획임.

장면 37 – 러시필름에 포함되어 있지 않음

수정 없음

장면 38 & 39 – 16mm 러시필름에 포함

수정 없음

장면 40, 41, 42 – 러시필름에 포함되어 있지 않음

수정 없음

장면 43 – 16mm 러시필름에 포함

수정 없음

장면 44 – 16mm 러시필름에 포함되어 있지 않음

수정 없음

장면 45 – 러시필름에 부분적으로 산재되어 포함

수정 없음

피날레 – 러시필름에 포함

조지 존스(George Jones)와 협력하여 피날레 엔딩에서 몇 가지 변화를 주었음. 삼촌을 경찰서에 넘기고 멀어져 가는 고집의 LS에서 폐허가 된 골목을 지나 걷는 고집의 모습으로 디졸브. 고집은 눈길 속을 천천히 걸어가다 피곤과 낙담 속에서 눈 덮인 폐허 위에 주저앉아 회색빛 안개 낀 도시를 바라보는데,

그의 눈에 눈물이 차오름. 마지막 쇼트인 우울한 도시의 LS 위로 엔딩 크레디트가 이중인화될 것임. 도시 장면을 비추는 마지막 LS의 경우 필요한 만큼 길이를 늘이는 것은 문제 없음.

[소장 문서 5]

불사조의 언덕[1]

리처드 배글리(Richard Bagley)

영화가 시작되면, 서울을 감싼 안개 내린 언덕들 사이로 우리를 향해 산을 오르고 있는 인물의 작은 형상이 보인다. 그 모습이 가까워지면, 그 인물이 제법 큰 짐을 나르며 숨을 헐떡이고 있는 것이 보인다. 그는 멈춰 서서 짐을 바위에 걸쳐놓고 쉬더니 몸을 돌려 뒤를 돌아본다. 그는 조라는 성을 가진 인물로, 무표정하지만 유쾌해 보이는 얼굴에 15, 16세쯤 되어 보이는 소년이다.

아래로 서울 시가지가 보이고, 그곳으로부터 거리의 전쟁 소리와 머리 위를 지나는 비행기 소리가 먼 포효소리처럼 들린다.

조가 언덕 위로 더 높이 올라가자 소리가 잦아들면서 숲속 소리로 바뀐다. 그러나 숲속 소리는 잠시 동안만 들릴 뿐이다. 그가 나무숲을 벗어나자 새로운 소리가 그를 감싼다. 멀찍이 들리는 전쟁 소리, 군용 무전기의 딱딱거리는 소리들이다. 조는 소리가 나는 쪽을 쳐다보지만, 가을의 안개가 먼 곳을 덮고 있다. 이제 그의 신경은 꽤 큼직한 나뭇가지를 끌고 있는 한 노인에게 기운다. 조는 나뭇가지의 끝을 잡아들지만, 노인은 이 갑작스런 도움에 아무런 신경을 쓰지 않은 채 몇 마디 중얼거리더니 나뭇가지를 끌며 발길을 재촉하고, 조가 그 뒤를 따른다. 이렇게 조는 새로운 가족의 구성원이 된다.

[페이드]

화면이 페이드인 되면, 물을 나르고 있는 조의 모습이 보인다. 그가 언덕 꼭대기를 가로지르면, 언제나처럼 전쟁 소리가 배경에 깔린다. 하지만 오늘은 그 소리가 더 크고 때때로 가깝게 들린다. 조는 고요해 보이는 언덕을 서둘러 올라 걱정스럽게 바라본다. 노인이 일하는 곳에 다다라 그는 노인을 질문 가득한 눈빛으로 바라보지만, 노인은 조에게도, 소리에 대해서도 아무런 관심을 기울이지 않는다. 노인은 물을 어디에 부을지 알려주고는 조를 남겨두고 집으로 들어간다. 조는 계속 일을 하지만, 피어나는 연기를 바라보며 불안한 기색을 보인다.

조가 이렇게 불안해하며 일을 하고 있을 무렵, 포화 소리가 더욱 가까워지더니 분대장 포드의 목소리가 크게 들린다.

"폭스 글로브… 폭스 글로브… 여기는 베이커 식스… 베이커 식스… 들리는가? 들리는가? 오버."

"베이커 식스… 베이커 식스… 여기는 폭스 글로브… 통신 상태가 좋지 않다… 통신 상태가 좋지 않다… 잠시 후에 통신하라."

"폭스 글로브… 들리는가, 폭스 글로브… 여기는 베이커 식스. 매복이다… 매복이다… 들리는가? 부대원들 산개 후퇴한다… 부대원들 산개…"

베이커의 통신이 끊겼지만, 폭스 글로브는 계속 통신을 시도한다.

"들리는가, 베이커 식스… 여기는 폭스 글로브… 잘 들리지 않는다… 잘 들리지 않는다… 잠시 후에 다시 통신하겠는가… 오버. (잠시 쉬었다가) 들리는가, 베

---

[1] 원문 제목: The Hills of Phoenix

이커… 들리는가, 베이커… 여기는 폭스 글로브…"

그리고는 목소리들이 점차 잦아들며 평상시의 소리로 돌아온다.

노인은 종잇장처럼 마른 잔가지와 나뭇잎들로 불을 피우고 있다. 불은 피어오르나 싶더니 이내 사그라진다. 노인은 다시 시도한다. 집 바깥에선 포드가 안개를 뚫고 나타나 멈춰서는 조와 집을 바라본다. 자기를 향한 시선을 알아챈 조는 몸을 돌려 포드와 마주 본다. 그들은 조용히 서로를 쳐다본다. 포드의 얼굴을 덮은 진흙과 피곤은 그의 나이를 짐작키 힘들게 하였지만, 그는 30대를 넘어섰고, 중간 정도의 키에 다부진 체격을 지녔다. 그는 M-1 한 정, 어깨에 걸린 권총 지갑 속의 45구경 권총 1구와 하네스에 달려 있는 수류탄 여러 개 등을 가지고 있다. 그는 지친 모습으로 담배 연기를 내뿜으며 천천히 조를 향해 걷기 시작한다. 반쯤 걸었을 무렵, 저격수의 총알이 내는 높고 날카로운 소리가 갑작스레 들려온다. 포드는 잠시 멈춰 서더니 엎드리고서는 재빨리 포복해 집 쪽으로 접근한다. 그는 마당 앞을 지나가다가 멈춘 후 그때서야 조가 자기 옆에 없다는 걸 알게 된다. 그가 돌아보니, 조는 엎드린 채 담뱃불에서 옮겨 붙인 조그마한 불길을 잡으려 애를 쓰고 있다.

포드 : 거기! 멍청하긴! 이리 와. 죽고 싶어서 그래?

조는 놀라서 그를 바라보고는 불붙은 나뭇잎들을 손에 들고 포드 쪽으로 간다. 둘은 거기서 잠시 멈췄다가 그들을 쫓는 총알을 피해 집 안으로 날아가듯 들어간다. 포드는 잠시 멈춰서더니 이내 몸을 숨기고 총알이 날아드는 곳을 찾아 주위를 살핀다. 그러나 어디에도 움직임 흔적은 보이지 않고, 총을 든 사람이 숨을 만한 곳은 천 군데는 넘어 보인다. 포드는 공산군이 숨어 있을 걸로 생각한 한 지점에 집중한다. 사격이 멈추고, 그제야 포드는 몸을 돌려 방 안을 살핀다. 조는 여전히 연기가 피어오르는 나뭇잎을 손에 쥔 채 참을성 있게 집중하며 몸을 웅크리고 있다. 노인 역시 바라보고 있지만, 다만 약간의 관심만을 보일 뿐이다. 노인은 조에게 몸을 돌리고, 나뭇잎을 화로에 넣으라고 말한다. 포드는 곁눈질로 이 모습을 살펴보고 있다. 그는 언제든 자신의 주변 지형을 감시해야 하기 때문이다. 그가 조에게 말을 건넨다.

포드 : 이봐! 여기가 어디지?
조 : (웃으며) 몰라요.
포드 : 모른다니 그게 무슨 말이야. 너 여기 살잖아.
조 : 네.
포드 : 네라니?
조 : 여기 산다고요.
포드 : (지도를 보며) 그럼, 여기서 찾아봐.
조 : (지도를 보며, 당황해서) 여기 산이 있는데, 이름이… 오봉.
포드 : 좋아!
조 : 고마워요.

이즈음 몇 발의 총성이 더 울리고, 포드는 방 안을 기어 반격할 만한 장소를 찾는다. 노인은 계속 일을 하고 있고, 이 때문에 포드는 약간 바보 취급을 받는 느낌이 들기는 하나, 그는 훈련받은 병사이다. 그는 뒷방으로 포복해 들어가지만, 출구가 없다는 걸 알게 된다. 그리고 또 한발의 총성. 포드는 다시 앞방으로 돌아가 그 방을 빠져나갈 준비를 한다.

포드 : 저 원숭이 자식이 어디 있는 거지?
조 : 아마도 저 위예요.
포드 : (바라보며) 이봐, 넌 이곳을 잘 알잖아. 내가 어떻게 하면 저쪽으로 올라갈 수 있지?
조 : 아. 저쪽 길로 가면 돼요.
포드 : 아니, 안 돼, 안 되지. 내 말은 저쪽에서 날 보지

못하게 하면서 말이야.

조: 다른 길은 없어요.

포드: 아. (생각한다) 오케이. 여기서 벗어나려면 어떻게 해야 하지?

조: 저쪽 길로 가면 돼요. (가리킨다)

포드: 그건 같은 길이잖아!

조: 네, 그래요.

포드: 그러니까 네 말은 난 꼼짝없이 갇혔다는 뜻이구나. 난…

노인이 끼어들어서 조에게 말한다…

포드: 뭐라고 하는 거야?

조: 할아버지 말씀이 '총을 발사하는 곳에 불이 날 수 있어'라고 하시네요.

포드: 무슨 이야기를 하는 거야?

조: 풀이 바짝 말랐어요. 오랫동안 비는 안 왔고, 모든 것이 바짝 말랐어요. 불나기 좋아요.

포드: 그래. 불나기 좋지. 소방 담당관에게 내가 얘기해볼게.

조: 고마워요.

이 얘기에 포드는 적잖이 놀라지만, 그들이 양동이에 물을 채우고 준비하자 더욱 놀란다.

포드는 바닥에 누워, 편한 자세를 취하고 기다린다. 그는 잠시 바깥을 살피더니, 일하고 있는 노인에게 관심을 돌린다. 포드의 머리는 차츰 아래로 처지고 눈은 감기기 시작한다. 그는 정신을 차리고 잠을 떨쳐내려 한다. 깨어 있으려고 노력하면서, 그는 다시금 노인을 바라본다.

양동이가 가득 찬 것을 본 노인은 포드에게 매우 의도적으로, 또 확신에 찬 태도로 다가와 이야기를 시작한다. 노인이 무언가 매우 중요한 것을 이야기하고 있는 것이 확실한데, 노인은 이야기를 마치자 자리를 뜬다.

포드: (조에게) 뭐라고 한 거야?

조: 아저씨 조심하셔야 한대요.

포드: (놀라더니 이내 화를 내며) 나보고 뭘 해야 한다고!

조: (달래는 말투로) 예. 할아버지 말씀이, 지난 번 여기서 전투가 벌어졌을 때 나무들이 대부분 없어졌대요. 지금은 이것들만 남았는데, 이 나무들은 소중해요. 아셨죠?

포드: (얼굴을 약간 찌푸리고 바깥을 쳐다보며) 무슨 나무? 저기 있는 저 나무들?

조: 예. 애기 나무들이요. 저 애기 나무들이요. 아셨죠?

포드: 뭐? 아… 이제 알았다. 양모장을 일구고 있는 거구나.

조: (정확히는 이해하지 못한 듯) 네.

노인은 또 다시 이야기를 시작하고, 피로에 지친 포드는 외면한다. 노인은 열정적으로 이야기를 건네지만, 다시금 졸음이 밀려오는 포드에게 노인의 말은 거의 들리지 않는다.

조: (다소 절박하게) 전쟁이 나면서 나무들이 너무 많이 잘려 나갔어요. 밥 지으려, 땔감으로, 집 짓는 데 말이죠. 하지만 언덕은 민둥산인 채로 남겨졌고, 결국 모래밭이 될 거예요. 오직 나무들만이…

하지만 그는 포드가 잠들었다는 것을 알게 된다. 조는 이야기를 멈추고 노인에게 다가간다. 포드가 잠든 동안, 노인은 그를 바라보며 자리를 지키고 있다. 이 기다림이 오래가진 않는다. 공산군이 자신의 은신처에서 높은 아치를 그리며 던진 연막탄이 마른 나뭇잎 검불밭 위로 펑펑 소리를 내며 떨어진다. 노인은 물 양동이를 들고 불길에 물을 뿌리기 시작한다. 조는 노인을 부르며 뒤쫓고, 그 고함 소리에 포드가 잠에서 깬다.

잠에서 깬 그는 자기 앞에서 노인이 불길에 물을 뿌리고 발로 밟아 끄고 있는 놀라운 장면을 보게 된다. 그러는 사이 총알이 그의 머리 주위로 날카로운 소리를 내며 지나가지만, 안개와 연기 때문인지 모두 빗나간다. 포드는 몸을 재빨리 일으켜, 공산군이 숨어 있을 것으로 생각되는 곳으로 향한다. 접근하면서 총을 발사하고 약실이 비면 몸을 숙여 재장전한다. 그리고는 조심스럽게 공산군이 숨어 있는 곳을 향해 움직이다가 점프를 해 구석으로 움직인다. 공산군은 탄피 몇 개와 은신의 흔적만 남긴 채 사라졌다. 포드는 미소를 짓지만, 노인을 찾아 몸을 돌렸을 때 웃음이 사라진다. 조는 노인의 시체 옆에 무릎을 꿇고 있다. 포드가 다가가자, 조는 여전히 시체를 바라보며 일어선다. 포드는 무릎을 꿇고 뭐라도 할 일이 있는지 살펴보지만 이내 멈춘다. 노인이 죽었다는 데는 의심의 여지가 없다. 포드는 조를 바라보고서는 무언가 이야기하기 시작하더니 더듬거리다 입을 다문다. 반사적으로 그는 담배 한 개비를 꺼내 무의식적으로 라이터를 찾는다. 라이터의 불꽃이 일자, 조는 천천히 고개를 들어 불꽃을 바라본다. 포드는 조의 반응을 깨닫고는 라이터를 끄고, 무슨 말인가 하려고 하지만 또 다시 그만둔다. 불쑥 그는 돌아서서 멀리 걸어가고, 우리는 나무들 사이로 어두워진 그의 형상이 언덕을 내려가 사라지는 모습을 본다. 조는 떨어져 있던 양동이를 집어 들고 집으로 돌아간다….

[페이드]

[소장 문서 6]

국제연합

공보실 라디오부

즉시 배포용

전 세계 방송으로 전파되는 한국 정전 1주년 – 1954년 7월 27일 화요일[1]

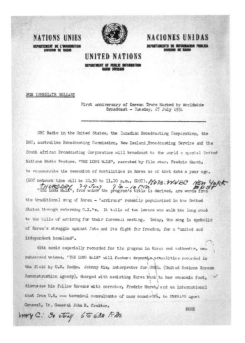

미국의 NBC 라디오, 캐나다 방송국, BBC, 오스트레일리아 방송위원회, 뉴질랜드 방송국, 남아프리카 방송국은 전 세계에 국제연합 특별 라디오 프로그램을 송출할 예정이다. 프로그램 제목은 〈기나긴 행보

The Long Walk〉로, 영화계의 스타, 프레드릭 마치(Fredric March)가 내레이션을 맡았으며, 방송일 1년 전 한국에서 교전상태가 중지된 것을 기념하기 위한 프로그램이다. [NBC 방송 시간은 EDST(동부 서머타임) 기준, 오후 10:30부터 11:00 사이]

참고: WNBC 뉴욕, 7월 29일 목요일, EDST 오후 9:30부터 10시

프로그램 제목인 〈기나긴 행보〉는 한국 민요인 "아리랑"에서 유래한 것으로, 이 노래는 최근 귀국 병사들을 통해 미국에서도 인기를 끌고 있다. 이 민요는 작별상봉을 위해 아리랑 고개로 향하는 기나긴 길을 걸어가는 두 연인을 그리고 있다. 오늘날 이 노래는 자신의 운명에 맞선 한국의 고투와 자유를 향한, "통일되고 독립된 고향"을 향한 투쟁을 상징적으로 나타난다.

특히 이 프로그램을 위해 한국에서 녹음된 음악은 명창이 사전 리허설 없이 부른 것이며, 국제연합 라디오부가 녹음한 극적인 현장음 역시 특징적이다. 운크라의 통역사로 한국 경제 자립을 지원하겠다는 일념에 차있는 조니 김(Johnny Kim)이 내레이터 프레드릭 마치와 많은 국가의 기술 자문을 거쳐 운크라의 총괄 책임을 맡고 있는 국제적인 인사 콜터(John B. Coulter) 중장과 함께 그의 동포 한국인들에 대한 의견을 나눈다.

WNYC: 7월 30일 오후 6시부터 6:30

〈기나긴 행보〉는 중장비 소리, 한국 전통 무용, 남루한 구두닦이 소년들, 한국의 나이트클럽 등… 오늘날의 한국을 보여준다. 이 프로그램은 국제연합 한국재건단이 맡은 중요한 역할을 묘사한다.

운크라는 오늘날 자금 부족, 물자 부족, 숙련된 인력 부족에 시달리고 있다. 한국 재건 작업이 지속되려면 운크라는 유엔 회원국의 모든 정부로부터 그리고 유

---

1   원문 제목: First Anniversary of Korean Truce Marked by Worldwide Broadcast - Tuesday, 27 July 1954

엔 회원국의 모든 국민들로부터 재정적 지원을 받아
야만 한다.

〈기나긴 행보〉는 일종의 경과 보고서이다. 이 프로그
램은 운크라의 한국 활동과 이 머나먼 땅의 아름다움
과 낭만적인 모습 그리고 국제연합 가운데 가장 극심
한 고통을 받은 한국 국민들을 지속적으로 도와야 할
필요성을 보여준다.

〈기나긴 행보〉는 국제연합 라디오부의 제럴드 킨
(Gerald Kean)이 각본과 제작을 맡았고, 운크라의
시어도어 코넌트(Theodore Conant)가 한국에서 녹
음한 원 자료들을 바탕으로 구성되었다.

1954년 7월 21일

[소장 문서 7]

극동현상소

도쿄 주오구 니혼바시 고부나초 3−2초메

현상소: 교토, 요코하마, 도쿄

1954년 2월 23일

수신: 시어도어 R. 코넌트

발신: 극동현상소

제목: 청구서 14A[1]

---

1   원문 제목: Invoice 14A

위기의 아이들

광학 특수효과			￥500.00
부분 듀프네가	20피트	피트당 ￥22.85	￥457.00
편집			￥8,000.00
1-35mm 마스터 프린트	738피트	피트당 ￥15.00	￥11,070.00
2-16mm Red. Prts[2]	594피트		
	(297피트x2)	피트당 ￥10.50	￥6,237.00
400피트용 릴과 용기	2세트	세트당 ￥600.00	￥1,200.00

오래된 일본 장편영화

1-16mm Red. Prt.	747피트	피트당 ￥10.50	￥7,843.50
800피트용 릴과 용기	1세트	세트당 ￥800.00	￥800.00

도시의 리듬(Rhythm of a City)

1-16mm Conact Prt.[3]	644피트	피트당 ￥10.50	￥6,762.00
800피트용 릴과 용기	1세트	세트당 ￥10.50[4]	￥800.00

2   축소 프린트(Reduction Prints)의 약자. 필름 포맷을 축소하여 프린트하는 것을 일컫는다. 즉 35mm를 16mm로, 혹은 35mm와 16mm를 슈퍼8mm로 축소하여 프린트하는 것을 말한다. 소극장용 또는 교육용으로 상영하기 위해 필름 포맷을 축소하기도 한다. 반대로 필름 포맷을 확대하여 프린트하는 것을 블로우 업(Blow Up)이라고 한다.

3   Contact Prt.의 오기로 보임. 밀착 프린트(Contact Print): 사진 용어로는 네거티브와 인화지를 밀착시켜 노출한 후 현상 처리하여 만든, 네거티브와 같은 크기의 인화를 일컫는다. 영화 제작에서는 네거티브 필름에서 상영용 필름을 만드는 프린팅을 좁은 의미의 '밀착 프린팅'이라 한다.

4   ￥800.00의 오식으로 보임.

로컬컬러 푸티지

| 1-35mm 마스터 | 660피트 | 피트당 ¥15.00 | ¥9,900.00 |

쾨이커 구제 프로젝트

1-35mm 마스터 프린트	394피트	피트당 ¥15.00	¥5,910.00
2-16mm Red. Prts	332피트		
	(166피트×2)1	피트당 ¥10.50	¥3,486.00
편집			¥2,000.00
2-400피트용 릴과 용기		¥600.00	¥1,200.00
		총액	¥66,165.50

상기 견적이 타당하고 틀림없음을 보증하며
이에 대한 금액을 아직 지급받지 못했습니다.

T. Ueda
극동현상소장

극동현상소

도쿄 주오구 니혼바시 고부나초 3-2초메

현상소: 교토, 요코하마, 도쿄

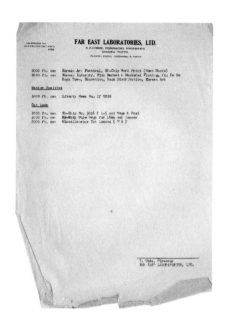

2000피트용 캔   〈한국 예술제 *Korean Art Festival*〉, 〈고집〉 러시필름 (뉴스 쇼트)

2000피트용 캔   〈한국의 산업 *Korean Industry*〉, 〈어시장과 고등어 어업 *Fish Market & Mackerel Fishing*〉, 〈진자도 *Jin Ja Do*〉, 〈보이즈 타운 *Boys Town*〉, 〈교육 *Education*〉, 〈도서 출판 *Book Distribution*〉, 〈한국의 예술 *Korean Art*〉

마스터 포지티브

1000피트용 캔   〈리버티 뉴스 No. 17〉 USIS

로스 커트(Cut Losses)

1000피트용 캔   〈고집〉 No. 5046 J 1-5 커트 네가 & 포지

1000피트용 캔   〈고집〉 16mm 듀프네가 로스 커트

2000피트용 캔   기타 로스 커트 (NG)

T. Ueda

극동현상소장

[소장 문서 8]

국제연합 한국재건단

1955년 11월 17일

수신: 로버트 김(Robert Kim)

발신: 테드 코넌트(Ted Conant)

제목: 효과음 요청[1]

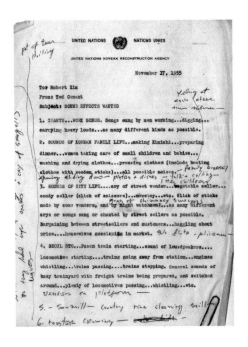

1. 노랫소리… 노동요. 남성 노동자들이 부른 노래… 땅을 파고… 무거운 짐을 나르고… 가능한 한 다양한 종류

2. 한국 가정의 일상 소리… 김치 담그고… 저녁 준비하고… 어린아이나 갓난아이를 돌보는 여성들… 옷을 빨고 너는 소리… (나무 방망이로 옷을 두드리는 소리를 포함한) 다림질 소리… 모든 가능한 소리들

가족끼리 다투는 소리 – 미닫이문 여는 소리 – 음식 + 접시 – 이야기 + 부르는 소리 – 어린아이들, 서로 고함치는 소리, 차 주전자 끓이는 소리

3. 도시 생활의 소리… 노점상들의 외침… 채소장수… 엿장수 (가위질 소리)… 신문배달 소년… 등. 어떤 장사꾼들이 만든 막대기의 딸각 소리, 야경꾼들이 내는 소리?… 노점상들의 노랫가락이나 구호 소리 등 가능한 한 많이. 노점상과 손님 사이의 흥정… 가격을 놓고 벌이는 실랑이… 장터에서 수다 떠는 아낙네들

굴뚝 청소부들의 징소리, 피리소리 – 경찰관

4. 서울 철도수송사무소(RTO)… 부산행 열차의 출발… 확성기 소리… 열차 출발하는 소리… 역에서 멀어지는 열차… 엔진 경적소리… 열차 멈추는 소리. 운행 준비 중인 그리고 선로 변화 중인 화물 열차들이 들어서 있는 분주한 조차장에서 들리는 일반적인 소리들… 많은 열차들이 지나가는 소리… 경적소리… 등

열차 승강장의 장사

5. – 제재소 시골 방앗간 –

6. 수탉 울음소리

– 고기잡이 배에서 부르는 노래 – 그들이 *** ** *****할 때 + 갈매기들의 울음소리
– 파도소리

---

1   원문 제목: Sound Effects Wanted

[소장 문서 9]

작업 계획서[1]

미합중국과 시라큐스대학 간의
계약 번호 ICA/W-644

1959년 9월 15일

Ⅰ. 목적

1958년 10월 30일자 계획의 세부 내용을 수정하여, 프로그램, 목적, 운용 방식 및 시라큐스 인력들을 위한 사업 계획 내에 수정 내용을 포함함.

Ⅱ. 개요

시라큐스 기술자들은 기술 지원의 일환으로 다음의 영역에서 정규 교육과 실습 훈련을 제공함. ― 시나리오 쓰기, 연출, 촬영, 편집, 사운드 녹음, 현상소 및 장비 유지·관리.
시라큐스 인력들을 최대로 활용하기 위한 방안으로 정규 교육에 주안점을 두고, 글쓰기·연출· 촬영·편집 및 사운드 녹음 분야에 대해 매주 교육을 실시함. 또한 시간이 허락한다면 그리고 일반적인 범위의 프로그램 목표에 부합한다면 영화 관련 행정 업무, 프로그래밍 등, 관련 업무 일반에 관해서도 기술 지원

을 제공하기로 함.

Ⅲ. 프로그램의 목표

1. 일반 영화:
공보실(Office of Public Information,이하 OPI) 내년 목표는 약 10분 분량의 112개 릴을 제작하는 것임. 영화의 유형과 분량은 다음과 같음.

뉴스릴 (한국어 버전)	53릴
뉴스릴 〈코리아 인 리뷰 *Korea in Review*〉 (뉴스릴 하이라이트 편집본의 영어 버전)	12릴
뉴스 특별호 (광복절,반공산주의 회담,음악 트레일러 등)	14릴
TV 영화 〈한국의 이야기 *Story of Korea*〉 (미군 대상 한국에 대한 여행 및 문화 소개 목적)	10릴
다큐멘터리 ('한국의 고속도로 건설', '겨울을 맞은 산', '새로운 교육'과 같은 영화)	23릴
	112릴

이 영화들은 한국과 국외로 배급되어 한국 대사관과 영사관, 인터내셔널 클럽(International Clubs) 및 여러 극장에서 상영될 예정으로, 전문적인 기준에 맞춘 높은 수준의 질을 보장해야 함. 공보실은 상당수를 컬러로 촬영할 예정이며, 그중 몇 편은 시네마스코프로 제작할 것임.

---

1   원문 제목: Work Plan ― Contract No. ICA/W-644 between United States of America and Syracuse University

2. 교육·훈련 목적의 영화들:
USOM/Korea와 한국 내 각 부처들은 다음과 같이 더 많은 교육용 영화들을 필요로 함. (1) 한국인들을 교육하고 (2) 국가 전체에 걸쳐 다양한 프로젝트를 작업하고 있는 미국인·한국인 기술자들을 지원하는 데 필수적인 대중 전달 기구로서의 영화.

교육·훈련용 영화는 연간 20편에서 25편가량의 2릴 짜리 흑백 영화를 제작하는 것을 목표로 함. 이 영화들은 실사분 75%, 애니메이션 촬영분 25%의 비율로 구성될 계획임.

목표 수행 전 우선 고려사항:

시라큐스 스태프들은 OPI의 원대한 프로그램 목적을 성취하는 데 도움이 되는 가능한 모든 일을 할 것임. 숙련된 인력들과 영화 기술자가 되고자 하는 견습생들이 이러한 목표 수행에 앞서 고려되어야 할 가장 중요한 요소임.

반드시 인지되어야 할 것:
1. OPI에는 현재 이 생산목표를 달성하기 위해 요구되는 충분한 자격을 갖춘 기술자가 없음.
2. 현재 OPI에서 제작되고 있는 영화들의 질을 더욱 높일 수 있는 스태프 확보를 위한 더 많은 교육과 훈련이 이루어져야 함.
3. 영화 제작은 비숙련 견습생들 교육과 병행됨.
4. 1년의 경험과 설문조사로 판단했을 때, OPI는 필요한 영화 제작 목표를 달성하기 위해 약 75명의 숙련된 기술자들을 풀타임으로 고용해야 함. 현재 25명의 인력이 더 고용되어 즉각적으로 훈련을 받을 수

있어야 함. 다음은[2] 현재 각 부서별 기술 인력 현황임.
5. 한국에서 교육·훈련 목적의 영화들에 대한 인식은 아직 자리 잡히지 않았음. 연간 20편에서 25편의 영화를 제작하겠다는 목표는 이 계획이 완료될 무렵 마무리될 것임. 그러나 이 목표가 무사히 완수되기 위해서는 (1) (용역 혹은 직접 고용된) 미국인 어드바이저가 미숙련 한국인 기술 인력 및 훈련용 영화 제작을 담당하는 OPI 행정직 인력들과 직접적으로 접촉하여 지속적으로 일을 진행하고, (2) 대한민국 모든 부처들이 영화 제작의 필요성을 진심으로 인식해야 함. 그렇지 않다면 목표하는 제작 속도는 제대로 달성되지 않을 것임. 영화는 월 평균 약 3편이 제작되어야 하며, 제작 계획은 OPI에 보고되어야 함. 이는 제안된 영화에 대한 필요 작업 목록(backlog) 작성을 위한 것으로, 필요 작업 목록 작성을 위해서는 다음의 이유로 USOM과 한국 부처들의 대표 사이에 더욱 조화로운 노력이 필요함.

a. 제작 요청된 영화의 제작 우선권을 부여하기 위해
b. 해당 주제를 영화로 제작할 것인지 혹은 다른 시청각 매체로 제작할 것인지를 결정하기 위해
c. 교육 효과 향상을 위해 제작된 각 영화들에 어떤 보조 자료들이 만들어져야 하는지를 결정하기 위해
d. 전국 단위로 구축되어야 하는 활용 방안과 배급 양상을 결정하기 위해
e. 제작된 자료들의 교육 효과 평가를 계획하기 위해

이러한 문제가 보통 제작팀의 책임은 아니지만 영화과에 있어서는 중요한 사안임. 만일 이에 대한 문제가 영화 제작 요청 제출에 앞서 해결된다면 제작팀에서는 더 효과적으로 일을 진행할 수 있을 것이라 판

---

2   173쪽 표를 일컬음.

부서	인원	숙련 인력	견습생	목표달성 및 심층훈련을 위한 필요 추가 인력
부서장	1	1		
행정	4	4	–	2
기획	11	4	7	8
편집	7	4	3	4
사운드	5	2	3	1
영사	4	3	1	1
촬영	11	6	5	5
미술&애니메이션	3	1	2	2
인화	3	2	1	1
현상	9	5	4	
화학약품[3] 혼합	2	1	1	
시간 컨트롤	2	1	1	
필름 클리닝	2	–	2	
전기 기술자	2	1	1	–
유지·관리	3	1	2	2
	69	36	33	26
현재 인력 총합	69			
시라큐스 한국인 스태프	7			
충원 인력	26			
총	102			

[3] 현상액을 일컫는 것으로 추정됨.

단됨.

IV. 계약자의 목표

이 목표는 (a) 전체적인 제작 프로그램, (b) OPI 기술 인력들의 현재 자질 및 (c) OPI가 장기적인 관점에서 목표로 하는 효과를 거두기 위한 향후 제작의 필요성과 책임을 바탕으로 설정된 것임.

1. 계약 기술진들은 두 가지 분야의 OPI 훈련을 원조함.
a. 영화 제작 참여로 현장 실무 교육 진행
b. OPI 직원들을 두 그룹으로 나누어 정규 교육 구성 및 진행: 첫 번째 그룹은 현재 영화 제작으로 고용된 직원들로, 현장 실무 교육과 결합된 단기간의 상급 과정 수업을 받음. 두 번째 그룹은 상대적으로 영화 제작에 경험이 적거나 전무한 견습생들로 구성
2. 필요한 경우에 언제든지 계약 기술자들은 OPI 직원들에게 익숙하지 않은 장비 작동이나 설치에 응할 것임. 이 내용은 본 문서의 '작업 계획(전문 영역)'에서 상세히 기술하기로 함.

V. 운용 방식

계약 기간 동안 다음의 세 가지 각기 다른 관계들과 근무 상황이 존재할 것임.

1. 관리자 위치에 있는 한국인 스태프들. 이들은 관찰자이자 자문가이며 비평자이자 시범자로서, 시라큐스 어드바이저의 교육·훈련 능력에 대한 운용 책임을 지님.
2. 공동의 책임을 지고 파트너로 함께 일하는 한국인과 미국인들. 예를 들어 기획 회의, 제작 목적, 촬영 스케줄 및 이의 실행. 이러한 관계는 아이디어를 위한 토론장을 제공할 것이며, 그 원천이 무엇이든 그

제안들은 가치에 의해 판단되어야 함.
3. 관리자 위치의 시라큐스 어드바이저. 조력자인 한국인 관리자들과 함께 프로그램 운용 및 트레이닝의 책임을 지님. 어떠한 상황에서도 이는 영구적이지는 않음.

VI. 업무 영역에서의 관계

이 분야에서 한국인 스태프와 이를 담당하는 시라큐스 어드바이저의 관계는 다음의 내용을 특징으로 함.

1. 지속적으로 이틀에 한 번씩 아이디어를 교환
2. 부서 혹은 각 과의 업무 향상을 위한 제안서 공동 평가
3. 합당한 이유를 설명할 책임을 인지하는 전제하에 동료의 아이디어를 받아들이거나 거절할 자유
4. 부서장, 촬영기사, 단순 고용직을 막론, 향후 이에 관계한 한국인 인력의 리더십과 책임감 향상을 목표로 함.

VII. 작업 계획 (전문 영역):

프로듀서-시나리오 작가·감독

목표: 제작, 연출 및 글쓰기 관련 여러 기술면에서 한국인들을 교육함으로써 최소한의 관리 감독으로 작업을 수행할 수 있는 능력을 갖추도록 함.

과정: 한국인 프로듀서들과 시나리오 작가·감독들은 성공적인 영화 제작 프로그램의 리더가 되어야 함. 이들은 (a) 매우 잘 조직된 창의적인 재능, (b) 감독관이자 동료로서 사람들과 함께 작업할 수 있는 능력

및 (c) 영화 제작의 모든 단계에 대한 이해를 가져야 함. 핵심적으로 이 기술 인력들은 영화 제작의 전반을 책임짐.

이 전문 분야의 OPI 기술 인력이 갖춘 현재의 자질은 초심자부터 3~5년의 경력을 가진 이들에 이르기까지 다양함. 따라서 시라큐스 어드바이저들은 이후 일 년 동안 다음의 교육을 진행함. (a) 전체 인원을 대상으로 영화 제작의 모든 단계에 대한 전반적 훈련을 실시, (b) 영화 제작 각 단계에서 개별 기술 인력들과 작업하며 (c) 신규 채용자와 제작 경험이 거의 없거나 전무한 인력들을 위해 정규 교육과 '현장 실무' 교육을 실시

프로듀서-감독 인력은 전체 시간 중 30%를 현장 실무 교육에, 그리고 70%의 시간은 계약의 상급 대표자로서 책임감을 가지고 행정 업무에 할애해야 하며, 시나리오 작가-감독은 별첨 문서 A[4]의 훈련 과정에 서술된 것처럼 50%의 시간을 정규 교육에, 50%의 시간을 '현장 실무' 교육에 할애함.

촬영기사

목표: 영화 촬영에 대한 창의적이고 기술적인 능력을 지닌 한국인 집단을 OPI의 요구와 목표에 맞게 지도.

과정: 프로젝트의 기본적 목표 달성을 위해 모든 유형의 제작을 다룰 수 있도록 훈련된 촬영기사와 보조 및 지원 기술 인력이 요구됨. 책임 촬영기사는 모든 종류의 촬영 장비 작동과 유지·관리를 숙지하고 제대로 실행할 수 있어야 함. 노출을 정하고 적합한 렌즈를 선택하며 각각의 특성들에 대한 지식을 가지고 있어야 함. 또한 흑백과 컬러 영화에 쓰이는 다양한 유화액의 종류에 익숙해야 하며, 모든 유형의 필름에 따른 조명 테크닉에 대한 지식, 전기에 대한 기본 지식도 갖추어야 함. 촬영기사들은 개별 인력들이 업무를 정확히 수행할 수 있도록 기술팀 전체를 통솔하고 지시를 내려야 하며, 감독의 지시를 따라, 때로는 감독과 동등하게 협업하여야 함. 무엇보다 기민하고 상상력이 풍부해야 하며, 영화 촬영의 창의적인 면에 대해 제대로 된 교육을 받아야 함.

촬영 조수는 필름 핸들링과 로딩, 카메라 장비의 작동과 조립, 기록 관리, 장비 유지·관리 및 필요한 경우 현장 수리에 대한 교육을 받아야 함.

이론과 기술에 있어 뛰어난 기초 훈련을 제공하기 위해 시라큐스 촬영기사는 정규 교육을 준비하고 실시하는 데 많은 시간을 할애할 것임. 이러한 방식으로 기술 인력들은 한 번의 촬영에서 각 파트 인력들이 하는 일들을 경험할 수 있을 것임. 교육 과정 중 다룰 내용에 대한 커리큘럼은 준비되어 있으며, 별첨 문서 B를 참고할 것. 정규 교육은 각 현장 인력들과 함께하는 현장 실무 교육으로 풍부해질 것임. 견습생 개인의 세부 질문과 문제들에 개별적으로 관심을 가져야 함을 반드시 유의해야 하며, 교육 과정 중 상영과 평가는 영화 촬영의 창의성 발전에 도움이 될 것임.

현장에서 제작과 교육에 드는 시간을 최대한으로 확보하기 위해, 시라큐스 촬영기사는 교육용 영화 제작 시 시나리오 작가-감독-어드바이저의 역할을 동시에 맡아 진행하고 모든 제작 단계에서 연출 및 촬영 견

---

4   서류에서 언급된 별첨 문서 A와 B는 본 수집 문서에 누락되어 있음.

습생들과 함께 협업해야 함.

애니메이션 부서가 최근 설립되면서 촬영기사들의
교육에는 애니메이션 촬영의 전체적인 내용 역시 상
당 부분 추가됨.

시라큐스 인력이 떠난 후에도 OPI가 제대로 기능하
는 애니메이션 부서를 운영하려면, 애니메이션 촬영
기사 정규 인력 1인과 보조 파트타임 견습생 1인을
반드시 고용해야 함. 애니메이션 촬영은 제작의 중요
한 단계임.

사운드 녹음

목표: 영화 사운드 녹음과 관련한 장비 정비와 설치
에 관한 기술적이고 창의적인 한국인 인력을 전체 프
로그램이 요구하는 조건에 맞추어 지도함.

과정: 프로젝트 기본 목표 달성을 위해 사운드 관련
장비를 유지·관리하고, 새로운 장비를 설치, 특화된
기술 업무를 담당할 오디오 엔지니어 혹은 기술자를
비롯, 창의적인 사운드 엔지니어 혹은 '믹싱' 전문가
다수를 양성해야 함. 믹싱 전문가들은 사운드 관련
업무에 사용되는 모든 종류의 인화 전 필름들을 다루
는 데 필요한 기술을 완벽히 알아야 할 뿐 아니라 음
향 시설, 음악과 필름 편집에 대해서도 어느 정도의
지식을 갖추어야 함. 또한 오디오 공학에 대한 기술
기초 지식 역시 필수임. 녹음 기술자는 넓은 이론적
배경을 바탕으로 고도로 전문화된 필름 녹음 기술에
대한 세부 지식과 경험을 필요로 함. 이를 위한 가장
효과적인 교육은 이론과 실습을 병행하는 정규 교육
인 현장 실무 교육임. 정규 교육의 시간 배분은 개별
기술 인력의 경험과 배경 지식 등 상황에 따라 달라
질 수 있음.

시라큐스 사운드 인력은 교육 시간 중 가장 많은 부
분을 믹싱 전문가와 기술자에게 조언하고, 그들과 함
께 작업하는 현장 실무 교육에 배분해야 함. 정규 교
육의 수업 내용은 실습 작업에서 부딪치는 어려움과
문제들을 바탕으로 구성되어야 함. 믹싱 결과물을 들
려주거나 완성된 영상과 함께 보여주는 시연 및 그에
대한 평가를 듣는 비평 수업도 전체 수업에 포함하여
시간 배분의 균형을 맞추어야 함. 교육자는 프로듀서
와 시나리오 작가·감독 및 기술 인력들에게 효과적이
고 상상력을 느끼게 하는 사운드가 영화의 질을 향상
시킬 수 있음을 보여줄 수 있어야 함.

정규 교육 과정 중 하나인 영화 사운드 녹음 기술 및
과정 입문은 일주일에 1회 수업함. 이 과정은 다양한
분과의 사람들이 모두 들을 수 있도록 계획되어 있음.
자세한 커리큘럼은 별첨 문서 A를 참고.

현상소

목표: 현상액 혼합 등 필름 현상 및 인화 작업 절차에
집중하여 현상소의 전문화된 작업을 수행할 한국인
인력을 지도함.

과정: 현 현상소 인력은 일부 장비 작동 및 기초 수준
의 현상 기술 교육만 받았기 때문에 상급 단계의 교
육이 필요함. 어드바이저는 필름 감광 측정과 화학
분석 실험 및 현상소 제어에 관한 정규 강좌와 워크
숍을 기획하여 진행할 계획임. 어떤 경우에는 (예를
들어 감광 측정기, 농도 측정기) 시라큐스 인력들이
먼저 작동 시키고 이후 개인들을 훈련시킬 필요가 있
음. 전임자가 현상소 실습에서 확립한 표준 양식 중
시도되지 않은 새롭고 진보된 방식을 도입, 시연할
필요가 있음.

다음의 내용들은 시라큐스 인력들이 현상소 인력들을 교육하는 데 앞서 성공적인 결과를 위해 반드시 고려해야 할 사항들임.

1. 새로운 감광 측정 기구가 반드시 필요함.
2. 한국인 인력들은 우선적으로 제어 방식을 습득하고 받아들여야 함. 감광 측정 기구를 사용하여 육안으로 노출을 측정하는 것은 많은 시간과 노력이 요구됨.
3. 다양한 분과(예를 들어 카메라, 사운드 녹음, 편집 및 현상소)와의 협업이 훨씬 더 조직적이어야 함.
4. 모든 인력들은 적극적인 자세로 시라큐스 어드바이저들의 지시를 따르고 배워야 함.

이 분야에서의 협력과 통제가 따라 준다면 교육의 기대 효과가 성취될 것이며, OPI는 설치된 장비 유형에 적합한 품질의 프린트를 기대할 수 있을 것임.

유지·관리

목표: OPI 영화과에 소장된 모든 장비들의 수리, 유지·관리에 필요한 작업을 수행할 한국인 인력들을 교육함.

과정: 시라큐스 기술진은 장비들을 직접 수리하고 유지·관리함과 동시에, 카메라, 영사, 편집, 사운드, 현상소 장비 지원과 관련한 현장 실무 교육 프로그램을 기획할 것임. 매뉴얼, 부품 목록 및 모든 장비 작동과 유지·관리를 설명하는 데 도움이 될 여러 교수법이 활용될 것임. 이러한 기술 작업에서 가장 중요한 것은 적합한 유지·관리가 영화 제작에 있어 기본적인 것임을 한국인 인력들에게 알리는 것임.

대부분의 작업대, 캐비닛, 장비 등을 위한 전기 콘센트 배설 작업은 완료되었음. 머지않아 추가 캐비닛 구축 계획을 제출할 것임. 캐비닛이 도착하는 대로 기계 공작실 장비 설치에 착수할 것임. 기계 작동 담당 인력 교육 및 점검은 장비 설치가 끝나면 바로 시작할 것임.

기술진들의 견해로는 OPI를 비롯한 한국 부처들이 영사 장비 작동 및 유지·관리 담당 인력을 양성할 필요가 있음. 따라서 유지·관리 전문 기술 인력이 영사기 작동과 유지·관리 및 다른 기본 작업에 대한 교육 프로그램을 위해 준비되었음. 기술진들은 수업 진행을 위해 1인당 한 대의 영사기와 영사 장비 수업을 위해 필요한 다양한 부품 및 도구들을 갖추어야 함.

다음은 영사 기사 교육에 필요한 프로그램에 대한 예시임.

1. 프로젝터의 외부 이물질 제거
2. 부서지거나 낡은 것이 없는지 체인, 벨트, 톱니 등 확인
3. 연결이 잘 안 될 경우 배선 점검
4. 램프와 관련 부품, 기기 등 점검
5. 영사기 전체에 윤활유 바르기. 윤활유 등급을 확인하고 필요한 부분에 꼼꼼히 바르기
6. 고장 잘 나는 부품에 대한 상세 설명. 수업 중 즉흥적인 수리 시연
7. 일상적으로 해야 할 유지·관리 작업 및 영사 기사 권장 수칙에 대한 설명

편집

목표: 영화 편집의 창의적이고 기술적인 재능을 가진 한국인 집단을 교육함. 두 그룹으로 나누어 한 그룹은 편집 기술에 대한 집중 교육을 실시, 다른 그룹은 시나리오 작가와 감독 대상으로 진행.

과정: 효과적인 교육용 영화 제작을 위해 편집을 전문적으로 담당할 편집기사가 필요할 뿐 아니라 감독과 시나리오 작가 역시 편집의 기술적 측면과 예술적 측면에 대해 알고 있어야 함. 최대한 현장 실무 교육에 시간을 할애하고 정규 교육은 실무 교육을 보충하는 내용으로 커리큘럼을 구성하여, 각 편집기사들이 영상과 사운드 커팅부터 네거티브 커팅까지 전체 편집 과정을 능숙하게 수행할 수 있도록 함. 모든 작가와 감독은 적어도 편집 기술의 기본 원리를 알아야 하며 어드바이저의 도움 없이 러시필름(work print)을 편집할 수 있어야 함. 감독과 작가 대상 편집 교육은 연출과 시나리오 쓰기를 보조하기 위한 것임. 감독과 시나리오 작가를 교육하는 데 있어 업무 가중과 큰 어려움이 있겠지만, 시라큐스 편집 기술자는 한국인 감독과 작가들이 훈련용 필름 입문에서부터 프린트 단계에 이르는 전 제작 과정에 대해 조언할 필요가 있음.

장기적 전망에서 편집 분과가 효율적으로 운영되기 위해서는 더 많은 견습생들이 필요함. 월별 설문조사 자료와 장기 목표에 기초하여, OPI는 추가적으로 4~6명의 편집 견습생이 필요할 것으로 보임. 그 어느 때보다 많은 영화를 계획 중인 OPI의 향후 제작 스케줄을 고려, 견습생 증원은 필수적이며, 현 직원들의 어려움이 커질 것에 대비, 예비 인력이 필요함.

편집기사, 시나리오 작가, 감독 견습생 대상 편집 교육의 효과적 진행을 위해, 간단한 영화를 만들어 편집용 프린트로 사용할 여러 벌의 프린트를 제작. 이 푸티지는 편집 견습생들이 스스로 상상하는 몇 개의 이야기들로 편집될 수 있도록 준비되어야 하며, 편집 실습으로 만들어진 영화는 수업 중 상영, 교육자와 학생들의 평가를 받을 예정임. 이 영화들은 견습생들에게 가상선(screen direction), 동작 일치, 편집 호흡

(pacing) 등에 대해 추상적 이해가 아닌 구체적이고 실제적인 공부를 위해 귀중한 자료가 될 것임. 교육 내용은 별첨 문서 A의 커리큘럼을 기반으로 함.

[소장 문서 10]

반기(半期) 보고서[1]

1960년 4월 4일

국제협조처(ICA)와 시라큐스대학 간의
계약 번호 ICA/W-644

보고 기간
1959년 9월 16일~1960년 3월 15일

I. 목적
별첨 문서 A 4조에 의거한 보고서
"계약자는 본 계약의 작업 진행 사항을 보여주는 반기 보고서 3부를 ICA/W에, 4부를 미 경제협조처(United States Operations Mission, 이하 USOM)에 준비하여 제출해야 함."

II. 일반사항
시라큐스 기술진들은 다음의 분야에서 OPI 영화과를 지원하였음.

a. 영화 제작의 기술적 분야에서 한국 인력 교육
b. 교육용 영화들의 제작 조언과 지원
c. 영화 장비 설치

진행사항은 전체 프로그램 단위로 문서화하여 보관 중이며, 보고 기간 동안의 주요 사항으로는 1959년 10월 15일, 시나리오 작가-연출 및 카메라 분야에 20명의 견습생이 OPI에 신규 채용되었음. 시라큐스 스태프들은 이 분야에서 예상보다 많은 인력들을 교육시키고 있음. 기존 견습생 중 대부분이 무사히 교육을 마치고 능력을 갖춘 시나리오 작가·감독, 카메라맨이 될 경우, OPI은 장기적 영화 교육 목표에 도달하는 데 충분한 해당 분과의 인원들을 얻게 될 것임.

III. 인력
첨부된 표와 근무 일지(별첨 문서 A)는 시라큐스 기술진들의 월별 작업량과 정기휴가 및 병가 등을 기록한 것임. 또한 해당 보고 기간 동안 스태프 충원 계약에 따라 레비 문(Levi E. Moone)을 현상소 기술자로 고용하였음.

IV. 제작과 훈련
OPI는 현재까지 15편의 교육용 영화를 완성했으며, 13편은 다양한 제작 단계에 있음(별첨 문서 B. 제작 진행표 참고). 영화과는 현재까지 요청받은 USOM과 남한 사이의 교육용 영화 전체에 대한 제작 일정을 세웠음. 이 일정(별첨 문서 C)대로 진행될 경우, 영화과는 1960년 10월까지 본래 목표한 교육용 영화 연 22편 제작에 도달할 것임. 이 계획은 영화과 관리직 직원들이 과거 영화 제작 과정에 잔존하던 오해의 지점들을 불식시키고자 노력하고 있음을 보여주는 건강한 지표임.

---

1   원문 제목: Semi-Annual Report: Contract ICA/W #644 between International Cooperation Administration and Syracuse University

그러나 체계적인 방식에 따른 완성도 높은 영화 제작을 목표한다면 실제 작업 관행에 개선의 여지가 많음을 주지해야 함. 해당 분과 인원들을 이끄는 분과장들의 집중적 노력을 비롯, 여러 과정을 후방 지원하는 다수의 행정이 행해져야 하며 간과되어서는 아니 될 것임. 특히 요청 시 필요한 분량의 생필름, 화학 약품, 부품 등의 체계적 조달이 이뤄져야 함. 렌즈 티슈나 조명 플러그와 같은 부품과 부속품이 심각할 정도로 부족할 경우 작업은 한층 지난해질 것이며, 이러한 조달에 신경 쓰지 않을 경우 촬영 스케줄을 맞출 수 없음.

이러한 상황에 대한 해결책은 인력 심화 교육 및 영화 제작에서 흔히 발생하는 소소한 문제들을 궁극적으로 해소하는 것임. 시라큐스 기술진들은 이러한 문제에 영향력이 거의 없음을 염두에 두어야 함. 그러나 올해 가을경에는 영화 제작 관행이 좀 더 나아질 것으로 기대됨.

집중 정규 교육 프로그램이 현상소 기술진을 제외한 시라큐스 기술진 주도로 30일간 진행되었음. 이 교육은 신입 견습생 20명을 대상으로 한 것으로, 한국인 주요 스태프들 주도의 오리엔테이션과 교육 이후에 실시되었음. 미국과 한국 양측의 합동 교육은 모든 면에서 성공적이었음. 지난 2개월간 영화 제작 과정에서 보조 역할을 수행한 일부 신입 견습생들의 능력은 상당히 고무적임. 물론 이 견습생들이 '영화 제작 방식'을 보여주는 간단한 연습용 영화 각본과 연출 혹은 촬영 임무를 소화할 수 있는지를 판가름하기에는 이른 시점임.

사운드 녹음 기술과 영화 시나리오 작법-연출 주간 정규 교육 중에 다음과 같은 문제들이 발생하였음.

(1) 시나리오 작가, 감독 분과에서는 한국인 전 스태프들이 참석할 수 없었으며, 종종 견습생들의 강의 출석과 제작 일정이 겹치는 문제로 5주간 정규 교육이 파행 운영됨.

(2) 사운드 녹음 분과에서는 가장 숙련된 기술자 2인이 사임했으며, 아직 대체 인력을 구하지 못한 상태임. 추가 인력이 필요함. 현 스태프들은 시라큐스 사운드 기술자의 고급 기자재를 최대한 활용하기 위해 필요한 전기, 물리학 분야의 배경지식이 부족하다는 것 역시 염두에 두어야 함.

V. 장비

PIO/C 1959로 주문한 장비 가운데 일부가 도착하여 설치하였음. 새로운 사운드 믹싱 콘솔과 자동 전압 정류기가 사용 중이며, 이 장비들로 16mm, 35mm 사운드의 품질을 향상시킴. 편집 관련 보급품과 필름 출력용(printer) 전압 정류기 역시 도착하였음.

유지·관리 부서는 여전히 카메라 및 기타 장비를 수리할 적합한 부품을 확보하지 못하였음. 이는 부분적으로 다음의 방침에 기인하는 것임.

(1) 최초 장비 조달 시, 많은 부품을 주문하지 않았음.
(2) 필요 부품을 조달하는 것은 한국 정부의 책임으로 판단됨.
(3) 장비 지속 운영에 필요한 특이 부품 제작을 위한 밀링 머신(milling machine)과 제반 장비 조달이 지연되었음. 이 장비는 아직 한국에 도착하지 않았음.

사실 조달할 부품 목록이 OPI에 제출된 상태이나, 현재 극소수의 품목들만 구입된 상황임. OPI가 부품 조달에 대한 책임을 인지한 것으로 보임. 안타깝게도 현재 주문한 부품들은 유지·관리 기술진의 파견 기간 만료 전에는 도착하지 않을 것으로 보임. 적절한 부품이 없음에도 불구, 유지·관리 기술진과 OPI의 유지·관리 스태프는 정기적인 장비 관리와 비상 보수는 물론, 정수 시설 설치, 프린트 기기 2대 조립, 배선 및 발전기 재설치 등의 놀라운 작업을 수행하였음.

현상소 기술진의 보고에 따르면 S-120 모델, 휴스턴-피어리스 스프레이 인화기에 냉각기가 설치되어 있지 않아 규격 미달이라고 함. 스프레이 바 및 노즐이 충분치 않아 필름 균등 현상 작업을 보장하지 못할뿐더러, 구형이고 길이가 매우 짧음. 35mm 인화기 두 대에 분사되는 압축 공기는 제대로 작동하지 않고 있으며, 그 결과 물방울 전부를 제거하지 못함. 필름 현상에서 최대한 현 상황을 조절하는 한편, 현상 장비 주문 절차를 진행 중임.

VI. 향후 계획

향후 6개월간 시라큐스 기술진들은 현장 실무 교육에 집중하는 한편 기존과 같은 형태의 작업을 진행할 것임. 정규 교육은 1959년 9월에 제출한 작업계획서를 따름. 작가-감독 분과에서의 정규 교육 과정 일부가 취소됨에 따라, 프로그램의 일정 부분은 작업계획서상의 개요대로 완료되지는 않을 것임. 작업은 동일 커리큘럼에 따라 진행되나, 본 프로그램을 완료하기 위해서는 시라큐스 작가-감독의 현 파견 기간 이상의 시간이 추가 소요되리라 판단됨.

시라큐스 현상소 기술진은 화학 및 사진 인화에 대한 정규 교육을 진행할 예정임. 현상소 전 구성원에게 현상소 내에서의 승진은 물론, 현재 수행 중인 작업을 잘 이해하는 데 필요한 배경지식 등의 기본 정보가 제공될 것임. 우선적으로 긴급하게 요청된 프로그램 수행을 위해 현상소 전원 일주일에 이틀, 하루 한 시간씩이 소요될 것으로 추정됨.

카메라 분과와 현상 분과는 중복되는 정규 교육이 있는 바, 시라큐스 카메라 기술진은 1959년 9월에 제출한 커리큘럼 중 8강을 수행하지 않을 예정임. 6강 '컬러 영화'를 제외한 그 밖의 내용들은 정규 강의로 소화되었음.

시라큐스 편집 인력은 1959년 9월의 작업계획서에 기술한 정규 교육을 끝마쳤음. 영화 편집 기술의 기본을 습득하도록 한국인들을 교육하는 것은 지속될 것임. 시라큐스 편집 자문의 촬영으로 10분 분량의 프린트 20벌을 만들었으며, 각각 견습생들이 편집할 예정임. 실제 작업 경험을 통해 동작 일치, 가상선(screen direiction), 편집 호흡(pacing) 등의 기본적인 영화 편집 기술을 이해하게 될 것임.

향후 수개월 내로 PIO/C 1959에 의거 유지·관리 장비가 도착할 예정으로, 시라큐스 유지·관리 기술자는 5주간 하루 2시간씩 이 장비의 작동 및 유지·관리에 관한 집중 교육 프로그램을 제안하였음. 유지·관리 어드바이저는 프로그램 시행을 준비하고 있으며, 향후 이 장비를 작동할 수 있는 숙련된 충분한 수효의 인원을 OPI가 보장하기 위해 유지·관리 분과의 한국인 전원은 반드시 참석해야 함.

제출자: 제임스 매캐런
선임 대표

별첨 A. 근무 패턴

시라큐스 계약 #644

1959년 9월 16일 ~ 1960년 3월 15일

	채용일자	1959. 09.16	10월	11월	12월	1960.01	2월	3.15	휴가		
									병가	정기	
1. P_D 매캐런	58.08.01	15	30	30	30	30	30	15	2 ½	0	1. P_D 매캐런
2. W_D 메이브리	58.11.13	15	30	30	30	30	30	15	0	8	2. W_D 메이브리
3. 카메라 코넬	58.10.27	15	30	30	30	30	30	15	4 ½	8	3. 카메라 코넬
4. 사운드 코넌트	58.10.08	15	30	30	30	30	30	15	10	8	4. 사운드 코넌트
5. 유지·관리 라지	58.10.27	15	30	30	30	30	30	15	5 ½	10	5. 유지·관리 라지
6. 현상 문	59.11.20			*10	30	30	30	15	2	0	6. 현상 문
7. 편집 거스리	59.06.28	15	30	30	30	30	30	15	3	0	7. 편집 거스리
8. 비서 몽고메리	58.10.15	15	30	30	30	30	30	15	5	10	8. 비서 몽고메리

30 = 월 30일 기준으로 근무일 표시

* = 출장 및 오리엔테이션 시간 포함

별첨 B. 제작 진행표

USOM/OPI 교육용 영화 제작

1960년 3월 16일

제작번호	제목	리서치 (완료)	스크립트 (승인)	촬영 (완료)	편집 (완료)	사운드 (완료)	ANS. 프린트[2] (승인)	비고 및 프린트 배포
500	건 에이전트 Gun Agent	58.08.25	58.09.15	58.10.22	58.11.02	58.11.10	59.03.03	35mm 프린트 1 – OPI 16mm 프린트 7 – USOM
501	누에 Silkworm	TC_AV에 의해 완료			USOM	59.02.15	59.04.19	16mm 프린트 1 – OPI 16mm 프린트 10 – USOM
502	댐 건설 Dam Building	58.12.15	59.07.20	59.11.14	59.12.10	60.02.15	60.03.10	16mm 프린트 1 – OPI 16mm 프린트 12 – USOM
503	어구 Fishing Equipment	없음	58.10.22	59.02.16	59.03.15	59.04.12	59.04.25	16mm 프린트 1– OPI 16mm 프린트 5– USOM
504	아카시아 씨앗 Acacia Seed	58.02.15	59.03.22	59.06.12	59.07.20	59.07.25	59.08.29	16, 35mm 프린트 각 1 – OPI 16mm 프린트 11– USOM
507	농촌 임업 조합 Village Forestry Association	58.03.18	58.04.02	58.04.30	58.05.10	58.06.15	58.08.10	35mm 프린트 2– OPI 16mm 프린트 20 – USOM
508	보리 절약을 위한 신형 비료 New Fertilizer for Saving Barley	없음	58.04.15	59.01.25	58.07.15	59.02.18	59.02.15	16, 35mm 프린트 각 1 – OPI 16mm 프린트 20 – USOM
509	자기지지형 케이블 Self–Supporting Cable	59.05.20	59.09.10	59.09.30	59.12.08	59.12.10	59.12.15	16mm 프린트 1 – OPI 16mm 프린트 4 – USOM
510	농촌 기계 워크숍 Village Mechanical Workshop	진행 중						

2   앤서 프린트(Answer Print): 색보정이나 광학효과, 녹음 등 영화 제작과 관련해 진행된 여러 단계의 작업을 하나의 프린트에 모아 출력한 최초의 버전을 뜻한다. 영화 제작 과정에서 이 단계에 이르면 편집, 녹음, 기타 특수효과 등 모든 후반 작업이 종료된 상태이다. 앤서 프린트를 이용해 배포용 프린트의 원본에 해당하는 인터 네거티브를 제작한다.

제작 번호	제목	리서치 (완료)	스크립트 (승인)	촬영 (완료)	편집 (완료)	사운드 (완료)	ANS. 프린트 (승인)	비고 및 프린트 배포
511	병동을 청결하게 Keep Hospital Wards Clean	TC_AV에 의해 완료			USOM	59.04.12	59.05.12	16mm 프린트 1 – OPI 16mm 프린트 5 – USOM
512	그레이더 유지 관리 Preventive Maintenance of Grader	59.04.09	59.05.20	59.06.10	59.08.03	59.08.08	59.08.28	16, 35mm 프린트 각 1 – OPI 16mm 프린트 5 – USOM
513	트럭 유지 관리 Preventive Maintenance of Truck	59.08.10	59.09.10	59.11.07	60.03.10			
514	모기 방역 Mosquito Spraying	59.05.15	59.05.23	59.06.11	59.07.05	59.07.12	59.07.20	16, 35mm 프린트 각 1 – OPI 16mm 프린트 9 – USOM
515	흉부 수술 Chest Surgery	59.05.24	59.06.01	59.06.15	59.08.20	59.08.09	59.11.30	16mm 컬러 프린트 2
516	위생 우물 Sanitary Well	59.08.01	59.09.12	진행 중	진행 중			재촬영 완료 대기
517	학교 도서관 School Library	59.07.25	59.10.10	59.12.10	60.03.01	진행 중		
518	교통경찰 Traffic Police	59.06.15	59.08.20	59.09.03	59.10.06	59.10.06	59.12.02	16, 35mm 프린트 각 1 – OPI 16mm 프린트 8 – USOM
519	협동을 통한 발전 Development thru Cooperation	59.08.10	59.09.14	59.10.23	59.11.18	60.01.05	60.03.02	35mm 프린트 2 – OPI 16mm 프린트 4 – USOM
520	유아 병원 Baby Clinic	59.11.18	60.02.29	진행 중				
521	돈사 Hog Shelter	59.09.20	59.09.25	60.02.06	60.03.05	진행 중		
522	나선 공사 Open Wire Construction	진행 중						
523	쥐잡기에 관한 만화 Cartoon on Killing Rats	59.08.15	59.08.15	59.11.25	59.11.25	59.11.25	59.12.01	35mm 프린트 21 – OPI 16mm 프린트 15 – USOM

제작 번호	제목	리서치 (완료)	스크립트 (승인)	촬영 (완료)	편집 (완료)	사운드 (완료)	ANS. 프린트 (승인)	비고 및 프린트 배포
524	농촌 집에서 잘 살기 Living Well in the Rural Home	60.01.25	60.02.29	진행 중				
525	아이 돌보기 Baby Care	60.02.29	60.03.14					
526	가족 식단 Family Diet	60.02.29						
527	의복 개선 Better Clothing	60.03.12						
528	주방 개선 Better Kitchens	60.02.29	진행 중					
530	제작 분석 Production Analysis	60.01.31	60.02.05	60.02.22	진행 중			재촬영 필요
531	전화 설치 Telephone Installation	60.03.10	진행 중					
532	수익성 새우 어업 Profitable Shrimp Fishery	60.02.20	진행 중					
533	유역 (조성) Watershed (Organization)							요청 접수
534	유역 (파종) Watershed (Planting Seed)							요청 접수
535	유역 (논) Watershed (Rice Paddy)							요청 접수

별첨 C. USOM-OPI 교육용 영화 스케줄

1960년 3월 15일

제작 번호	제목	내용 개요	스크립트	촬영	편집	사운드	인터락[3]	앤서 프린트	비고
502	댐 건설 Dam Building					06.02.01	60.02.02	60.03.05	
513	트럭 Truck				60.02.05	06.03.17	60.03.19	60.03.26	
516	위생 우물 Sanitary Well			60.02.15	60.03.21	60.03.31	60.04.02	60.04.09	
517	도서관 Library					60.03.10	60.03.12	60.03.19	
520	건강 센터 Health Center		60.02.29	60.03.03 ~ 03.21	60.03.31	60.04.14	60.04.18	60.04.24	
521	돈사 Hog Shelter					60.03.24	60.03.26	60.04.02	
524	농촌 집에서 잘 살기 Living Well in the Rural Home		60.03.01	60.03.15 ~ 03.31	60.04.25	60.04.30	60.05.02	60.05.09	
525	아이 돌보기 Baby Care	60.03.01	60.03.14	60.04.16 ~ 04.30	60.05.15	60.05.24	60.05.27	60.06.03	
526	가족 식단 Family Diet	60.03.01	60.03.14	60.04.01 ~ 04.15	60.05.10	60.05.17	60.05.20	60.05.25	
527	더 나은 의복 만들기 Making Better Clothing	60.03.01	60.03.14	60.04.11 ~ 04.13	60.05.05	60.05.10	60.05.13	60.05.20	
528	주방 개선 Better Kitchens	60.03.01	60.03.20	60.04.15 ~ 04.30	60.05.10	60.05.31	60.06.03	60.06.10	

530	놋쇠 공장 Brass Factory	60.01.30	60.02.05	60.02.15 ~ 02.22	60.03.14	60.04.07	60.04.11	60.04.18
531	전화 설치 Telephone Installation	60.02.20	60.03.15	60.05.03 ~ 05.20	60.05.31	60.06.06	60.06.10	60.06.17
532	새우 어업 Shrimp Fishery	60.03.10	60.03.30	60.05.02 ~ 05.17	06.05.27	60.06.15	60.06/20	60.06.28
510	기계 워크숍 Mechanical Workshops	60.04.10	60.04.30	60.06.10 ~ 06.25	06.07.08	60.07.15	60.07.20	60.07.27

참고사항: 각 스케줄 일자 아래의 공란은 제작 관리부에서 작업 완료 일자 기록용으로 사용 예정

3 　인터락(Interlock): 일반적으로 두 가지 이상의 기기 모터를 동기화시켜 동시에 작동하거나 멈추게 하는 방식의 작동법을 일컫는다. 본 문서와 관련해서는 최종 프린트 제작 이전, 편집 단계에서 내부 기술 시사를 위해 별도로 작업한 사운드 녹음과 영상 촬영 소스를 한데 모아 동기화시켜 재생하는 작업을 뜻한다.

[소장 문서 11]

조직도[1]

1959년 4월 8일

1. 기획 및 제작 - 토마스 레이톤 메이브리
                (Thomas layton Mabrey)

김영권 - 기획 및 제작실장

강내식 - 프로듀서 디렉터

양종해 - 프로듀서 디렉터

윤기범 - 운영

김행오 - TV 프로듀서

배동순 - 홍보

최창균 - 작가 및 감독(견습생)

나한태 - 작가 및 감독(견습생)

임학송 - 작가 및 감독(견습생)

2. 편집 - 제임스 M. 거스리
                (James M. Guthrie)

박용훈 - 책임 편집기사

배석인 - 편집기사

임옥희 - 편집조수

이인덕 - 편집조수

김원자 - 편집조수

3. 애니메이션

박영일 - 미술 책임

홍상균 - 미술가

김인태 - 미술가

4. 카메라 - 제임스 R. 코넬
                (James R. Connell)

박희영 - 카메라부장

최순진 - 책임 촬영기사

배성용 - 촬영기사

정윤규 - 뉴스 프로듀서

신희성 - 촬영기사

이충섭 - 촬영기사

허동학 - 촬영기사

한규설 - 촬영기사(견습생)

문경준 - 상동

이낙희 - 상동

조남재 - 상동

5. 영사

현중섭 - 영사기사

한우섭 - 상동

김광윤 - 상동

6. 녹음 - 시어도어 코넌트
                (Theodore Conant)

손인호 - 녹음기사

강신규 - 녹음조수

이재웅 - 녹음기사

정기창 - 녹음조수

7. 음악 - 시어도어 코넌트
                (Theodore Conant)

정윤주 - 음악가

---

1   원문 제목: Personal Breakdown

8. 유지·관리 - 페리스 라지
　　　　　　(Ferris Large)

김형중 - 책임 엔지니어

박옥* - 설비 기술자

김영만 - 상동

정정모 - 전기 기술자

김광식 - 전자 기술자

9. 현상 및 처리(Processing) - D. S. 프레슬리
　　　　　　　　　(D. S. Pressley)

김형만 - 현상 및 처리부장

채규순 - 현상 책임

조우기 - 프린트 책임

강영로 - 세척

정기호 - 현상기사

이태완 - 현상기사

이현옥 - 프린트

정경훈 - 프린트

유무순 - 프린트

박새기 - 프린트

정성원 - 약품 처리(Chemist)

김해원 - 약품 처리(Chemist)

이옥순 - 세척

조순자 - 세척

10. 시라큐스 계약 사무국 스태프

김용현(Roy)

최재철(Frank)

유병희(Tom)

김정남(Jhon)

강정자(Gloria)

장문영(Charles)

박익순

이해기(Mike)

11. 행정 및 해운

양창현 - 행정 책임

박광서 - 일반 업무

서윤석 - 회계

12. 운전

김진문

김정현

13. 기타 업무

조계순 - 사무원

조간난 - 청소

박종웅 - 보조 전기기사[2]

강경현 - 경비

2　　원문에는 Assist. Klectrician으로 적혀 있으나, Assist. Electrician의 오식으로 보임.

[소장 문서 12]

별첨 1. 방문 현상소 및 스튜디오 목록[1]

명칭	대표	주소	특기사항
1. 국방부 정훈국 군영화촬영소[2] 한국 서울 — 35mm, 16mm	소장	필동	녹음 스튜디오 필름 처리 현상소 화면 및 트랙 축소 출력기
2. 한국영화문화협회(KMPCA)[3] 한국 서울 — 35mm, 16mm	장기영 대표	한국 서울 정릉	녹음 스튜디오 자동 처리기기 최신식 현상 설비
3. 한국문화영화제작소[4] 한국 서울 — 35mm, 16mm	이학순 소장	한국 서울 용산	랙과 탱크 현상소 녹음 설비
4. 뉴스센터[5] 한국 서울 (한국영화아카데미라는 명칭으로도 운영)	이수복 소장	한국 서울 명동	설비 없음 현재 운영 중
5. 한국영화현상소[6] 한국 서울	김창수 소장	한국 서울 소공동	1960년 4월 현상소 운영 중단

---

1   원문 제목: Appendix One: List of Laboratories and Studios Visited

2   원 문서에는 Ministry of National Defense, Motion Picture Section이라 기재되어 있으나, 시기상 국방부 정훈국 군영화촬영소로 추정된다. 국방부 정훈국 군영화촬영소의 전신은 한국전쟁 당시 영화인들의 주도로 창설된 '정훈국 촬영대'이다. 한형모 감독을 주축으로, 김광희, 양보환, 심재홍, 국방부 소속 한국문화연구소 기자였던 김종환 등이 각 전선에 배치되어 국군과 유엔군의 활동상을 촬영하고, 1951년 〈정의의 진격〉 1, 2부 및 1952년 5월부터 1956년 5월까지 총 66편의 〈국방뉴스〉를 제작하였다. 1952년 정훈국 촬영대는 '군사영화촬영소'로 승격되었고, 1953년 국방부 개편과 함께 다시 '정훈국 영화과'로 개칭되었다가 1955년 '국방부 정훈국 군영화촬영소'로 개칭, 1963년 '국방부 국군영화제작소'로 승격되었다. 박선영, 「프레임 속의 전쟁」, 허은 편, 『영상과 아카이빙 그리고 새로운 역사쓰기』, 도서출판 선인, 2015, 269~271쪽 참고.

6.	수도영화사 35mm	홍수기 촬영소장	안양	최신식 현상 설비 자동 처리기기 녹음 스튜디오 – 웨스트렉스 장비
7.	연세 시청각센터 한국 서울, 연세대학교	오충열 소장대행	한국 서울 신촌	3-3121 스타인만 릴 처리기기–필름스트립만 가능 사운드 슬라이드 필름 등에 적합한 녹음실 간단한 16mm 작업 시 이용 가능
8.	한국영화합동공사[7] 한국 서울	–	한국 서울 정릉	촬영장만 있음 사운드 녹음실 구축 중 현재 구입한 녹음장비 없으나, 1961년까지 35mm 채널 완비할 것임. KMPCA와 유사한 합자회사

3 1956년, 아시아재단은 5만 달러에 달하는 영화 기자재를 원조하였는데, 이를 운영할 주체로 한국 영화문화협회가 창립, 1957년 1월에 정릉스튜디오를 건립하였다. 《동아일보》 1956년 7월 7일, 4면; 1957년 1월 13일, 4면 등 참고.

4 원 문서에는 Korean Cultural Film Productions로 기재되어 있으나, 정확한 명칭은 확인 불가.

5 원 문서에는 News Center, Ltd.로 기재되어 있으나, 정확한 명칭은 확인 불가.

6 원 문서에는 Korea Film Laboratory로 기재되어 있으나, 정확한 명칭은 확인 불가.

7 원 문서에는 United Film Corporation으로 기재되어 있으나, 시기상 1959년 창립된 한국영화합동공사로 추정된다. 한국영화합동공사는 17개 군소 프로듀서들이 합자하여 창립한 것으로, "제1차 사업 계획으로 시내 돈암동에 2개 스튜디오를 포함한 영화제작소를 신설하고 신형 촬영기와 기재를 도입하여 전국 극장과도 유기적으로 제휴하게 될 것"이라 발표된 바 있다. 《동아일보》 1959년 4월 3일, 4 면 참고.

부록2
소장 문서 목록

제목	종류	작성자 / 수신자	출처	생산연도	내용	비고
Korean Motion Picture *Faithful unto Death* Directed by Choi In Kyu	트리트먼트			1948. (추정)	〈죄 없는 죄인〉 트리트먼트	
Shoestring Screen Study in Stricken Seoul	기사 스크랩	Greg MacGregor	NY Times	1952.11.30	〈고집〉 소개 기사	
HAV'A No-Scene Breakdown	시나리오	Pat Frank		1952. (추정)	〈고집〉 시나리오 1차본	
Ko-Chip	시나리오			1952. (추정)	〈고집〉 시나리오 개정본	일부누락
Final Script	시나리오			1952. (추정)	〈고집〉 시나리오 3차본	일부누락
−	회차표			1952.12.07	〈고집〉 촬영 회차표	
−	보고서			1952. (추정)	〈고집〉 수정 보고서	일부누락
Invoice 14A	서류	Far East Laboratories, Ltd. / Mr. Theodore R. Conant		1954.02.23	현상료 청구서	
Classical Music Orgies	선재물			1954.05.		
First Anniversary of Korean Truce Marked by Worldwide Broadcast	서류	UN, Dep. of Public Information Radio Division		1954.07.21	유엔라디오 방송 〈기나긴 행보〉 방영 소개 문서	
Documentary Radio Program on Korea	서류	Gerald Kean, Special Projects, Radio Division / All Staff Members		1954.07.29	유엔라디오 방송 〈기나긴 행보〉 방영 홍보 문서	
If you were a Child in Korea	선재물	American Friends Service Committee (Quakers)		1954.	미국 종교친우회 발간 브로셔	

Song of Ariran	기타			1954. (추정)	아리랑 가사를 영어로 번역한 자필 메모
Korea—The Task Ahead	선재물	UN, Dep. of Public Information		1955.01.01	유엔 발간 브로셔
Film—Wettstrreit der Nationen	기사 스크랩		Der Kurier	1955.07.03	일본, 영국, 미국의 영화 소개 기사
Report from Korea—3 These are your Children!	기사 스크랩		Picture Post	1955.07.30	전후 한국 고아에 대한 리포트
Travel Authorization	서류	United Nations Korean Reconstruction Agency		1955.08.17	UNKRA 발부 코넌트 여행 허가증
UN Fact Series UNKRA	선재물	UN, Dep. of Public Information		1955.09.10	UNKRA 활동 소개 브로셔
Sound Effects Wanted	서류	Ted Conant (UN Korean Reconstruction Agency) / Robert Kim		1955.11.17	요청 사운드 목록
–	서신	Edinburgh Film Festival / Theodore R. Conant		1955.12.28	에딘버러영화제 〈한국의 예술가〉 상영 관련 서신
Korean Fantasy Shot List with Notes	촬영대본			1955. (추정)	〈한국의 환상〉 촬영 대본
The Hills of Phoenix	시나리오	Richard Bagley		1955. (추정)	〈한국에서의 만남〉 시나리오
The First Manila International Film Festival	선재물			1956.09.26	제1회 마닐라국제영화제 카탈로그 일부
Yesterday in Delhi: Film Experimenter	기사 스크랩		The Statesman	1957.02.13	코넌트 관련 기사
Korean Painting, Sculpture Contemporary Art to be Shown in U.S.	기사 스크랩		The Korean Republic (추정)	1957.08.12	뉴욕 월드하우스 갤러리 한국회화 전시 소개 기사
Visiting Artist	기사 스크랩		Korea Times	1957.08.14	부인 엘런 코넌트 소개 사진 기사

Ted Conant Takes Bride	기사 스크랩		The Korea Times	1957.08.27	코넌트 결혼 보도 기사	
American Couple off on Honeymoon	기사 스크랩		미상	1957.	코넌트 결혼 보도 기사	
Have you Heard?	기사 스크랩		EdScreen & AV Guide	1958.	극영화 제작 교육 중인 한국 관련 기사	
Contemporary Korean Paintings	기타		World House Galleries	1958.02.	부인 엘렌 코넌트가 기획한 한국회화 전시회 팸플릿	
영화를 통한 한국의 소개자-신생활교육원의 테드 코난트 씨	기사 스크랩		한국일보	1958.05.10	코넌트 소개 기사	
Contract No. ICA-W-644 Contract between the United States of America and Syracuse University	서류			1958.	시라큐스 컨트랙트 계약서	일부누락
아세아영화제 은막을 장식할 한국영화	선재물		국제보도 41호	1959. (추정)	마닐라 개최 제5회 아시아영화제 출품작 소개 브로셔	
Personal Breakdown	조직도			1959.04.08	OPI-시라큐스 조직도	
Work Plan Contract No. ICA/W-644 between United States of America and Syracuse University	보고서			1959.09.15	시라큐스 컨트랙트에 의거한 작업계획서	
Improvement of Technical Information Service Syracuse Motion Picture Contract ICA/W-644	보고서	Mr. James W. McCarron Director USOM/K		1959.12.17	USOM에 보고한 시라큐스 컨트랙트 중간 보고서	
The Story of Seoul: Confucian Temple	기사 스크랩			1959.	공자 탄생 기념 행사 관련 기사	
Radio Korea	선재물		Korean Broadcasting	1959.	KBS 소개 선재물	

Two Million Kims (First Draft)	시나리오	UN Radio(추정)		1950s (추정)	라디오 방송 〈Two Million Kims〉 대본 초안	일부누락
Two Million Kims A Radio Script by Ted Conant, and Lee Hyung Pyo	시나리오	UN Radio(추정)		1950s (추정)	라디오 방송 〈Two Million Kims〉 대본	
Korea's Road From Ruin to Revival	선재물	UN, Dep. of Public Information		1950s (추정)	유엔 발간 한국 소개 브로셔	
Korea-The Task Ahead	선재물	UN, Dep. of Public Information		1950s (추정)	유엔 발간 한국 소개 브로셔	
Instruction to Travellers returning from Home	서류		UNKRA	1950s (추정)	귀국 휴가에서 돌아오는 여행자를 위한 지침문	
-	선재물	American Friends Service Committee		1950s 후반 (추정)	시어도어 코넌트 연출 〈바팰리〉 소개 선재물	
Movies about Korea Noted U.S. Film Maker Here	기사 스크랩	Syngboc Chon	The Korean Republic	1960.02.24	코넌트의 한국 활동 소개 기사	
Weekly Motion Picture Joint Staff Meeting	서류			1960.03.08	시라큐스-OPI 회의록	
How U.S. Money Financed Rhee's Election Propaganda	기사 스크랩	Keyes Beech	Chicago Daily News	1960.03.29	키즈 비치의 기사를 재타이핑한 문서	
Semi-Annual Report Contract ICA/W-644 between International Cooperation Administration and Syracuse University	보고서			1960.04.04	ICA에 보고한 시라큐스 컨트랙트 중간 보고서	
Appendix One: List of Laboratories and Studios Visited	서류			1960. (추정)	코넌트가 방문한 국내 현상소와 스튜디오 목록	
Project Agreement	서류			1960.	USOM의 OPI 지원 조건 등이 명시된 합의서 일부	

Korea, May 16–June 16	서류			1961.	5·16군사쿠데타 이후 한 달간의 한국 상황과 소회가 적힌 문서
Swarthmore Filmmakers	선재물	The Film Screening Committee		1961.	1961년 스와스모어 영화제 상영작과 코넌트 소개 선재물
Syllabus 1960–1961 Harvard University	기타			1961.03.20	1960~61년도 하버드대 사회과학대학 수업 강의안
Television and Radio: Educational TV Can Get 'With it'	기사 스크랩	Pat Pearce	The Montreal Star	1965.09.20	TV 교육 문제 관련 기사
Korea Council Membership List	조직도			1966.05.	한국위원회 회원 명단
–	선재물	The Asia Society		1966.05.02	1966년 5월 26일 개최 한국위원회 (Korea Council) 석식 미팅 안내문
News from CBS Laboratories	선재물	CBS		1968.07.26	코넌트의 CBS Laboratories 합류 공지문
Theodore R. Conant Program Specialist, Education Division	이력서			1960s 초반 (추정)	포드재단 재직 시절 작성한 코넌트 이력서
–	선재물			1960s 후반 (추정)	각국 소재 영화 판매용 브로셔 일부
New York Military Affairs Symposium/ Fall 1988 Schedule	기타			1988.	뉴욕군사심포지엄 (NYMAS)의 1988년 가을학기 강좌 일정
New York Military Affairs Symposium/ Fall 1988 Schedule	선재물			1988.	NYMAS 1988년 가을학기 〈Korea: The Unknown War〉 상영 일정 안내문
The BBC Television Newsreel and the Korean War	논문	Howard Smith	Historical Journal of Film, Radio and Television (8: 3)	1988.	한국전쟁 소재 BBC 뉴스릴에 관한 논문

Theodore R. Conant, Director, Chairman Technology Research Committee	이력서		1980s 중반 (추정)	Technical Consultants Inc. 대표 시절 작성한 코넌트 이력서
Screening *Building Bombs*	선재물		1991.	〈Building Bombs〉 상영 안내문
South Korea: Ten Years of Cinema 1983–1993	선재물		1993.	Asia Society– MOMA 공동개최 한국영화제 팸플릿
The Museum of Modern Art Department of Film and Video — "NEW DOCUMENTARY"	선재물	MOMA Dep. Film and Video	1996.	MOMA 주관 상영 선재물
Three Korean Master Filmmakers: Shin Sang–Ok, Yu Hyun– Mok, Im Kwon–Taek	선재물		1996.	MOMA–뉴욕 한국 문화원 공동개최 한 국영화제 소형 팸플 릿
Three Korean Master Filmmakers: Shin Sang–Ok, Yu Hyun– Mok, Im Kwon–Taek	선재물		1996.	MOMA–뉴욕 한국 문화원 공동개최 한 국영화제 대형 팸플 릿
–	서신	New York University, Tisch School of the Arts / Theodore R. Conant	1981.03.18	뉴욕대학 티쉬스쿨 1980~81년 강의 확정 서신
–	서신	New York University, Tisch School of the Arts / Theodore R. Conant	1983.05.17	뉴욕대학 티쉬스쿨 1983~84년 강의 의뢰 서신
Personal History (Lee Hyong Pho)	이력서		1985.04.02	이형표 영문 이력서
–	서신	Thames Television PLC Phillip Whitehead / Theodore R. Conant	1986.10.07	영국 템스TV 제작 예정 다큐멘터리 시리즈(Korea:The Unknown War)용 코넌트 수집 한국전 쟁 필름 푸티지 제공 요청 서신

–	서신	Thames Television PLC Phillip Whitehead / Theodore R. Conant		1986.12.04	위 내용에 대한 2차 서신
Saturday Television and Radio – Korea: The Unknown War	기사 스크랩		The Guardian	1988.06.18	〈Korea: The Unknow War〉 방영 기사
Korea: The Unknown War	선재물	Thames TV		1988.06.18	〈Korea: The Unknown War〉 방영 선재물
The General who wanted total war / MPs are all set to switch on new TV channels	기사 스크랩		Daily Express	1988.07.04	〈Korea: The Unknown War〉 관련 기사
Students, Profs view controversial new TV series on Korean Conflict	기사 스크랩	Kristen Fermaglich	Columbia Daily Spectator	1988.11.15	〈Korea: The Unknown War〉 시사 보도
Radioactive Turtles	기사 스크랩	Erik Barnouw	The Bulletin of the Atomic Scientists	1990.05.	〈Building Bombs〉 관련 기사
Hanover Man Shot Footage For U.N	기사 스크랩	Rich Barlow	Valley News	1990.11.14	코넌트의 유엔 활동 소개 기사
Tonight's Television	기사 스크랩		Valley News	1990.11.14	〈Korea: The Unknown War〉 방영표
Dresden Access Channel Gearing Up	기사 스크랩	Frederic J. Frommer	Valley News	1993.04.19	코넌트 소개 기사
History of Modern Korea	기타	Charles Armstrong		2001.	컬럼비아대학 찰스 암스트롱 교수의 2001년 봄학기 수업 강의 계획서
Resume: Theodore Richards Conant	이력서			미상	코넌트 이력서
Selection Under Way	기사 스크랩		Korea Times	미상	부인 엘런 코넌트 소개 사진 기사

−	선재물			미상	〈위기의 아이들〉 〈한국의 예술가〉 〈한국의 환상〉 판매용 선재물 스크랩
Asia Society News	선재물			미상	〈한국의 예술가〉 소개 선재물
Asian Studies: Korea	선재물			미상	〈위기의 아이들〉 〈한국의 예술가〉 〈한국의 환상〉 판매용 선재물
Department of Film and Television: Undergraduate Division	기타			미상	개설과목 안내문 (추정)
Saturday Television and Radio	기사 스크랩			미상	TV/라디오 편성표
−	기사 스크랩			미상	TV 편성표
Institute for Asian Studies, Inc.	선재물			미상	아시아연구소 개최 엘런 코넌트 강좌 신청서 양식(추정)
Road Safety Film (Shooting Scrip, Final Revices)	촬영대본			미상	도로 안전 영화 〈Road Safety Film〉 촬영 대본
Happy Mountain Orphanage in Pusan (BBC Show)	시나리오			미상	BBC 방송 〈부산의 행복동산 고아원〉 대본
−	서신	Ted Conant /Roger		미상	코넌트 자필 서신
Curriculum Vitae	이력서			미상	부인 엘런 코넌트 이력서
A Far Cry	선재물			미상	〈먼 곳의 외침〉 선재물
Korea, After the War	기타		NFBC 웹사이트	미상	NFBC 웹사이트 등재 〈전후 한국〉 스크랩
The Child of the Future: How Might He Learn	기타		NFBC 웹사이트	미상	NFBC 웹사이트 등재 〈미래의 아이〉 스크랩

With the Canadians in Korea	기타		NFBC 웹사이트	미상	NFBC 웹사이트 등재 〈한국의 캐나다인들〉 스크랩	
Experienced Hands	기타		NFBC 웹사이트	미상	NFBC 웹사이트 등재 〈숙련된 손〉 스크랩	
Choon-Hyang-Jun	선재물			미상	이규환 감독의 〈춘향전〉 소개 영문 선재물	

2장
사진 컬렉션

해제: 사진으로 재구성된 전후 한국영화의 풍경

이길성 | 한국영상자료원 객원연구원, 중앙대학교 강사

시어도어 코넌트가 기증한 사진은 수집 시기별로, 2009년 한국영상자료원에 기증한 사진 193건 206점(복본 13점 포함)과 2015년 한국영상자료원이 컬럼비아대학교 동아시아도서관에서 추가 수집한 사진 371건 374점(복본 3점 포함)을 포함해, 총 510건 580점(복본 70점 포함)이다. 한국영상자료원이 컬럼비아대학교 동아시아도서관에서 수집한 사진은 주로 영화에 관련된 것인데, 그 외 코넌트가 컬럼비아대학교에 기증한 사진은 디지털 복사본으로 2015년 말까지 한국영상자료원에 추가 입수될 예정이며 그 목록은 현재 그곳 홈페이지에서 확인할 수 있다. 시어도어 코넌트 사진 컬렉션은 크게 영화 관련 스틸 및 함께 작업한 영화인들, 운크라와 미국제협조처의 지원 이후 영화 설비가 구비된 공보실 영화제작소, 한국과 관련된 코넌트의 기타 활동 그리고 코넌트 개인 사진으로 분류될 수 있다.

영화 스틸

사진 컬렉션 중 가장 많은 분량을 차지하는 것은 영화 스틸인데, 〈고집〉과 〈한국에서의 만남〉이 주를 이룬다. 문서 컬렉션과 마찬가지로 사진 컬렉션에서 역시 본인이 제작, 감독한 영화의 자료가 거의 없다는 점이 아쉽다. 〈고집〉 스틸의 경우는 사진만으로도 영화의 내용을 설명할 수 있을 정도로 그 수가 상당하며, 촬영 과정에 대한 사진 역시 가장 풍부하다. 영화 〈고집〉의 영상은 현재 완전본이 없지만, 기증받은 시나리오와 사진을 통해 영화가 촬영된 방식, 전체적인 구성 등을 추측할 수 있다.

한편 〈고집〉의 촬영감독이었던 리처드 배글리가 연출한 〈한국에서의 만남〉은 15분 분량으로, 서사 구조가 단순한 영화이다. 주된 등장인물도 산속의 노인과 피난민 소년, 낙오된 군

〈한국에서의 만남〉(1952)과 관련된 것이라 추정되는 사진
으로, 영화의 서정성이 묻어난다.

인, 3명뿐이다. 코넌트가 구술에서 〈한국에서의 만남〉이 이탈리아의 네오리얼리즘적인 분위기를 갖고 있었다고 이야기한 것처럼, 이 영화는 반전적 메시지가 은유적인 이미지로 표현되어 있다. 당시의 영화들이 주로 폐허가 된 건물이나 비참한 생활 환경을 통해서 전쟁의 비극을 직접적으로 드러내는 방식을 사용하는 반면, 이 작품은 산속이라는 특수한 공간을 통해 한국인들의 전쟁 이후 삶의 문제를 상징적으로 다룬다. 영화의 후반부, 노인의 염려와 걱정에도 불구하고 군인 포드는 접전이 벌어지자 격렬한 총격전을 벌인다. 노인은 전쟁으로 나무가 불에 탈 것을 염려했지만 포드는 그것에 관심이 없다. 포격이 끝난 후 포드는 노인의 시신을 발견하고 침묵한 채 산을 내려가고, 마치 노인의 뒤를 잇는 듯 소년이 양동이를 들고 노인의 집으로 돌아간다. 이러한 결말은 전쟁이 끝나고 외부인들이 돌아간 후 폐허가 된 공간에서 여전히 삶을 이어가는 한국인들을 이야기하는 것처럼 보인다. 컬렉션의 사진 중에는 영화 속에 등장하지는 않지만 이러한 분위기를 담아내는 스틸들이 있어서 이 작품이 가진 내적 의미를 드러내고 있다.

기증 사진 중 코넌트가 제작, 감독한 영화와 관련된 것은 〈한국의 예술가〉가 유일하다. 미술가로서 이형표를 주인공으로 한 작품으로, 사진은 주로 이형표의 일상과 작품 활동을 담았다. 이형표는 이 사진들이 영화 스틸이라고 언급한 바 있으나 영화에 실제 등장하는 장면은 아니다. 한편 코넌트가 위스턴 휴 오든(Wystan Hugh Auden)의 시를 모티프로 하여 제작한 영화 〈마카오〉의 장면, 시라큐스 컨트랙트 교육 훈련 작품이었던 〈한국의 이야기 19 *The Story of Korea no. 19*〉에 관한 사진 등이 있다. 코넌트는 구술에서 밝힌 것처럼 운크라 시절이나 시라큐스 고문단으로 활동하던 시기에 신상옥 감독과도 교류했는데, 수집광답게 그의 기증 사진에는 1955년 신상옥 감독이 연출한 〈꿈〉의 스틸 사진이 포함되어 있다. 그 외에도 일본의 영화 촬영 장면으로 추측되는 사진들과 홍콩 영화의 장면으로 추정되는 사진들이 있다.

〈꿈〉(신상옥, 1955) 스틸 사진

공보실 영화제작소 관련 사진들

1950년대 후반에는 미 국제협조처의 적극적인 후원 아래 정부 산하 영화 제작부서에 대한 대폭적인 지원이 실행되었다. 국제협조처와 운크라는 공보실 영화과 내에 스튜디오를 지어 새로운 기자재를 구비하고 그것을 사용하기 위한 훈련 프로그램을 기획했으며, 시라큐스대학과 계약을 맺어 프로듀서-감독 2인과 사운드, 현상, 카메라, 설비 유지·관리 분야의 전문가 4인을 파견하여 공보실 산하 영화 인력들을 훈련시키고자 하였다.[1] 코넌트가 기증한 많은 사진들은 이 시기 설비를 갖추어가던 공보실 영화제작소의 상황을 보여준다. 또한 이 시기를 보여주는 작품으로, 지원을 통해 3개 동으로 개축된 건물에 현대식 시설이 완비된 제작소의 전모를 소개하는 영상 〈웰컴 투 모션픽처 *Welcome to Motion Pictures*〉가 있다. 이 영상과 사진을 비교하면 공보실 영화제작소의 발전 면모와 구체적인 상황을 파악할 수 있다. 당시 구비되었던 기자재 목록을 해당 시기 신문기사를 통해 살펴보면 다음과 같다.

◇ 촬영용 기재
- 35미리 밋첼 BNC 카메라 - 1식

---

[1] 그러나 이후 실행 단계에서는 프로듀서-감독 2인이 총책임자 1인과 실무자 1인으로 분화되었으며, 편집 분야의 전문가 1인이 추가되어 총 7인의 전문가가 파견되었다.

- 35밀리 NC 카메라 - 1식

- 아리후렉스 카메라 -3대

- 아이모 카메라 - 9대

- 16밀리 카메라 - 3대

- 35밀리 즈으므 렌즈 - 1개

- 16밀리 즈으므 렌즈 - 1개

- 35밀리 씨네마스코프 렌즈 - 2개

◇ 현상 및 인화시설

- 35 · 16밀리 겸용 자동현상기 - 2대

- 16밀리 반전현상기 -1대

- 고속도 흑백 및 천연색용 35밀리 인화기 - 1식

- 서독제 축소인화기 - 1대

- 인화도 조사기 - 1대

◇ 녹음시설

- RCA 35밀리 광학녹음기 - 1식

- RCA 35밀리 자기녹음기 - 1식

- RCA 16밀리 광학녹음기 - 1식

- 리이브사운드 16밀리 자기녹음기 - 1식

◇ 편집시설 기타

- 35밀리와 16밀리의 미국제 최신식 무비올라 리와인다 등을 비롯해서 서독제 특수편집대 등

- 그리고 "영사기재"로서 35밀리 영사기를 설치한 영사실 3개소를 보유하고 뽀오타블 35밀리
 영사기 JAN 16밀리 녹음 및 재생용 영사기 등

- 기타 각종 시험기구, 발전기, 촬영용 차량 등

《경향신문》 1959년 1월 18일자
"천연색 '시네스코'도 가능: 현대식 시설 완비, 밋첼 등 카메라 15점"에서 원문 그대로 발췌

함께 작업했던 영화 인력 혹은 방송인

전술했듯이 〈고집〉의 촬영팀은 4명이었는데, 시나리오 작가인 팻 프랭크와 감독인 앨프리드 웨그, 촬영감독인 리처드 배글리 그리고 사운드 담당인 시어도어 코넌트였다. 촬영팀은 그 밖의 필요 인력을 한국에서 충원했는데, 작품에 참여한 한국인으로는 연출을 보조했던 이형표와 촬영을 보조했던 임병호 그리고 제작 전반에 걸쳐 보조를 담당했던 이승만[2]이 있었다. 〈고집〉의 스틸 사진은 주로 시나리오 1차본의 촬영 장면이 많은 분량을 차지한다. 또한 앨프리드 웨그가 촬영장을 진두지휘하는 장면은 있지만 그가 해임된 후의 촬영 장면으로 추정되는 현장 사진은 없다. 한편 〈고집〉의 현장 사진들은 운크라 영화팀 외에도 활발하게 작업을 하고 있는 이형표와 임병호의 모습을 많이 담고 있다. 특히 당시 한국에 처음 소개되었던 아리플렉스 카메라에 관심을 가지고 촬영하는 임병호의 사진이 인상적이다. 이형표 감독은 〈고집〉 이후로도 코넌트와 함께 많은 작업을 했는데, 둘이 함께 제작한 영화 외에도 코넌트의 소개로 미국 파라마운트사의 3D 영화 〈휴전〉(오언 크럼프, 1953)이나 NBC-TV, 영국 적십자사의 영상 제작에 참여했다. NBC-TV가 제작한 고아들에 관한 작품에는 임병호가 촬영을 보조하기도 했다.

기타 활동

코넌트가 한국에 처음 오게 된 것은 유엔 공보국의 영화팀으로서 한국과 관련된 영상을 촬영하기 위해서였다. 그는 한국의 공업, 농업에 대한 영상을 촬영하거나 판문점 같은 장소에서 유엔이 요청한 보도사진을 찍거나, 영국의 BBC, 미국의 NBC 등과 함께 작업을 하기도 했다. 그러나 한국영상자료원에 기증된 사진은 그가 촬영한 작품들의 스틸보다는 촬영을 하고 있는 코넌트를 기록한 사진이 대부분이다. 한편 이 시기의 작업을 기초로 그는 이형표 감독과 함께 〈판문점에서 부처님까지〉를 기획하기도 했다.

---

2   당시의 대통령과 이름이 동일했던 인물로, 소년이었던 이승만은 이후 리처드 배글리의 〈한국에서의 만남〉에서 주인공 역을 연기하기도 한다.

이후 운크라에서 활동하던 코넌트는 1956년, 유네스코와 운크라가 신설한 수원의 신생활 교육원에서 시청각 담당 인력으로 일을 하게 된다. 이전에 〈한국의 퀘이커〉에서 작업을 같이 했던 박익순과 이후 애니메이션 작가가 된 김영우가 함께 이곳에서 일했다. 코넌트는 이 시기에 시청각 교육과 더불어 시청각 교재를 기획하고 프로그램을 만들었으며, 주변 농촌에 무료 영사 순회도 다녔다고 술회한다.[3] 사진 컬렉션 중 이 시기를 보여주는 사진으로는 수원 신생활교육원 강의 건물, 남자 교원들의 회의 장면, 여선생이 아동들과 함께 길을 걷는 장면, 교육원 교원의 단체 사진 등이 있다.

개인적인 사진들

코넌트의 개인적인 사건과 일상을 기록한 사진들은 크게 그의 결혼식 관련 사진들과 그가 참석한 파티나 모임 사진들로 구성되어 있다. 코넌트와 엘런은 만난 지 3주도 안 돼서 결혼식을 올렸고 결혼식 장소는 서울시청이었다. 고재봉 서울시장에게 결혼 증명서를 받는 것으로 식을 마친 젊은 부부는 시청과 시청 계단에서 축하하는 친우들과 사진을 찍었다. 코넌트 부부의 하객으로 고재봉 서울시장과 월터 다울링 미 대사와 그의 가족, 코넌트와 일했던 운크라의 직원들, 절친한 사이였던 이형표, 《뉴욕 타임스》의 한국특파원 등이 초대되었다. 그들의 결혼식은 《코리아 타임스》와 《코리안 리퍼블릭》에 기사화되기도 하였다.

또한 서울에서 열린 연회에 참석한 코넌트의 사진도 볼 수 있다. 운크라의 파티로 추정되는 이러한 사진들은 당시 서울에 주재하고 있던 외국인들의 모습과 생활의 일면을 살펴볼 수 있는 흔치 않은 기회를 제공한다. 흥미로운 사진 중 하나는 그가 결혼식 주례를 보는 사진이다. 사진 뒷면에는 '고용인 한 씨의 결혼식'이라는 설명이 붙어 있는데, 사진 속 실내는 한문과 봉황, 꽃으로 장식되어 전통적인 느낌을 주는 한편, 그 뒤로 태극기가 걸려 있다. 그리고 외국인인 코넌트가 주례를 보고 있으며 서양식 예복을 입은 신랑과 신부가 주례 앞에, 신랑, 신부의 뒤에는 화동과 한복을 입은 여성 2명이 서 있다. 전통적인 요소와 서구적인 요소 그리

---

3   1부 2장의 코넌트 구술, 77쪽 참고.

고 태극기라는 이념적 상징물과 외국인 주례가 조합되어 있는 이 사진은 당대의 혼란스러웠던 문화 상황을 단적으로 보여주고 있다는 점에서 눈길을 끈다.

부록 3
소장 사진

영화 스틸 및 제작 현장

1. 〈고집〉(1952)

제작: 운크라

시나리오: 팻 프랭크

연출: 앨프리드 웨그

촬영: 리처드 배글리

녹음: 시어도어 코넌트

연출보: 이형표

촬영보: 임병호

제작보: 이승만

〈고집〉은 원래 30분짜리 단편영화로 기획되었다가 시나리오 작가인 팻 프랭크와 감독이었던 앨프리드 웨그가 제작진과 함께 분량을 늘리면서 한 시간 반 분량의 장편영화로 확장되었다. 전쟁 중에 부모님과 형을 잃고 어린 나이에 가장이 되어 힘겹게 살아가는 '고집' 남매의 생활을 그린 이 영화는 한국에서 모든 장면을 촬영하고 순수 한국인을 캐스팅하여 한국적인 진정성을 담보하는 동시에 한국적인 정신을 보여주기 위해 민속 음악을 사용할 것을 기획했다.

그러나 〈고집〉은 제작 과정에서 어려움을 겪으며 팻 프랭크가 쓴 1차본에서 많은 내용이 수정되었다. 아역 배우들이 많은 영어 대사를 소화해야 하는 1차본 이후의 수정에서는 미국인 여주인공의 내레이션이 많아졌고, 전쟁 이후 한국의 혼란스러움을 표현하기 위한 다양한 인물 군상과 상황들은 보다 간결하게 정리되었다. 예를 들어 경제적 어려움에 빠진 주인공에게 유혹의 손길을 내미는 인물이 혼혈 외국인이 아닌 사회주의자 삼촌으로 변경되고, 빈번하게 등장하던 플래시백이 초반부에 배치되면서 이후의 진행을 용이하게 해준다.

전쟁의 참상을 묘사하면서 재건이라는 긍정의 정서로 귀결되는 당시에 제작된 여타 영화와 달리, 이 영화는 고집이네 가족에게 희망의 실마리를 주지 않는다는 점에서 결이 다른 작품으로 읽혀질 수 있다. 특히 개작보고서에 언급된 마지막 부분의 눈물이 맺히는 주인공의 얼굴은 막연한 희망이 아닌 힘든 겨울을 겪어내야 하는 스산함 속에서 피어나는 용기가 당시 사람들에게 필요하다는 인식을 드러낸다.

스틸로 보는 <고집>

메리 헤이스팅스는 고향의 어머니에게 선물할 고려시대
자개함을 구하기 위해 골동품상을 찾는다.

영화는 한강을 전경에 두고 빠져나와 서
울을 롱 쇼트로 보여준 후 행인들의 얼
굴, 지게, 자동차, 군용트럭이 지나가는
혼잡한 서울 거리를 보여준다. 그리고 회
현동의 한 PX 가게에서 나와 거리를 걷
는 헤이스팅스를 보여준다.

헤이스팅스가 찾아간 골동품 가게 주인
사무엘 리. 1차본에서 '한 씨'로 표기되었
던 인물은 시나리오가 수정되면서 '사무
엘 리'로 변경되었다.

사무엘 리는 헤이스팅스와 함께 고집을 찾아가고,
고집에게 자개함을 팔 것을 권유한다.

자개함을 구입하기 위해 고집의 집을 찾
은 사무엘 리와 헤이스팅스(사진 왼쪽).
맨 오른쪽이 주인공 고집, 그 옆으로 누
나 기순과 동생 영순이다. 사무엘 리와
헤이스팅스는 고집과 대화 중 그의 비극
적인 가족사를 듣는다.

촬영 중에 웃고 있는 기순(우)과 영순(좌)

고집은 사회주의자 삼촌, 북한군에게 끌려간 아버지, 극장에 강제 동원된 후 어딘가로 끌려간 형에 대해 이야기한다.

고집이네 가족들과 사회주의자 삼촌이
모여 대화를 나눈다.

연출 보조였던 이형표 감독이 이향에게 연기
지시를 하고 있다.

대화 중 갑자기 들이닥친 북한군은
아버지와 형을 강제로 끌고 간다.

촬영 보조였던 임병호 기사가
노출을 측정하고 있다.

끌려간 형은 선전영화를 본 후 강제로 북
한군에 입대하게 된다. 이 장면을 촬영하
기 위해 제작팀이 분주히 준비하고 있다.

테드 코넌트가 극장 장면 촬영을 위해
사운드 장비를 조절하고 있다.

극장에서 나온 젊은이들이 트럭에 실려
어딘가로 떠나는 장면을 촬영하고 있다.
수도극장의 제호가 보인다.

극장을 나오는 소년들을 근접 촬영하는
장면. 뒤편의 뒷짐 진 사람은 임병호, 카
메라 앞 양복 입은 사람은 리처드 배글
리, 카메라를 보고 있는 사람은 당시 잠
시 촬영을 맡았던 다니엘 혹은 로든으로
보인다.

북한군에게 부모를 잃은 후 고집은 가장이 되었고,
고집이네는 누나 기순이 베틀로 짠 천을 팔아 생계를 유지한다.

누나 기순은 베틀로 면을 짜서 가족의
생계를 돕는다.

면직물 중간상인 박 씨는 고집에게 실을
팔고, 기순이 짠 면을 구매한다.

점점 경제가 어려워진 고집은 마지막 남은 돈을 들고 실을 구입하러 박 씨의 가게를 찾는다.

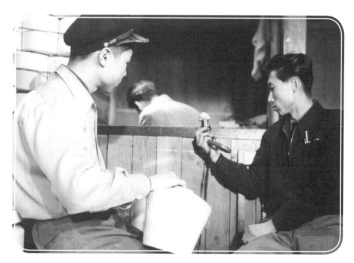

이형표 감독이 촬영을 위해 노출을 재고 있다.

고집의 동생 영순은 자동차 사고를 당하고, 병원에 입원한 후 헤이스팅스의
간호를 받는다.

부러진 베틀 부품 때문에 고집을 찾으러
간 영순은 교통사고를 당하게 된다. 이 광
경을 목격하고 놀란 고집은 박 씨에게서
구입한 실을 잃어버린다.

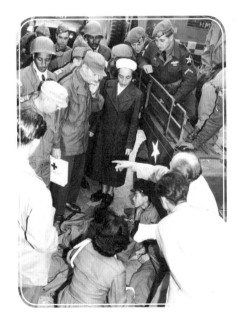

앨프리드 웨그가 사고 현장을 연출하고
있다. 사진 우측 하단부, 흰색 의상을 입
고 손을 뻗고 있는 인물이 앨프리드 웨
그. 그 왼쪽 옆, 허리를 구부리고 있는 사
람이 이형표 감독.

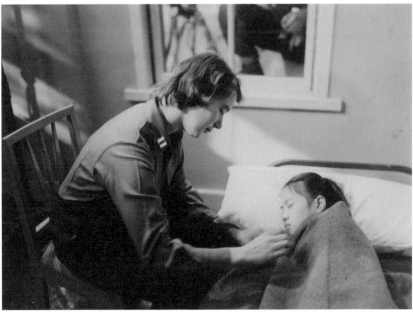

병원으로 이송된 영순을 헤이스팅스가
정성스럽게 간호한다.

영순은 고집의 부축을 받으며 퇴원한다.

고집은 팔에 붕대를 한 영순과 함께
조심스럽게 전찻길을 건넌다.

오른쪽의 이형표 감독이 배우들에게
연기 지시를 하고 있다.

교통사고 때문에 실을 잃어버린 고집이네는
이제 생계가 막막하다.

시장에서 사회주의자 삼촌을 만난 고집은 헌병들에게 삼촌을
밀고하고, 결국 삼촌은 현병들에게 끌려간다.

(상단 사진) 시장에서 만난 삼촌은 고집
에게 사회주의 선전지 뿌리는 일을 맡기
면서 돈을 주려한다.

(하단 사진) 1차본에서 고집에게 돈을 주고
사회주의 선전지를 맡기는 사람은 마카오
에서 온 비욘티이다(왼쪽 두 번째 모자 쓴
남자). 루머를 퍼뜨리는 암달라상으로, 혼
혈로 설정되어 있다. 그 오른편으로 고집
의 모습이 보인다. 이 장소는 고집이 음식
이나 실을 사러 가는 시장. 맨 왼쪽에 제작
보조인 이승만이 슬레이트를 들고 있다.

고민하던 고집은 결국 지나가던
헌병들에게 삼촌을 신고한다.

고집이 신고하는 것을 망설이는 장면을
촬영하고 있다. 카메라 뒤에 있는 사람이
배글리. 1차본에서 비욘티를 체포하는 것
은 경찰(NP)이다.

NP에게 몸수색을 당하고 잡혀가는
비욘티를 촬영하고 있다.

삼촌을 고발한 뒤 여전히 배고픔이 해결
되지 않는 고집은 정처 없이 길을 걷는다.

\<고집\> 촬영 현장

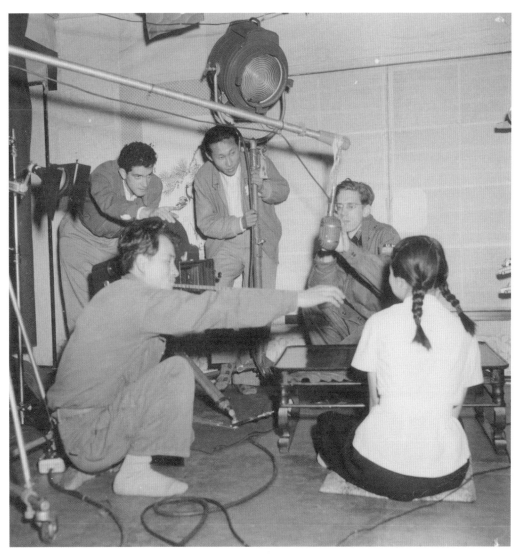

촬영 준비 중인 〈고집〉 촬영팀. 뒷줄 왼쪽
부터 시계방향으로 배글리, 이형표, 코넌
트, 여자 주인공 기순, 임병호

고집의 집. 마당에서 카메라를 들여다보
고 있는 코넌트. 카메라는 방음 장치가
달린 아리플렉스 카메라

거리에서 분장 중인 배우의 모습

고집이 지나다니는 시장 거리. 사진 우측
하단부터 시계 방향으로, 웨그, 배글리,
임병호, 코넌트, 비욘티 역의 배우. 모두
의 앞으로 고집이 걸어오고 있다.

시장 거리에서 촬영 준비 중인 제작팀.
이동식 촬영차 위로 코넌트가 보이고 차
뒷문에 고집이 매달려 있다. 그 아래 차
뒷문을 열고 있는 이승만이 보인다.

거리 장면을 촬영 중인 제작팀. 지나가던
노인 부부가 신기한 듯 쳐다보고 있다.

운크라 영화팀 이동식 촬영 차량

2. 〈한국에서의 만남 *Encounter in Korea*〉(1952)

제작: 운크라

연출 및 각본: 리처드 배글리

편집: 월터 루체스버그

녹음: 시어도어 코넌트

출연: 이승만, 우희완, 찰스 피트

연출보: 이형표

촬영보: 임병호

제작보: 이승만

스틸로 보는 〈한국에서의 만남〉

피난길에 오른 소년

주인공 소년은 피난민 행렬에서 떨어져
산에 오른다.

산속을 정찰 중인 군인 포드

교전 중 포드는 통신이 끊기고
산에 낙오된다.

촬영을 위한 사전 작업 중인
감독 배글리와 운크라 영화팀

포드는 누군가 나타나자 총을 겨눈다.

포드를 촬영하고 있는 촬영기사 임병호

소년을 만난 포드는 소년이 머물고 있는 노인의 집으로 몸을 피한다.

포드는 노인의 집으로 피신하고, 나무가
불에 타 훼손될 것에 대한 노인의 걱정
섞인 말을 듣는다.

엎드려 있는 포드에게 연기 지시를 내리는
배글리와 카메라 임병호, 사운드를 보조
하는 이승만

포드와 소년의 대화 장면을 촬영하는
배글리와 임병호

홀로 산을 지키는 노인은 전쟁으로 나무들이 불타버렸다고 하소연하고
노인의 말을 전하는 소년은 유일하게 남은 묘목을 가리키며 지켜줄 것을 당부한다.

산속에 홀로 살고 있던 노인은 전쟁으로
인해 산에 나무가 불타 없어질 것을 걱정
한다.

노인 역을 맡은 배우. 한국적이며 고집 센
노인의 얼굴이다.

노인의 걱정에 아랑곳하지 않고 포드는
총격전을 준비한다.

산에 폭격이 시작되고, 묘목을 지키고자 산에 오른 노인은 적군이 쏜
총에 맞아 숨을 거둔다. 총격이 끝난 후 소년과 포드는 그의 임종을 지킨다.

산에 폭격이 시작되고…

포드는 격렬한 총격전을 벌인다.

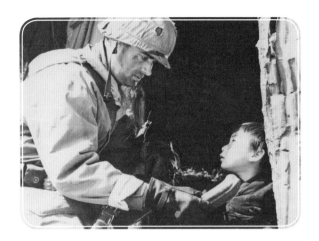

이 장면과 장면 속 등장인물들은 본 영
화에는 등장하지 않으나, 사진 뒷면에 딕
배글리가 연출한 〈한국에서의 만남〉으로
1953년 운크라와 유엔영화사에 의해 뉴
욕에서 개봉했다는 설명이 적혀 있다.

3. 그 밖의 작품들

<기나긴 행보 *The Long Walk*>(1954)

제작: 유엔 라디오

연출: 제럴드 킨

녹음: 시어도어 코넌트

내레이션: 프레드릭 마치

유엔 라디오의 종전 1주년 기념 〈기나긴 행보〉 방송을 하고 있는 내레이션의 프레드릭 마치(왼쪽)와 운크라를 위해 해석을 하고 있는 조니 김(오른쪽)

<한국의 퀘이커 *With the Quakers in Korea*>(1954)

제작: 군산 친우봉사회

연출: 시어도어 코넌트

이 영화는 군산에 있는 퀘이커교도들의 봉
사 활동을 다루고 있다. 코넌트는 구술에서
이 사진이 영화의 한 장면이라고 설명한다.

<한국의 예술가 *Korean Artist*>(1955)

제작 및 연출: 시어도어 코넌트

이형표 감독은 전통과 현대의 문제로 고민
하는 예술가로 출연한다.

이형표 감독은 위 두 사진에 대해 영화 스틸
이라고 설명한 바 있지만, 이 장면들은 영화에
등장하지는 않는다. 다만 상단 사진의 가구와
소품 등이 작품에서 인상적으로 표현된다.

<마카오>(연도 미상)

원작: 위스턴 휴 오든(Wystan Hugh Auden)

연출 및 촬영: 시어도어 코넌트

편집: 이형표

완성되지 못한 영화인 〈마카오〉는 시를
바탕으로 한 모던한 영화이다. 영화의 한
장면인 마작을 하는 사람들의 모습.
이 중 오른쪽 인물은 박익순

코넌트와 함께한 영화인들

1. 영화감독 이형표

영국 적십자사의 다큐멘터리를
촬영 중인 이형표

촬영 준비 중인 이형표

〈고집〉 촬영 중, 카메라를 보고 있는
임병호와 뒤에서 웃고 있는 이형표

NBC-TV를 위해 촬영 중인 이형표

자신의 집 작업실에서 필름을
보고 있는 이형표

2. 촬영감독 임병호

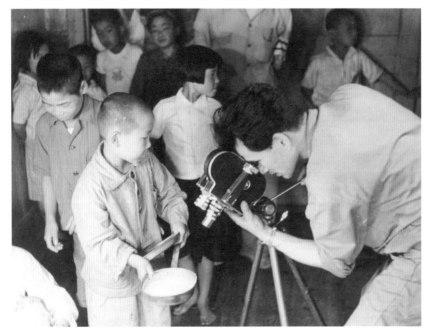

NBC-TV 다큐멘터리를 작업 중인 임병호

촬영 대기 중인 임병호. 그 옆으로 앉아서
카메라 삼각대를 잡고 있는 이승만이 보인
다. 카메라는 아이모 35mm 무비카메라

카메라를 조절하고 있는 임병호. 카메라는
아이모 35mm 무비카메라

3. 제작 조수 이승만

〈고집〉의 퇴원 장면을 찍으려는 임병호와
슬레이트를 들고 있는 이승만

카메라 앞에 서 있는 이승만

4. 〈고집〉 제작팀

비행기 탑승 층계를 오르는 운크라 영화팀
3인. 왼쪽부터 배글리, 웨그, 코넌트

〈고집〉 촬영 현장. 왼쪽부터 이형표, 배글리, 이승만

앨프리드 웨그 감독(오른쪽)을 환영하는 당시 미8군 사령관이었던 제임스 밴 플리트 장군(왼쪽)

〈고집〉의 시나리오 작가 팻 프랭크(왼쪽)와 제임스 밴 플리트 장군(오른쪽). 1952년 9월 30일, 미군 촬영

5. 그 밖의 인물들

라디오 쇼를 위해 한국 의사들을 취재하
고 있는 유엔 라디오 통신원 타키 안드리
아스(Taki Andriadis)와 시어도어 코넌트

AFKN 뉴스 프로그램 책임자
프랭크 파간(Frank F. Fagan)

한국에서의 활동들

1. 유엔 공보국 영화팀으로 판문점을 기록하다

왼쪽에 등을 보이고 있는 인물이 코넌트

판문점 근처를 촬영하는 코넌트

북측으로 향한 판문점 문 앞에서. 한국 기자들
에게는 불가능했지만, 코넌트는 유엔 소속이었기
때문에 판문점 북측 방문이 가능했다고 한다.

판문점에서의 코넌트

2. 수원 신생활교육원에서 시청각 교육을 담당하다

신생활교육원 교원 단체사진

남자 교원들이 담소를 즐기고 있다.

신생활교육원 교육동 건물

신생활교육원의 시청각 시설.
케이블 라디오.

아이들과 길을 걸어가고 있는
신생활교육원 교사

3. 시라큐스 기술진으로 공보실 영화제작소와
   설비들을 기록하다

촬영

미첼 카메라. 이형표 감독의 증언에 따르
면 당시 공보실 영화과에서는 미첼 카메
라를 사용했다고 한다.

녹음실

공보실 영화과 녹음실.
녹음기사 이재웅(왼쪽)과 정기창(오른쪽)

공보실 영화과 녹음실. 테드 코넌트(오른
쪽)와 녹음기사 이재웅(왼쪽)

공보실 영화과의 RCA 녹음기

사운드 믹싱 중인 코넌트

공보실 영화과 녹음실 모습.
하단 오른쪽 인물은 손인호

편집실

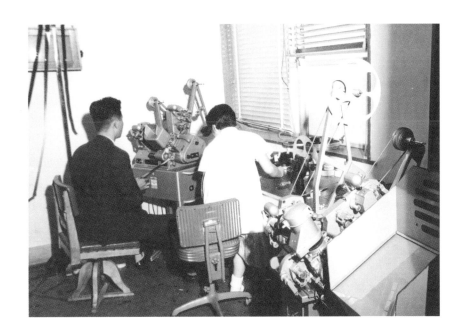

공보실 영화과 편집실과
무비올라 편집기

편집실의 필름 검수기

공보실 영화과 편집실에 근무했던
우갑순 편집기사

현상소

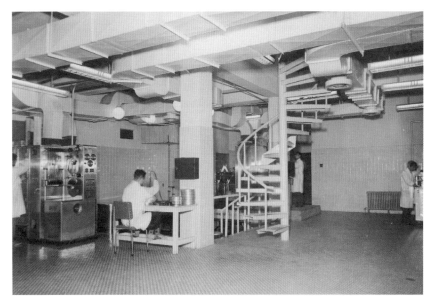

공보실 영화과 현상소

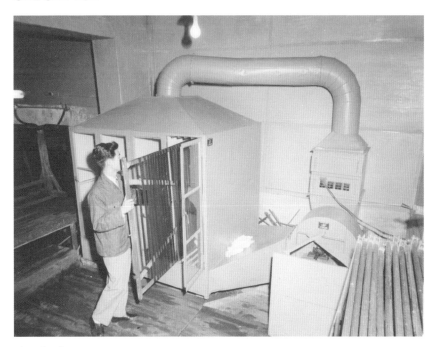

필름 건조기

현상 장비

이형표 감독의 증언에 따르면 사진 속 외국
인은 기계가 처음 들어올 때 파견된 인물

영사 및 시사실

공보실 영화과에 구비된 영사기

공보실 영화과 시사실

스튜디오

공보실 영화제작소에서 촬영한 문화영화
〈흘러간 옛 노래〉(양종해, 1960)의 한 장면.
가수 황금심이 "알뜰한 당신"을 부르고 있다.

문화영화 〈흘러간 옛 노래〉 촬영 중 잠시
쉬고 있는 장면. 가수는 백난아, 의자에
앉아 있는 사람은 박시춘이다. 백난아는
이 영화에서 "아리랑 낭낭"을 부른다.

4. 다양한 영화 촬영 현장들을 기록하다

영화 촬영 중의 한 장면. 코넌트가 시상식
을 하는 인물로 분했다. 촬영 작품은 미상

고아원을 촬영하는 유엔 영화팀. 등을 보
이고 서 있는 사람은 제작 조수 이승만

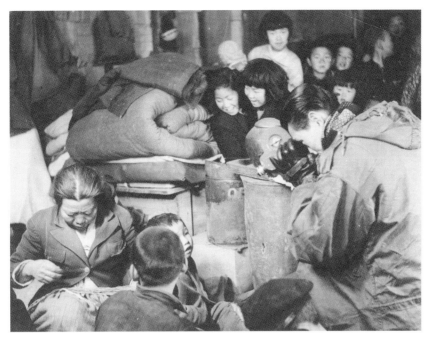

영국 적십자사의 다큐멘터리를
촬영하고 있는 이형표 감독

〈한국의 이야기 19〉를 위해 종묘 아악을
촬영하고 있는 공보실 영화제작소 사람들

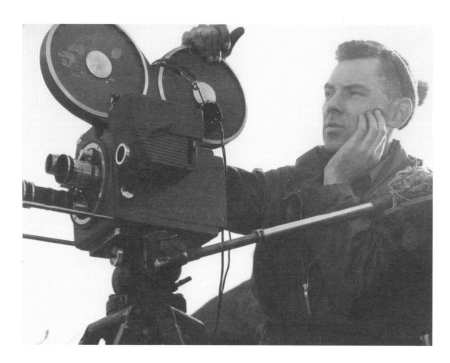

캐나다 NFB에서 〈한국의 캐나다인들
With the Canadians in Korea〉(1952)을
촬영하는 모습

미 파라마운트사 제작 3D 영화
〈휴전 *Cease Fire*〉(1953)의
스태프들(상)과 촬영 현장(하)

5. 한국사회의 다양한 모습들을 기록하다

광복 13주년 및 정부 수립 10주년 경축 행
사(1958)에 초빙되어 내한한 프랭크 스코필
드(Frank William Schofield) 박사. 3·1운
동 때 독립운동을 하다 추방당한 바 있으나,
1958년 이후 한국에 정착, 서울대에서 수의
병리학자로 봉직하였다. 한국 이름은 석호필.

1953년경의 북진통일 집회

이승만 대통령

당시 아동들에 관한 사진. 이 사진은 유엔
공보국이 발간한 운크라에 대한 브로셔인
"Korea—The Task Ahead"에 실렸다.

고아원 아이들의 모습

한국의 한 가게. 코넌트는 이 가게의 풍
경을 〈고집〉에 활용하기 위해 촬영했다고
언급하는데, 실제로 영화와 관련된 장면
인지는 알 수 없다.

코넌트가 바라본 한국의 거리 풍경

건설 현장

노동 현장

한국에서의 생활

1. 일상 속의 시어도어 코넌트

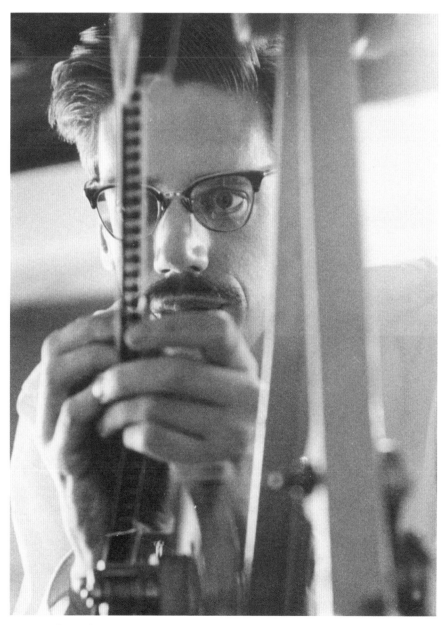

1954년 서울. 필름을 확인하고 있는
코넌트. 이형표 촬영

고용인 한 씨의 결혼식에서 주례를 서고
있는 코넌트

공보원 분원 앞에 서 있는 코넌트

한국적 색채가 물씬한 사진들 앞에
서 있는 코넌트

2. 서울시청에서 결혼식을 올리다

1957년 8월 26일, 엘런 세이티(Ellen D. Psaty)와 시어도어 코넌트가 서울시청에서 결혼식을 올렸다. 앞줄 신부 엘런의 오른쪽 옆은 고재봉 당시 서울시장. 뒷줄 왼쪽부터 다울링 주한 미 대사의 아들 마이크 다울링(Mike Dowling), 이형표, 다울링 부부, 운크라 직원, 서울시장 비서, 미 대사관 직원

서울시장 집무실에서 열린 결혼식. 왼쪽
부터 이형표, 다울링 부인, 마이크 다울
링, 고재봉 서울시장, 코넌트 부부, 다울
링 미 대사, 운크라 직원 나타샤 프레비
아노(Natasha Prejbiano), 운크라 직원
엘마 퍼거슨(Elma Ferguson), 서울시장
비서, 미 대사관 직원

결혼식 피로연.
맨 왼쪽은 윤호근(《뉴욕 타임스》 한국 특파원)

시어도어 코넌트에게 결혼 증명서를
전달하는 고재봉 서울시장

3. 서울에서 열린 각종 연회들

서울에서 열린 한 파티 현장. 왼쪽부터
엘런 코넌트, 운크라 직원 엘마 퍼거슨,
코넌트

오른쪽 두 번째가 부인 엘런, 그 옆이
코넌트

파티에서의 코넌트

1958년 11월 1일, '한국의 집'에서 공연
을 관람하고 있는 코넌트 부부(앞줄 오른
쪽 두 번째와 세 번째). 당시 한국의 집은
주한 외국인들을 위한 공연이 자주 열리
던 곳이었다.

3장
영상 컬렉션

해제: 소장 영상을 통해 본 전후 한국의 재건과 일상

박선영 | 고려대학교 한국사연구소 연구교수

이 글에서 소개하는 시어도어 코넌트 영상 컬렉션은 코넌트가 직접 제작에 관여했거나 혹은 수집하여 편집을 했거나, 또는 그저 카메라를 들고 공식적/일상적 풍경들을 스케치한 영상 중 한국과 관련된 영상들을 선택 수집한 것으로, 총 73편으로 구성된다. 시어도어 코넌트는 자신의 컬렉션 전체를 컬럼비아대학교 동아시아도서관에 기증했는데, 한국영상자료원이 2009년 1편, 2011년 16편을 수집했고, 이후 2011년부터 2014년까지 한국학중앙연구원의 지원을 받아 고려대학교 한국사연구소 역사영상융합연구팀과 한국영상자료원이 공동으로 56편을 추가 수집했다.

　시어도어 코넌트 영상 컬렉션 중에는 수집가로서 결벽을 가진 코넌트가 직접 설명을 붙여놓은 경우도 있었고, 컬럼비아대학교에서 1차적으로 목록화하여 기본적인 자료를 확보할 수 있는 경우도 있었다. 그러나 영상만을 가지고는 출처를 알 수 없거나 정보가 전무한 경우가 상당히 많았다. 그럼에도 이 영상들을 분류하고 해제할 수 있었던 것은 코넌트 자신의 9시간에 걸친 구술이 길잡이 역할을 해주었기 때문이다. 이미 40~50년이 지난 일임에도 불구하고 한 가지 사건/영상에 대한 사실과 그 주위를 둘러싼 정치적, 개인적 견해까지 세세하게 기억하고 있는 코넌트의 구술은 자신의 영화뿐 아니라 그가 체류했던 1950년대 한국이라는 시공간에 대한 이해를 돕는 것이기도 했다.

　이미 이형표(감독), 박익순(통역), 이성철(전 국립영화제작소장) 등의 영화인 구술사를 통해 코넌트가 한국영화계에 끼친 영향력과 역할에 대해서는 일정 부분 평가가 진행되었다. 그러나 그간 대체로 확인해볼 길이 없었던 코넌트의 영상들이 대거 수집되어 일반 공개가 가능해진 지금, 이 영상 컬렉션은 1950년대 한국영화사의 비어 있는 한 부분에 실체적으로 접근할 수 있게 해주는 중요한 매개체일 뿐 아니라, '영화'라는 프리즘을 통해 한국사회를 바라보았던 한 미국 진보적 지식인의 시각을 가늠해볼 수 있는 통로이기도 하다. 무엇보다 복잡했던 한국의 근현대사, 그중에서도 전쟁과 휴전, 분단과 복구, 독재와 혁명, 파괴와 재건을 거친 대한민국의 1950년대라는 시공간 속에서 '유엔 소속의 미국인', '다큐멘터리스트', '좌파 지식인'이라는 다양한 정체성을 지니고 살았던 코넌트가 카메라에 무엇을 포착하고 무엇을 드러내고자 했는지를 따라가 보는 것은 1950년대 한국사회를 더 깊이 이해하기 위한 하나의 방법이될 수 있을 것이다.

　이 글은 먼저 코넌트의 영상 컬렉션을 완성 여부를 기준으로 크게 분류하고, 다시 코넌트의 역할에 따라 소분류 한 뒤에 언급할 필요가 있는 영상들에 대해 더 자세한 설명을 덧붙이는 방식으로 진행될 것이다. 이 글의 목적이 코넌트 영상 전반에 대한 정보 전달과 이해를 돕는 것에 있으므로, 개별 영화를 언급할 경우에도 그 영화 자체에 대한 평가가 아니라 영상의 제작을 둘러싼 맥락에 집중할 것이다. 이를 통하여 시어도어 코넌트가 1950년대 한국사회및 한국영화와 맺고 있던 관계를 실체적으로 규명하는 데 도움이 되고자 한다.

영상 분류

시어도어 코넌트의 영상 컬렉션을 완성 여부를 기준으로 분류해 보면, 크게 '완성된 영상', 의도적 '편집 영상' 그리고 일종의 '스케치'에 가까운 푸티지(미완성/비편집 영상) 등의 세 가지로 나눠볼 수 있다. 먼저 '완성된 영상'은 또 다시 세 가지로 분류할 수 있다. 첫째, 코넌트가 감독을 맡은 '연출작', 둘째, 사운드 등을 맡아 크레디트에 명시된 영상 혹은 해당 영상을 제작한 기관에서 당시 고문, 교수 등의 역할을 맡고 있어 제작에 관여했을 것이 명백한 '제작 관련작', 셋째, 코넌트의 역할이 불분명한 '기타 영상'. 이상의 분류를 도표화하면 다음과 같다.[1]

완성된 영상 (총 24편)	
연출작(5편)	Children in Crisis / Korean Artist / Korean Fantasy / Spring Fragrance / With the Quakers in Korea
제작 관련작 (10편)	A Far Cry / Encounter in Korea / Farewell General Coulter / Ko-chip / Korea in Review no.10 / Korean Fundamental Education Center / Operation Little Switch(Screen Report)[영화통신: 판문점의 상병포로 교환] / The Long Journey / The Story of Korea no.19 / Welcome to Motion Pictures
기타 영상 (9편)	Gen. MacArthur, Good Shots of Refugee, Good Shots of War Footage / I'm a Truck / Korea, Battle Ground for Liberty "1" / "2" / Korean Perspective / News-Selected Story(한국뉴스) / Red Army Chorus / Seoul(United Nations Review) / 한국뉴스

다음으로는 1960년 3·15부정선거와 4·19혁명을 전후하여 제작된 〈대한뉴스〉와 〈코리아 인 리뷰 *Korea in Review*〉 등의 뉴스영화 및 관련 행사 등에 대한 촬영 푸티지를 편집한 영상들이 있다. 모든 영화가 다 의도를 가지고 편집된 영상이기는 하지만, 이 영상들은 특별한 사건을 재구성하기 위한 목적으로 편집되었다는 점에서 편의상 '편집 영상'이라고 지칭한다. 〈대한뉴스〉와 〈코리아 인 리뷰〉는 대한민국 공보실에서 제작된 공식 뉴스이지만, 이 영상들을 취사선택하여 재편집한 것이 코넌트라는 점에서 이를 논의하는 의미가 있을 것이다.

편집 영상 (9편)
Election OPI Newsreel / First Trials of Government Leaders / Korean Research Document(Town's end?) / Korean Student Revolution / Newsreel on April Revolution / OPI Party Celebrating Election / Preparations for 1960 Election / Song for a Clean Election(공명선거의 노래) / Voting in Village

마지막으로, 미완성 영상 혹은 비편집 영상이 있다. 편의상 이 영상들을 '스케치 영상'이라고 부르고자 하는데, 이를 다시 세분화하면 영화 현장과 관련된 영상, 공식 행사 스케치 영상, 일상을 스케치한 영상으로 나눌 수 있다. 영상의 성격상 크레디트가 존재하지 않으므로 확증할 수는 없지만 코넌트의 구술 등으로 미루어 이 영상 대부분은 코넌트가 촬영한 것이라 간주해도 크게 무리는 없을 듯하다.

스케치 영상 (30편)	
영화 현장 스케치 (3편)	Air Force Cadet / Bad Boy / Making Film of Korean Film *"Dream"*
공식 행사 스케치 (10편)	Birthday Ceremony of President Rhee / General Taylor / General Van Fleet / Korea News(British Military Parade for Coronation) / Memorial Ceremony / Opera *"Carmen"* / Panmunjum / Parade / ROK Government-Military Parade / Vice President Nixon
일상 스케치 (17편)	Celebration / Country Town / Downtown Sketch / Korea-Suwon / Korean Classical Dance / Korean Classical Dancer, Seoul / Korean Fantasy / Korean Film-Titles(Korean Reserach Document Film) / Korean Traditional Art / Personal Footage Seoul / Seoul / Seoul(R-10-Choson Hotel, Tokyo R2-3) / Small Town and City / Small Town People / Sokulam: Stone Cave Shrine / Temple / Yi Song-bun

그 밖에 기타로 분류되는 두 편의 영상 〈Barpali Orissa-India〉[2]와 〈Korean War-US Troops〉[3] 그리고 〈고집〉, 〈위기의 아이들〉, 〈한국에서의 만남〉 등에서 파생된 편집본 8편이 존재한다.

---

2   〈Barpali Orissa-India〉는 코넌트가 인도의 바팰리 지역에서 퀘이커교도들의 삶을 촬영한 영상의 제목인데, 코넌트 영상 컬렉션에 포함된 동일 제목의 영상은 이와는 전혀 다른 내용을 담고 있다. 컬렉션에 포함된 영상은 미국 중산층 가정의 삶의 모습을 보여주는 영상에 한국어 내레이션이 입혀져 있다. 아마도 시작 부분의 한 릴이 소실된 것으로 추정되는데, 대중 교육용 영화로 상영하고자 더빙 작업을 한 것으로 보인다.

3   완성된 형식의 영화는 아니지만, 2차 세계대전부터 한국전쟁에 이르기까지 미군의 전투 장면 등의 활약상을 보여준다.

영상 해제

완성된 영화

1. 시어도어 코넌트 연출작

완성된 영상들 중 가장 먼저 주목할 것은 시어도어 코넌트가 감독을 맡아 직접 제작한 영화들이다. 다섯 편의 영화가 이에 해당되는데, 〈한국의 예술가〉, 〈한국의 환상〉(이형표 공동연출), 〈위기의 아이들〉이 같은 해(1955년)에 만들어졌고, 〈한국의 퀘이커〉[4]가 1954년에, 애니메이션 〈춘향전 Spring Fragrance〉[5]이 1957년에 제작된 것으로 추정된다. 이 중 전북 군산 지역의 의료 봉사단으로 활동하고 있었던 퀘이커교도들의 요청으로 제작된 〈한국의 퀘이커〉와 신생활교육원에서 농민들을 대상으로 하는 시청각 교육용 영화로 제작된 〈춘향전〉에 대해서는 앞서 1부 3장 「영화인 구술을 통해 본 시어도어 코넌트와 그의 활동」에 발췌된 박익순의 구술에서 자세하게 소개되어 있으므로, 이 글에서는 〈한국의 예술가〉, 〈한국의 환상〉과 〈위기의 아이들〉세 편에 대해 조금 더 자세히 살펴보도록 한다.

---

4   퀘이커(친우회: Society of Friends, 한국에서는 종교친우회라고 불림)는 17세기 영국에서 생겨난 기독교의 한 분파로, 한국전쟁 당시 AFSC(American Friends Service Committee)와 FSC(British Friends Service Council) 활동으로 수십 명의 미국과 영국의 퀘이커교도들이 주로 의료팀으로 봉사했다. 1953년부터 1955년까지 활동했으며 약 2만 명의 전쟁 난민들에게 도움을 주었다. 또한 전북 군산병원(현 원광대병원) 복구 공사 등을 돕기도 했다. 박경미, 이동철, 서현선 김진희, 양현애 외, 『서구 기독교의 주체적 수용- 유영모, 김교신, 함석헌을 중심으로』, 이화여자대학교출판부, 2006, 164쪽. 한편 〈한국의 퀘이커〉는 컬럼비아대학교의 목록에 1957년에 제작된 것으로 기록되어 있으나, 이 영화가 제작될 당시 코넌트가 유엔 소속이었다고 밝힌 점과 퀘이커교단이 설립한 스와스모어대학 목록에 제작연도가 1954년으로 기록된 점 등으로 미루어, 이 책은 〈한국의 퀘이커〉의 제작연도를 1954년으로 추정한다.

5   지금까지 〈춘향전〉은 1956년에 제작된 것으로 기록되어 있었으나, 코넌트가 수원 신생활교육원으로 자리를 옮긴 것이 1956년 10월이고, 박익순이 신생활교육원에 입사한 것으로 추정되는 때가 1957년, 김영우의 입사 시기가 박익순 이후인 것 등으로 미루어, 이 영상의 제작 시기는 1957년으로 보는 것이 타당할 것이다.

1) 〈한국의 예술가 *Korean Artist*〉와 〈한국의 환상 *Korean Fantasy*〉[6]

〈한국의 예술가〉와 〈한국의 환상〉은 거의 동일한 시기에 제작된 영화일 뿐 아니라 동일한 촬영 푸티지를 사용했다는 점, 그리고 시어도어 코넌트와 이형표의 공동작업의 결과물이라는 점에서 함께 논의할 필요가 있다.

〈한국의 예술가〉는 이형표가 '화가'로 영상에 직접 출연한다는 점에서 이색적이다. 실제 아마추어 화가이기도 했던 이형표는 전쟁 중 미술동맹에 가입하여 김일성과 스탈린의 초상화를 그리며 전쟁 시기를 모면했다고 증언한 바 있는데, 그의 영화적 동지이자 친구였던 시어도어 코넌트는 직접 이형표의 집에서 그가 작업하는 모습을 촬영하여 영화로 만들었다. 그러나 이 영화가 화가 이형표만을 담고 있는 것은 아니다. 한국의 자연 풍경과 관제 데모에 동원된 학생들, 구두닦이 소년 등 코넌트 영화들의 주요 모티프들 그리고 한복을 입고 고궁을 거니는 여성들의 모습 등이 상당 분량 영상에 포함되어 있다. 특히 여배우 노경희를 포함한 4명의 여성들이 각기 매혹적인 표정을 지으며 카메라를 응시하는 장면은 〈한국의 환상〉에도 등장하는데, 영상의 전체적 흐름과는 다소 이질적인 장면이기도 하다. 한편 익스트림 클로즈업된 화가의 눈이 매우 빈번하게 화면을 가득 메우면서 그림을 보여주기 전 인서트 쇼트로 사용된다. 그리고 옛 건축물과 조각, 동양화와 함께 병렬적으로 편집된 이형표의 추상화는 근대를 대표하는 '한국의 예술'로 제시된다. 단순화해서 표현하자면, 이 영화에는 오리엔탈리즘적 시선과 이형표 개인에 대한 코넌트의 우정이 다소 실험적인 스타일로 기묘하게 공존하고 있다.

이형표와 코넌트가 공동으로 연출한 〈한국의 환상〉은 한국과 관련된 여행기를 제작하라는 유엔의 요청에 대해 코넌트가 단순한 여행기보다는 "한국의 미래를 상상할 수 있는 영화를 만들어야 한다"고 주장하여 제작한 영화이다.[7] 그 자신도 고백하고 있듯이, 이 영화는 전작 〈한국의 예술가〉를 위해 촬영한 영상들을 상당히 포함한다. 일관된 어조의 영어 내레이션이 보이스 오버로 흐르고 오케스트라로 편곡된 한국의 민요가 전반적인 배경 음악으로 사용되어, 무성으로 편집된 〈한국의 예술가〉보다 안정적인 구성을 취한다. 해 뜨는 시각의 석탑

---

6   영상 컬렉션에는 〈Korean Fantasy〉라는 동명의 영상이 한 편 더 존재한다. 이 영상은 1970년 8월의 서울 풍경을 담은 비편집 영상이다.

7   1부 2장의 코넌트 구술, 61쪽 참고.

으로 시작하는 이 영화는 뒤이어 시골 마을의 일상적 풍경을 보여주고 전쟁으로 인한 폐허 속에서 조금씩 재건되어 가는 도시의 이모저모를 비춘다. 마지막 2분여를 남겨두고 각종 탈과 민속 춤, 경복궁의 기와와 석탑 등을 클로즈업으로 보여준 뒤, 한복을 입고 경복궁의 계단을 내려오는 여성들을 롱 쇼트로 잡으면서 끝을 맺는다.

이 영화는 시골과 도시의 일상을 보여주면서 전쟁으로 인한 상처에서 회복되어 가는 한국 사회를 조명하며, '전통'이라는 이름으로 이어져 온 한국인의 '낙천적이고 유머러스한' 성품 그리고 동양적인 예술의 아름다움을 부각시키고자 한다. 한국을 여행 가능한 곳으로 전시하려던 애초의 기획에서는 벗어나 있지만, 이 영화 역시 한국이 서서히 전쟁의 상흔을 벗고 '고요하고 다소 신비한' 이전의 모습을 찾아가고 있음을 강조하는 서술적 태도를 견지하고 있다. 또한 1955년을 살고 있는 한국인의 실제 삶을 보여주기보다는 한복 입은 젊은 여성들의 웃는 얼굴을 전시하고 '귀신'이나 '신령', '유산'과 같은 단어를 사용하여 한국의 일상적 풍경을 신비화함으로써, 한국을 바라보는 오리엔탈리즘적 시각을 드러내고 있다.

코넌트는 한국 정부에서 이 영화의 프린트를 50벌 구매했으며 미국의 중앙정보부(CIA)와 연방수사국(FBI)에서도 직원들과 그 가족의 오리엔테이션 용도로 프린트를 상당수 구매했을 뿐 아니라 일반 판매도 적지 않아, 그 수익으로 〈위기의 아이들〉을 만들 수 있었다고 설명했다.[8] 이 영화는 제1회 마닐라국제영화제에서 상영되었다.

2) 〈위기의 아이들 *Children in Crisis*〉(1955)

시어도어 코넌트 스스로 "매우 실험적"이고 "좌파적인 색채"를 띠었던 작품이었다고 회고한 이 영화는 다섯 개의 영상으로 남아 있다. 〈Children in Crisis〉[9](이하 〈Children 1〉로 표기), 〈Children in Crisis〉(이하 〈Children 2〉), 〈Children in Crisis, Beggar Kids, Shoeshine Boys in Seoul〉(이하 〈Beggar Kids〉), 〈Old Titles, neg.〉 그리고 〈Korean〉이 그것인데, 〈Children 1〉이 오프닝 크레디트와 엔딩 자막, 음향이 포함된 최종 완성본이며, 리더 필름을 제외하고 약 2분의

---

8   1부 2장의 코넌트 구술, 63쪽 참고.

9   컬럼비아대학교의 목록에는 이 영상에 〈Korean War-US Troops〉라는 제목이 붙어 있으나, 앞서 분류에서 언급한 바처럼 코넌트 컬렉션에 한국전쟁에서 미군을 그리는 동일한 제목의 영상이 존재한다. 이 영상이 〈위기의 아이들〉의 완성본임에도 불구하고 이를 전혀 파악할 수 없는 제목이 붙은 것은 1차 분류상의 오류로 보인다. 따라서 이 글에서는 〈Children in Crisis〉라는 원제로 표기할 것이다.

러닝 타임을 갖는 〈Children 2〉는 시어도어 코넌트에 의해 새롭게 편집된 버전이다. 〈Beggar Kids〉는 〈위기의 아이들〉을 제작하기 위해 시내 곳곳의 아이들을 촬영해둔 푸티지이며, 〈Old Titles, neg.〉은 오프닝 신만을 포함하고 있는데, 완성본과 비교해 보면 촬영 각도나 자막의 배경 등에서 차이가 있다. 〈Korean〉은 전쟁 당시 한국의 피해와 유엔군 원조를 기록하고 있는데, 영상의 중간에 〈위기의 아이들〉 촬영 쇼트가 삽입되어 있다. 이 중에서 특히 주목할 영상은 앞의 두 가지, 〈Children 1〉과 〈Children 2〉이다.

〈Children 1〉은 신문기사와 이 영상의 성격을 말해주는 자막으로 이루어진 프롤로그 다음으로 타이틀 롤이 올라가면서 퉁소 소리로 추정되는 느리고 서정적인 배경 음악이 깔린다. "1950년 서울"이라는 자막과 함께 전쟁 신이 약 2분 정도 보인 뒤, "1954년 서울"로 넘어간다. 그리고 다시 음악이 시작되면서 전쟁으로 인해 거리 곳곳에 내몰린 아이들의 모습을 찬찬히 훑어가기 시작한다. 대여섯 살 정도 된 어린이들이 돌무더기에서 삽질을 하고 어린 동생을 업고 벽돌을 나르는 모습부터 학교에 다니는 어린이들의 수업 장면, 쉬는 시간의 풍경 등을 생생한 현장 소리와 함께 스케치한다. 거리의 소년들이 서로에게 욕을 하며 구걸하는 모습, 미군의 구두를 닦아주며 엉터리 영어로 말을 건네는 모습, 탄피로 만든 반지를 파는 모습 등을 보여주던 화면은 8분 무렵, 연설을 하고 있는 이승만 대통령의 바스트 쇼트로 급전환된다. 배경 음악도 빠른 템포의 북소리로 바뀌면서 일사불란하게 거리를 행진하는 교복 입은 학생들, 구령을 외치며 교련 시간에 훈련을 받는 모습, 관제 데모에 동원된 중·고·대학생들의 모습이 연달아 제시된다. "북진통일", "결사반대" 등 현장의 소음이 그대로 노출되는 가운데, 연설하는 이승만 대통령의 목소리나 발언대에 오른 학생의 웅변 소리만이 소거되어 있다. 그리고 데모대에서 이동한 카메라는 거리에 누워 초점 없는 눈으로 어딘가를 응시하는 '거지 소년(beggar kid)'을 엔딩 신으로 보여준다.

한편 〈Children 2〉는 최종 완성본의 8분 이후만을 선택 편집한 버전인데, 이승만 대통령의 연설 장면에서 시작하여 '거지 소년'으로 마무리된다. 이 영상은 〈Children 1〉과 동일하게 "필름 이미지 제공, 테드 코넌트 제작(Film Image Presents / A Film by Ted Conant)"이라는 크레디트와 "Children in Crisis"라는 타이틀 그리고 마지막 소년 위로 뜨는 "The End"라는 자막이 삽입된 '완성'된 형식의 영화로 편집되었다. 무엇보다 배급사가 명시된 것으로 미루어 볼 때, 〈Children 2〉 역시 동일한 제명으로 유통되었던 것으로 볼 수 있다. 이는 전체주의적 교육하에서 '동원되는 아이들' 역시 '위기의 아이들'임을 강조하기 위한 코넌트의 편집 버전인 것으로 보인다.

시어도어 코넌트는 〈위기의 아이들〉이 시네마 베리테 초기의 작품이었다고 소회했다.[10] 〈위기의 아이들〉 작업을 함께 한 이형표 감독은 1954년 서울의 아이들을 보여주는 많은 장면을 직접 촬영했는데, 콘덴서 마이크로폰(condenser microphone)을 사용하여 레코더를 군용 트럭에 숨겨둔 채 거리 촬영을 진행했기 때문에 매우 생생한 거리의 소리들을 담아낼 수 있었다고 설명했다. 이 영화는 기획 과정부터 촬영, 녹음, 후반작업에 이르기까지 이형표 감독이 다방면에서 적극 관여한 영화였지만 이승만 정부에 대한 부정적 태도를 노골적으로 드러낸 마지막 장면 때문에, 한국전쟁 중 부역 전과가 있었던 이형표 감독 본인의 의사로 크레디트에서 이름을 제외하였다.[11] 실제로 코넌트는 이승만 정권 측 인사에게 이 영화가 '공산주의적'이라는 비난을 들었으나 자신은 '서울에 관한 에세이'라고 대답했다고 증언하였다. 이 영화는 제5회 베를린국제영화제에서 상영되었다.

2. 시어도어 코넌트 제작 관련작

코넌트가 사운드로 참여하여 크레디트에 이름을 명기한 영화는 〈먼 곳의 외침〉, 〈한국에서의 만남〉, 〈고집〉, 〈긴 여정〉 네 편과 그 밖에 1956년 이후 신생활교육원 작업 및 시라큐스 컨트랙트에 의거하여 대한민국 공보실과 함께 작업한 영상들 몇 편이 있다. 이 중 〈먼 곳의 외침〉은 국제 NGO 단체인 어린이보호기금(The Save the Children Fund) 영국지부의 지원을 받아 제작된 영화로, 한국전쟁으로 고통받는 어린이들과 이들을 위한 여러 단체의 구호 활동을 보여준다. 1959년 BBC에서 방송되었다.[12] 아래에서는 그 외의 작품들에 대해서 좀 더 자세히 살펴보자.

---

10   1부 2장의 코넌트 구술, 66쪽 참고.

11   이형표 구술, 이순진 채록, 『2005년도 한국 근현대예술사 구술채록연구 시리즈 69: 이형표』, 한국문화예술위원회, 2005, 119쪽.

12   〈먼 곳의 외침〉은 2015년에 암스테르담국제다큐멘터리영화제와 멜버른국제영화제 두 곳에서 상영되었다. 이들 영화제의 작품 소개에 따르면, 이 영화는 1958년 11월에서 12월 두 달에 걸쳐 제작되었으며, 방영 이후 큰 반향을 불러 일으켰다고 한다. 어린이보호기금 영국 아카이브에 따르면, 이 영화를 연출했던 감독 스티븐 피트(Stephen Peet)는 이때의 촬영분으로 〈한국의 아이들 *Children in Korea*〉이라는 단편영화를 제작했다고 하는데, 이에 대한 정보는 찾을 수 없다. https://en.wikipedia.org/wiki/A_Far_Cry_(1959_film) (검색일: 2015년 10월 3일).

1) 〈고집〉(1952)

앞의 글들에서 언급했듯이 〈고집〉은 팻 프랭크의 시나리오를 바탕으로, 웨그가 연출을, 코넌트가 사운드를, 배글리가 촬영을 담당했는데, 코넌트가 한국에서 처음으로 제작에 관여한 영화였다. 자세한 시나리오 판본과 제작을 둘러싼 상황들에 대해서는 다른 글에서 논의되었으므로, 여기에서는 〈고집〉의 편집본이 수록된 코넌트의 영상 컬렉션을 중심으로 살펴볼 것이다.

우선 〈고집〉의 영상이 담긴 영상 자료는 〈Ko-Chip, Excellent North Korean Troops〉(이하 〈Ko-Chip〉), 〈Opening Segment of Ko-Chaip-Seoul〉(이하 〈Opening Segment〉), 〈Untitled-UNKRA Film Unit〉(이하 〈Untitled〉) 그리고 〈Seoul〉 네 편이 있다. 〈고집〉은 최종적으로 완성되어 상영되지 못했고 여러 판본으로 편집과 재편집을 거쳤던 것으로 보이는데, 이 네 편의 영상들은 그 과정에서 코넌트가 수집한 것들이다. 코넌트의 구술에 따르면, 팻 프랭크의 시나리오도 여러 차례 개작을 거쳤을 뿐 아니라 웨그가 90분짜리로 연출했던 영상 역시 발주처였던 유엔에 의해 거절당하면서 제작이 보류되었다. 코넌트는 그 후 새로 선임된 호주 출신 영화감독이 촬영한 필름을 호주로 가지고 가서 후반작업을 마친 뒤 완성본을 자신에게 보냈다고 하는데, 이 버전 역시 최종적으로 승인되지 않았다고 한다. 그러나 그는 〈고집〉이 유엔에서 유일하게 제작하여 소장하고 있는 한국전쟁 관련 영상이라고 자신의 구술에서 밝힌 바 있다.[13]

실제 〈고집〉의 완성본은 수집된 영상 컬렉션에 남아 있지 않다. 위에 언급한 네 편만이 영상 컬렉션에 포함되어 있는데, 이 네 편 모두 사운드가 없기 때문에 명확하게 어떤 시나리오를 바탕으로 촬영된 것인지를 확정하기는 어렵다. 그러나 각각의 영상이 편집된 정황은 매우 흥미롭다.[14]

〈Ko-Chip〉에는 〈고집〉의 일부와 북한군 노획 필름 일부, 다큐멘터리 형식으로 촬영된 영상의 일부와 뉴스영화의 일부 등이 뒤섞여 편집되어 있다. 영상의 앞부분은 폐허가 된 서울을 보여주는데, 파편적으로 담긴 내레이션을 통해 이 영상이 공산당 점령하의 서울을 찍

---

13   그런데 코넌트가 구술에서 〈고집〉과 〈긴 여정〉을 혼동하고 있다는 점으로 미루어 볼 때, 유엔 라이브러리에 남아 있는 영상은 〈고집〉의 마지막 편집본이 아니라 〈긴 여정〉일 가능성도 배제할 수 없다. 이에 대한 자세한 내용은 〈긴 여정〉과 관련한 다음의 내용에서 후술할 것이다.

14   이 중에서 〈Seoul〉은 폐허가 된 서울의 이모저모를 담고 있는 가운데 시장에서 쌀을 사는 〈고집〉의 한 장면이 포함된 정도이기 때문에 이 영상에 대한 분석은 따로 진행하지 않는다.

은 것이며 북한군에 의해 촬영된 것임을 알 수 있다. 이로 미루어 이 영상에 붙은 "Excellent North Korean Troops"라는 부제명은 노획 영상의 제목이었을 것으로 추측된다. 재미있는 점은 〈고집〉 부분은 사운드가 유실 혹은 배제되어 있어, 그 외에 삽입된 영상의 시끄러운 현장 소음이나 다소 격앙된 목소리의 내레이션과 배치(背馳)되어 비사실적인 느낌을 준다는 것이다.

여기에 등장하는 〈고집〉의 장면들은 '〈고집〉 개작 보고서'의 수정 내용을 충실하게 담고 있다.[15] 예를 들어, 헤이스팅스가 골동품 가게에 들어간 뒤의 쇼트 크기 변화라든가, 마지막 엔딩 신에서 고집이 홀로 폐허 속을 걸어가다가 눈물을 흘리는 장면으로 클로즈업 되는 것, 그리고 사소하게는 노크하는 손을 문고리를 두드리는 것으로 대체하거나 쇼 윈도우를 들여다보는 인물을 노파에서 어린이로 바꾼 것 등 보고서에 담긴 개작 계획이나 실행에 관한 내용들이 모두 반영되어 있다. 다만 시나리오 및 보고서에서 오프닝 신을 헤이스팅스가 PX에서 나오는 장면으로 설정하고 있는 것과 달리 이 영상에서는 고집이네 가족의 해체를 보여주는 장면을 가장 먼저 배치했다는 것, 그리고 기순이가 공산당에 저항하는 장면이나 고집이가 학교에서 공부하는 장면이 삭제되어 있다는 점에서, 이 영상이 개작 보고서 이후에 추가 편집된 것임을 유추해볼 수 있다.

한편 〈Opening Segment〉는 매우 흥미롭게도 〈Ko-Chip〉이 보여주지 않는 많은 영상을 포함하고 있다. 헤이스팅스가 내레이션을 하고 오프닝 시퀀스를 담당하며 영순이를 돌봐주는 등 중요한 역할로 설정된 시나리오나 〈Ko-Chip〉과 달리, 이 버전에서 헤이스팅스는 고집이 자개함을 파는 장면과 영순이가 입원하는 장면에서 단 두 번 등장하며 그마저도 존재감이 미미하다. 그보다 이 영상은 고집과 기순을 중심으로 편집되어 고집 남매의 역경에 더 방점을 둔다. 특히 기순이 고집에게 화를 내며 싸우는 것처럼 보이는 장면이나 시장에서 고무신을 신어보고 가격을 묻는 장면 그리고 속치마만 입고 거울을 보면서 옷매무새를 매만지는 장면 등은 2부 1장 문서 컬렉션의 「해제: 1950년대의 한국영화를 보완해주는 기록들」에서 분류한 시나리오 개정본이나 3차본 또는 개작 보고서에는 등장하지 않는 장면이다. 오히려 팻 프랭크의 시나리오 버전인 1차본에서 기순이가 양공주가 될 것이라고 암시하는 장면들이 등장하는데, 이 장면들이 그에 해당한다고 볼 수 있다. 그러나 팻 프랭크의 시나리오대로 첫 장면

15   2부 1장의 「문서 컬렉션 부록1: 소장 문서」에 수록된 [소장 문서 4] 참고.

을 헤이스팅스로부터 시작하는 것이 아니라, 아버지와 형이 공산당에게 잡혀가고 어머니가 폭격에 맞아 사망하는 장면을 압축적으로 제시한다는 점과 공산주의자 삼촌이 등장한다는 점에서 이 영상은 개정본 시나리오로 촬영을 마친 상태에서 재편집된 것으로 추측해 볼 수 있다. 제목은 "Opening Segment"이지만, 영화의 주요 사건들을 선택, 편집하여 기승전결의 구성을 보여준다는 점에서 이 영상을 또 다른 버전의 완성본으로도 볼 수 있을 듯하다.

마지막으로 〈Untitled〉에는 위의 두 영상에서 쓰인 서울 시내 곳곳을 보여주는 일부 장면들과 연출된 듯한 전투 장면들이 포함되어 있다. 그리고 병원에 누워 있는 영순이와 그를 간호하는 헤이스팅스의 장면들이 길게 이어진다. 위의 두 영상이 〈고집〉의 내용을 서사적으로 배열하고 있는 것에 비하여, 〈Untitled〉는 선형적으로 편집되지 않고 편집점을 그대로 노출시킨다는 점에서 푸티지에 가깝다고 할 수 있다.

코넌트는 이 영화의 완성에 못내 아쉬움을 가지고 있었던 것으로 보인다. 그는 구술에서 이 영화의 대사를 모두 소거하고 내레이션과 음악만을 넣어 자신의 스타일로 재편집하였으나 유엔에서 거절했다고 말한 바 있다. 대사가 모두 소거된 편집본 영상인 〈Ko-Chip〉과 〈Opening Segment〉는 일종의 실험영화 같은 느낌을 준다. 또한 두 영상이 보여주고자 하는 것이 미묘하게 달라지는 지점은 매우 흥미롭다. 거친 환경을 이겨내고 운크라의 도움에 힘입어 씩씩하게 살아가는 한국의 청소년을 그리겠다는 영화의 제작 의도는 고집 남매의 운명이 과히 낙관적이지 않을 것임을 암시적으로 보여주는 엔딩 신(〈Ko-Chip〉에서 눈물 흘리는 고집이의 얼굴 클로즈업, 〈Opening Segment〉에서 기순이 양공주가 될 것이라는 암시와 폐허 속을 걸어가는 고집의 다리를 보여주는 쇼트)에서 다른 방식으로 비틀린다.

2) 〈한국에서의 만남 Encounter in Korea〉(1952)

〈한국에서의 만남〉은 원래 시나리오 단계에서는 제목이 〈불사조의 언덕 The Hill of Phoenix〉이었으나 이후에 개제되었다. 〈고집〉의 촬영감독이었던 리처드 배글리가 연출을 맡고 운크라에서 제작했는데, 이형표의 회고에 따르면 〈고집〉을 촬영하던 중에 제작되었다고 한다. 현재 컬렉션에는 두 편의 영상이 수집되어 있다. 수집 영상 중 〈Encounter in Korea〉(완성본과 구분하기 위해 이하 〈Encounter〉로 지칭)는 약 2분 20초가량의 오프닝 시퀀스만을 담고 있으며, 〈Korean Landscape Footage〉는 〈한국에서의 만남〉을 찍기 위해 촬영했던 테이크들을 담은 푸티지이다. 러닝타임이 15분가량인 완성본 〈한국에서의 만남〉은 코넌트의 구술을 기록한 동영상을 통해 확인할 수 있었는데, 이 영상은 수집되는 과정에서 누락되어 현재로서는 볼 수 있는 영상이 위의 두 편뿐이다.

〈Encounter〉가 담고 있는 오프닝 시퀀스에는 어린 소년 조가 피난민 대열에서 이탈하여 홀로 산을 오르는 장면과 오프닝 크레디트가 담겨 있다. 〈Korean Landscape Footage〉는 낙오된 군인이 공산군의 공격을 받는 장면 및 나무들을 보호하기 위해 불씨를 손으로 끄는 소년과 할아버지를 촬영한 장면들로 되어 있다. 컬럼비아대학교의 기록에 따르면, 이 중 두 테이크를 최종 편집본에 사용했다고 한다. 한편 테드 코넌트는 이 영화가 네오 리얼리즘적 스타일로 제작되어 뉴욕의 그리니치 빌리지 등 고급 극장가에서 상영되었으며 비평가들에게 좋은 평가를 받았다고 회고했다.

이 영화에서 조연출을 담당했던 이형표는 1954년 전창근 감독이 연출한 장편영화 〈불사조의 언덕〉의 시나리오를 썼는데, 〈불사조의 언덕〉[16]이라는 제명이나 유엔군에서 낙오된 군인이 한국의 민간인을 만나게 되고 민가에서 공산군과 격전을 벌인다는 등의 아이디어는 이 짧은 영화에서 비롯된 것으로 보인다. 이형표는 배글리의 영화가 서사적으로 매우 단순했다고 회고했는데, 그럼에도 반전 메시지를 담고 있는 이 서정적 단편영화는 당시 제작되었던 여타의 영화들과 매우 다른 분위기로, 또 다른 영화적 영감의 원천이 되었다고도 볼 수 있을 것이다.

3) 〈긴 여정 *The Long Journey*〉(1954)

코넌트의 영상 컬렉션에서 가장 해명하기 어려운 영화 중 하나가 〈고집〉과 〈긴 여정〉이다. 코넌트는 구술에서 〈고집〉의 마지막 편집본이 유엔 라이브러리에 〈긴 여정〉이라는 제목으로 소장되어 있다고 밝혔는데, 〈고집〉과 〈긴 여정〉에 대한 기록과 남아 있는 영상, 크레디트 등으로 미루어, 두 영상이 동일한 것이거나 원본과 재편집본의 관계라고 판단하기는 어렵기 때문이다.

유엔 영화위원회(UN Film Board) 제공, 유엔 공보국(UN DPI) 제작이라는 크레디트만이 표

---

16   〈불사조의 언덕〉(전창근, 1955): 이형표가 공보실 재직 중, 제작에 참여한 문화영화. 유엔 참전국 16개국에 배포할 목적으로 제작한 것으로, 대사는 영어로 녹음했다. 이형표 각본, 한형모 촬영, 김흥만 조명, 나애심, 한은진 출연. 김한일이 조연출로, 홍은원이 스크립터로 참여했다. 한국영화데이터베이스(KMDb) 참고.

기된 이 영상은 북에서 내려온 피난민 가족을 중심으로, 이중적 의미에서의 긴 여정(북에서 남으로 자유를 찾아 온 이들의 '긴 여정'과 재건을 향해 가는 전후 한국의 '긴 여정')을 보여준다. 그리고 세 명의 어린아이들을 둔 김 씨 부부를 중심으로 월남 탈북민이 부산에 터전을 잡고 살아가는 이야기를 통해, 운크라가 한국의 위생, 교육, 주거, 장애, 농업 등의 문제를 어떻게 돕고 교육하는지에 대한 구체적인 예시를 보여주고 있다.

인터넷무비데이터베이스(IMDb)에는 이 영화의 보다 자세한 크레디트가 수록되어 있다. 유엔과 유엔 공보국, 콜링스 프로덕션(Collings Productions) 세 곳이 제작했고, 유엔이 후원하고 운크라와 유엔 민사처(Korean Civil Assistance Command: KCAC)가 참여한 것으로 기록되어 있으며, 내레이터에 데이비드 네트하임(David Nettheim), 촬영에 제럴드 그레고르(Gerald Gregoire)와 마이클 오할로만(Michael O'Hallowman), 음악 및 녹음에 테드 코넌트가 명시되어 있다.[17] 감독에 대한 정보는 또 다른 웹사이트에서 찾을 수 있는데, 그는 제프리 콜링스라는 인물로, IMDb에 제작사 중 한 곳으로 명시되어 있는 콜링스 프로덕션의 설립자이다. 제프리 콜링스는 당시 유엔의 프리랜서 감독으로, 유엔과의 계약에 따라 세 편의 영화를 완성했으며 그중 한 편이 바로 운크라와 작업한 〈긴 여정〉이었다. 이 영화는 1956년 제6회 베를린국제영화제 경쟁 부문에서 상영되었다.[18]

이러한 영상 및 정보들을 종합해 보았을 때, 〈긴 여정〉이 〈고집〉의 마지막 편집본이라고 말한 코넌트의 기억은 다시 한 번 확인할 필요가 있다. 당연하지만 흥미로운 것은 이 영화가 특히 사운드 측면에서 생생한 현장의 소리들(거리의 아이들, 경매장, 병원 진료, 학교 어린이들의 소리)을 잘 포착하고 있다는 점이다. 특히 어린이들을 촬영한 장소나 장면들 그리고 무엇보다 '거리의 소년'들의 가감 없는 소리를 담는 시어도어 코넌트의 영상 혹은 사운드의 두드러지는

---

17   http://www.imdb.com/title/tt1825165/?ref_=fn_tt_tt_14 (검색일: 2015년 10월 12일).

18   제프리 콜링스(Geoffrey Collings): 1930년대부터 1960년까지 활동했던 호주의 사진작가이자 다큐멘터리 영화감독, 그래픽 디자이너. 1938년 영국을 방문했던 그는 다큐멘터리라는 용어를 창시하고 이론화한 것으로 알려진 존 그리어슨을 만나 다큐멘터리의 대중 교육적 효과에 대한 그리어슨의 생각과 활동에 크게 감명 받았으며, 그의 워크숍에 참석하여 다큐멘터리 영화 제작을 배웠다. 유엔의 프리랜서 감독으로 계약을 맺고 활동하던 당시 〈긴 여정〉 외에 두 편의 영화 〈자바섬의 기적 *Miracle in java*〉(1956)과 〈건설 중인 호주 *Australia Builds*〉(1957)를 만들었다. *http://www.filmaffinity. com/en/film794598.html* (검색일: 2015년 10월 12일); *http://www.arts.monash.edu.au/publications/eras/ edition-4/allen.php* (검색일: 2015년 10월 12일) 참고.

특징이 이 영화에도 그대로 재현되고 있다는 점에서 〈긴 여정〉 역시 코넌트의 중요한 영화 이력으로 별도 기재될 필요가 있을 것이다.

4) 신생활교육원 시절의 영화 〈신생활교육원 *Korean Fundamental Education Center*〉과 시라큐스 고문단 시절 공보실에서 제작한 영화들

1956년경까지 운크라와 유네스코에서 활동했던 코넌트는 기관의 영화 제작 활동이 마무리되는 단계에 이르자, 수원에 신설된 신생활교육원의 시청각 교육 담당으로 자리를 옮기게 된다. 앞서 언급했듯이, 이때 대민 교육용으로 제작한 영화가 〈춘향전〉이었으며, 〈신생활교육원〉은 이 교육 기관에 대한 전반적인 설명을 담고 있는 영화이다. 후자의 영화는 인형극과 슬라이드 필름을 이용하여 대민 교육을 하거나 영화를 촬영하는 학생들의 모습을 담은 인상적인 장면을 포함하고 있으며, 영상의 마지막 2분가량은 신생활교육원의 입학부터 졸업까지의 과정을 캐리커처 형식의 애니메이션으로 보여주고 있어 독특하고 재기 발랄한 구성이 돋보인다. 엔딩 크레디트에는 "그림 김영우"만이 명시되어 있어 코넌트의 역할을 정확히 확인하기는 어렵지만, 이 영화의 제작에 관여했으리라 짐작할 수 있다.

한편 코넌트의 영상 컬렉션 중에는 그가 시라큐스 컨트랙트에 의해 녹음 기술자로 공보실 영화과에 파견되었던 시기, 그곳에서 제작한 영상인 〈코리아 인 리뷰〉, 〈한국의 이야기〉, 〈안녕히 가세요, 콜터 장군님〉, 〈웰컴 투 모션픽처〉 등이 포함되어 있다. 〈코리아 인 리뷰〉는 다음의 '편집 영상' 관련 내용에서 좀 더 자세히 살펴볼 예정이므로, 여기에서는 나머지 영상들에 대해서만 간략히 살펴보도록 하자.

이 영상들을 이해하기 위해서는 먼저 시라큐스 컨트랙트의 '작업 계획서'를 참고해야 한다.[19] 1959년 9월 15일에 작성된 이 문서에는 시라큐스 컨트랙트 프로그램의 1960년도 목표가 정리되어 있는데, 대한민국 공보실은 한국어 버전의 뉴스릴(〈대한뉴스〉, 53릴)과 한국어 뉴스를 편집한 영어 뉴스릴 〈코리아 인 리뷰〉(12릴) 그리고 TV 영화로서 미군을 대상으로 하는 일종의 여행 가이드이자 한국 문화 소개를 목적으로 하는 〈한국의 이야기〉(10릴)와 다큐멘터리(23릴)를 제작할 계획에 있으며, 이 "원대한" 계획을 실천할 수 있도록 시라큐스 기술자들은 "도움이 되는 가능한 모든 일"을 할 것이라고 명시하고 있다. 또한 공보실에는 이런 작업

---

19   2부 1장의 「문서 컬렉션 부록 1: 소장 문서」에 수록된 "작업 계획서" 참고.

을 수행할 만한 전문 인력이 매우 부족하기 때문에 무엇보다 전문 인력 양성을 위한 교육에 힘써야 한다는 것이 강조되어 있다.

이렇게 계획되었던 영상들은 상당수 결실을 보았던 것 같다. 〈대한뉴스〉가 지속적으로 제작되었던 것은 물론, 〈코리아 인 리뷰〉와 그 밖의 뉴스영화나 문화영화들도 꾸준히 제작되었으며 시어도어 코넌트 영상 컬렉션에도 이 계획에 의해 제작된 다양한 영상이 종류별로 존재한다. 그중에서도 〈웰컴 투 모션픽처〉는 운크라와 미 국제협조처의 원조 및 대한민국 정부의 예산으로 설립된 공보실 선전국 영화과의 영화 스튜디오 준공을 기념하여 제작된 영상으로, 〈대한뉴스〉와 〈코리아 인 리뷰〉 그리고 〈한국의 이야기〉 등의 뉴스영화와 문화영화가 기획, 제작되는 전 과정을 담고 있다.

이를 참고한다면, 시어도어 코넌트 영상 컬렉션에 소장된 〈The Story of Korea no. 19〉 역시 이러한 과정을 거쳐 공보실에서 제작된 것임을 알 수 있다.[20] 이 영상에는 "Korean Classic Music"이라는 부제가 붙어 있고 궁중 음악, 창, 농악, 서민들의 노동요 등 다양한 장르의 음악을 충실히 소개하고 있다. 한편 코넌트가 구술에서 대한민국 정부의 요청으로 제작했다고 언급한 〈안녕히 가세요, 콜터 장군님〉 역시 1959년 방한한 콜터 장군에 대한 뉴스영화로, 공보실에서 코넌트를 비롯한 여러 인력들과 함께 제작한 영상일 것으로 보인다.[21]

---

20 현재 유튜브(Youtube)에는 〈The Story of Korea no. 12〉라는 제목의 영상이 게시되어 있다. 이 영상은 "Secret Garden"이라는 부제를 달고 창덕궁을 소개하고 있는데, 해당 영상에 대한 설명에는 유니버설 뉴스릴(Universal Newsreel)에서 1953년에 제작한 것으로 기록되어 있다. 대한민국 공보실에서 제작되었던 동명의 영상이 1959~1960년 시라큐스 컨트랙트의 '작업 계획서'에 따른 제작물이라 한다면, 두 영상 사이의 연관이 클 것으로 보이지는 않는다. 그런데 유니버설 뉴스릴의 1953년도 영상을 모은 DVD에서는 해당 영상을 확인할 수 없으므로, 유튜브에 게재된 제작연도 기록이 오류일 가능성도 배제할 수 없다. https://www.youtube.com/watch?v=7z3IZ2YBpts (검색일: 2015년 10월 03일).

21 1부 2장의 코넌트 구술, 64쪽 참고.

3. 기타 완성 영상

그 밖에 코넌트가 수집한 영상 중에는 그가 제작에 관여하였는지 여부를 알 수 없는 편집 완성본 영화들도 있고, 그가 수집한 것이 분명한 영화들도 있다. 후자의 경우가 바로 〈한국의 시각〉과 〈적군의 합창단 *Red Army Chorus*〉이다. 〈한국의 시각〉은 이형표가 공보처로부터 제작 의뢰를 받아서 만든 영상으로, 이형표의 첫 연출작이라 할 수 있다. 이형표의 구술에 따르면, 이 영화는 한국의 예술을 소개하고 관광을 장려하기 위해 해외 영사관에 보낼 용도로 만든 영화였다고 하며, 한형모가 촬영을 담당했다.[22] 〈적군의 합창단〉은 1943년 소련의 중앙영화제작소(Central Film Studios)가 제작하고 아트키노(ARTKINO)가 제공했는데, 러시아 합창단의 공연과 중간중간 러시아 민중들의 모습을 보여주는 영상이다. 공연은 러시아어로 진행되지만 자막은 영어로 제작되었는데, 컬럼비아대학교의 목록에 따르면 이 영상은 북한군이 서울을 점령했을 당시 서울의 극장에서 상영되었다고 한다.

한편 시어도어 코넌트 영상 컬렉션에 포함되어 있으나 그의 연관 여부를 전혀 알 수 없는 영상들이 있다. 그중 〈한국, 자유를 위한 전장 *Korea, Battle Ground for Liberty*〉은 영상 컬렉션에 두 종이 소장되어 있다. 이를 편의상 "1", "2"로 구분하면, "1"은 주인공 워커 중령이 등장하여 기강이 해이해져 있는 부대원들에게 휴전선 부근에 위치한 문산리의 전투상 중요성 등을 교육하는 내용이다. 영화 후반부의 일부를 보여주는 "2"는 워커 중령이 김 상사(최무룡)와 함께 그들의 주둔지인 임진면을 시찰하고, 부대원들의 성병 문제 등을 마을 원로들과 상의하는 장면 그리고 김 상사와 함께 그의 집으로 가서 여동생 미스 김(김지미)을 만나 함께 박물관에 가는 장면이 담겨 있다.

할리우드의 유명 감독인 존 포드(John Ford) 전기[23]에 따르면, 이 영화는 1959년 4월부터 5월까지 미 국방성(Department of Defense)의 정훈참모부(Office of Armed Forces Information and Education)가 존 포드에게 제작 의뢰한 두 편의 영화 중 한 편으로, CINCPAC(the Navy's

---

22 이형표 구술, 이순진 채록, 앞의 책, 139쪽.

23 Joseph McBride, *Searching for John Ford*, University Press of Mississippi, 2011, pp. 601-602. 이 책에서는 내한했던 존 포드가 한국에서 일부 로케이션 촬영을 마치고 귀국한 뒤 이 영화의 스크립트를 담당했던 에릭 스트럿(Eric Strutt) 소령이 일부 장면을 촬영했으며, 이후 로스앤젤레스의 스튜디오에서 할리우드의 젊은 신인들을 기용하여 촬영한 장면도 일부 포함되었다고 기록하고 있다.

Commander in Chief, Pacific)에 의해 시작된 "피플 투 피플(People‒to‒people)" 프로젝트의 일환이었다. 존 포드는 이 시기 대만에서 〈대만, 자유의 섬 *Taiwan, Island of Freedom*〉, 한국에서 〈한국, 자유를 위한 전장〉 두 편의 단편영화를 연출했다. 이 영화들은 미국의 냉전 구도 안에서 아시아 우방국들과의 친밀감을 증진시키고 반공주의 사상을 강조하려는 목적으로 제작되었다. 당시 한국의 신문은 내한했던 존 포드 감독이 김지미를 캐스팅하여 '세미다큐' 영화 〈조용한 아침의 나라〉의 촬영을 개시했다[24]고 소개했는데, 기사에서 요약한 영화의 내용과 캐스팅이 현재 남아 있는 영상 〈한국, 자유를 위한 전장〉과 일치하므로 두 편을 동일한 영화로 볼 수 있을 것이다. 현재 수집된 영상 두 편은 45분짜리 다큐멘터리 중의 일부이다. 한편 존 포드 감독은 한국전쟁 당시에도 미 해군 소속으로 방한하여, 한국전쟁에서 미군의 활약상을 그린 〈이것이 한국이다 *This is Korea*〉(1951)를 총지휘하기도 했다.

코넌트의 역할을 알 수 없는 완성 영화들의 또 다른 카테고리는 주한 미 공보원(USIS) 제작 영화들이다. 코넌트는 구술에서 운크라와 USIS 영화과는 큰 연관이 없었다고 하면서도, 시라큐스대학은 주한 미군과 함께 "민주적 영화인들을 양성"하기 위한 교육과 영화 제작을 도모했고 자신은 이것이 무모한 계획이라 생각했으나 한국에 남고자 계약을 체결했다고 밝혔다.[25] 이로 미루어 시라큐스 기술진과 그들의 영화 제작은 USIS와 일정 부분 연관이 있었을 수 있다. 그러나 실제로 USIS의 영화 제작에서 코넌트를 비롯한 이들이 어떤 구체적인 역할을 담당했는지는 지금으로서는 확인할 수 없다.

시어도어 코넌트 영상 컬렉션에는 USIS 제작 영화들 중 〈News, Selected Story〉와 〈한국뉴스〉 등의 뉴스영화, 〈나는 트럭이다 *I'm a Truck*〉와 같은 극영화가 포함되어 있다. 먼저, 뉴스영화 두 편은 제목은 각기 다르게 붙어 있으나 영상 속 원제는 "한국뉴-스"로 동일하다. 각기 주한 미 공보원 또는 리버티 프로덕션에서 제작되었다고 명시되어 있으며, 제작연도는 1952년~1953년 초로 추정된다. 그런데 고려대학교 한국사연구소 역사영상융합연구팀과 한국영

---

24   "김지미 양 출연, 포드 감독 작품 4일 촬영 개시", 《동아일보》 1959년 5월 7일, 4면.

25   1부 2장의 코넌트 구술, 73쪽 참고.

상자료원이 수집한 〈코리안뉴스 *Korean News*〉[26]나 〈리버티뉴스 *Liberty News*〉[27] 등 동일한 시기의 제작물들과 비교하면, 이 영상들이 〈코리안뉴스〉와 〈리버티뉴스〉 등에서는 사용하지 않는 "한국뉴-스"라는 자막을 사용한다는 점과 자막의 서체가 다르다는 점에서 상기한 뉴스영화들과 동일한 영상이라고 간주하기는 어렵다. 특히 〈리버티뉴스〉 첫 호가 1952년 5월에 제작되었음을 고려할 때, 〈한국뉴스〉를 〈리버티뉴스〉의 전신으로 알려진 〈전진대한보〉로 간주할 수 있을 것인지 혹은 지금까지 알려지지 않았던 공보원 제작 제3의 뉴스영화로 파악할 것인지에 대해서는 이 글에서 쉽게 결론 내리기 어렵다. 차후 더 많은 조사가 필요한 부분이다.

　마지막으로, 위의 뉴스영화들과 마찬가지로 USIS가 제작하고 김기영 감독이 연출한 〈나는 트럭이다〉 역시 시어도어 코넌트 영상 컬렉션에 포함되어 있다.[28]

편집 영상

앞서 설명했듯이, 〈대한뉴스〉와 〈코리아 인 리뷰〉의 제작에 시라큐스 기술진이 일정 부분 관여되어 있음은 주지의 사실이다. 따라서 시어도어 코넌트가 이 뉴스영화들을 수집하는 것은 과히 어렵지 않은 일이었겠으나, 주목해야 할 지점은 이 영화들을 취사선택하여 편집한 코넌

26　〈코리안뉴스 *Korean News*〉에 대해서는 현재 남아 있는 자료가 거의 없다. 미 국립문서기록보관청 (National Archives and Records Administration: NARA)에 보관된 영상과 이 영상을 설명한 문서에 따르면, 〈코리안뉴스〉는 주한 미 공보원에서 제작한 뉴스영화로, 이필우가 제작에 관여했던 〈전진대한보 *Korean in Progress*〉 뒤에 이어진 〈한국뉴스〉의 영문 이름이며, 1950년과 1951년에 제작되었다. 그러나 시어도어 코넌트 영상 컬렉션의 〈한국뉴스〉와 달리 〈코리안뉴스〉는 "세계뉴쓰"라는 자막으로 시작하여 해외 소식들을 한국어로 소개하는 영상이다. 이 뉴스영화들의 관계에 대해서는 후속 연구가 필요하다.

27　〈리버티뉴스 *Liberty News*〉는 1952년 5월에 미 공보원의 리버티 프로덕션에서 첫 호를 생산한 뒤 1967년 5월까지 16년간 제작되었으며, 극장 상영뿐 아니라 미 문화원 상영과 이동영사 상영 등을 통해 1960년대 중반까지 한국에서 가장 대중적이고 강력한 소식의 전달자로 기능했다. 〈리버티뉴스〉는 "외국소식"과 "국내소식"으로 나누어져 있다.

28　이 영상에 대한 해설은 김한상, 「냉전 체제와 내셔널 시네마의 혼종적 원천 - 〈죽엄의 상자〉 등 김기영의 미 공보원(USIS) 문화영화를 중심으로」, 『영화연구』 47호, 2011 참고.

트의 의도이다. 1958년부터 1960년까지 공보실 영화 제작에 관여하고 있었던 코넌트는 주로 3·15부정선거와 4·19혁명을 둘러싼 뉴스영화 및 그 변화에 관심을 두었던 것으로 보인다.

시어도어 코넌트 영상 컬렉션에는 이러한 뉴스영화들이 다음과 같은 제목으로 수집되어 있다. 〈Election OPI Newsreel〉, 〈First Trials of Government Leaders〉, 〈Korean Student Revolution〉, 〈Newsreel on April Revolution〉, 〈OPI Party Celebrating Election〉, 〈Preparations for 1960 Election〉, 〈Song for a Clean Election〉, 〈Voting in Village〉. 그리고 여기에 더해, 3·15정부통령 선거와 4·19혁명, 3·15부정선거 관련 피고인 공판을 다룬 〈대한뉴스〉 253호, 262호, 271호와 〈공명선거의 노래〉를 영상 없이 오디오로만 편집한 〈Korean Research Document(Town's end?)〉 한 편을 추가할 수 있다.[29] 이 중에서 〈Korean Student Revolution〉은 나머지 영상 7편을 포괄하여 30분 50초 분량으로 편집된 영상이다. 시어도어 코넌트의 영상 컬렉션 가운데 단일 주제로는 가장 많은 영상이 수집된 셈인데, 이를 통해 이 시기와 이를 다루는 뉴스릴에 대한 그의 지대한 관심을 알 수 있다.

〈Korean Student Revolution〉은 앞서 언급한 7편의 영상들을 시간 순서에 따라 편집했다. 첫 번째 영상인 〈Preparations for 1960 Election〉은 3·15정부통령 선거 직전 〈대한뉴스〉에 보도되었던 이승만 대통령의 행적 등을 발췌해서 보여준다. 예를 들면 조합장들과의 만남, 학생들과의 만남, 주한 영국 대사 등 외교사절과의 만남 및 유세 장면을 편집하여 나열한다. 다음으로 〈Election OPI Newsreel〉은 선거 직후에 제작된 영상으로 선거 운동, 투표 및 개표 현장을 보도한 〈대한뉴스〉 특보에 영문 타이틀을 붙인 영상이다. 뒤이어 선거 후 공보실이 주관한 파티에서 전성천 공보실장과 여배우 엄앵란이 춤추는 장면 등이 포함된 〈OPI Party Celebrating Election〉, 시골 마을의 투표 장면이 포함된 〈Voting in Village〉 등이 이어진다. 그 다음으로 삽입된 것은 〈Newsreel on April Revolution〉인데 4·19혁명을 보도하는 〈대한뉴스〉 바로 뒤에 같은 시기에 제작된 〈코리아 인 리뷰〉를 이어 붙였다. 마지막으로 1960년 7월에 열린 3·15부정선거 관련자들의 재판을 다룬 〈대한뉴스〉를 편집한 〈First Trials of Government Leaders〉와 〈Song of a Clean Election〉이 연결된다.

코넌트가 재편집한 이 뉴스영상들은 3·15에서 4·19와 그 이후 재판 및 총선 직전까지의

---

29   이 오디오 편집 필름은 내용상 〈Korean Student Revolution〉과 거의 유사한데, 〈Korean Student Revolution〉에 포함되어 있는 영상 중 사운드가 없는 두 편의 영상은 제외되어 있다.

과정을 대한민국 공보실의 시각으로 보여준다. 약 5개월 동안의 뉴스를 한 편으로 편집한 〈Korean Student Revolution〉은 4·19를 전후로 하여 〈대한뉴스〉가 3·15선거를 다루는 방식과 어조가 어떻게 달라지는지를 대조적으로 보여준다는 점에서 매우 흥미롭다. 무엇보다 선거 이전을 다루는 유일한 영상인 〈Preparations for 1960 Election〉은 공보실 제작 뉴스가 어떤 방식으로 친정부적 선전물로 활용되는지를 적나라하게 드러낸다. 이 영상에는 "하와이대학교 한국학센터를 위한 자료"라는 자막이 붙어 있는데, 영상의 제목처럼 이 영상은 '선거를 준비'하는 정부 제작 뉴스영화의 역할을 논하기에 좋은 자료인 셈이다. 그리고 이러한 장면들은 코넌트가 구술에서 밝혔던 《시카고 데일리 뉴스》의 기자 키즈 비치가 쓴 "미국은 이승만의 선거 선전에 어떻게 돈을 들였는가"라는 기사에 근거를 제공했던 영상이라고도 할 수 있다.

시어도어 코넌트 영상 컬렉션의 '편집 영상'을 통해 살펴볼 수 있는 또 다른 흥미로운 지점은 공보실에서 제작한 것이라도 국내용으로 제작된 뉴스영화와 해외 배포용으로 제작된 뉴스영화의 화면이 다르게 구성된다는 점이다. 4·19혁명을 다룬 〈대한뉴스〉가 비교적 온건한 시위대의 모습만을 보여주고 이들을 통제하는 경찰의 모습은 드물게 제시하는 반면, 〈코리아 인 리뷰〉는 상당히 과격한 시위 장면과 시위대를 대하는 경찰의 폭력 수위를 여과 없이 화면에 담고 있다. 4·19혁명 직후 〈대한뉴스〉 및 이승만 대통령을 미화하는 문화영화를 상당수 제작했던 공보실도 비판의 대상이 되었다는 점에서, 이 시기 제작된 국내용 뉴스릴에서 민중들을 자극할 수 있는 영상이 의도적으로 배제된 것은 아닐까 추측해볼 수 있다. 실제로 코넌트는 이에 대하여 "진짜 생활의 소리를 한국 뉴스영화에 넣지는 않았"다고 하면서 "소리를 지른다든가 구호를 외치는 소리"를 외국용 상영본에는 삽입했다고 증언했다.[30] 그의 증언처럼, 다행히 영문판 뉴스에서는 보다 사실적인 장면들이 삽입되었기 때문에 이를 통해 이승만 정부가 국민들을 대하는 태도가 적나라하게 드러날 수 있었다.

---

30   1부 2장의 코넌트 구술, 80~81쪽 참고.

스케치 영상

스케치 영상은 시어도어 코넌트 영상 컬렉션에서 가장 많은 편수를 차지하지만, 대부분 완성된 영화를 위해 촬영했던 푸티지이거나 〈대한뉴스〉 등 뉴스 화면에 등장하는 공식 행사 기록들 혹은 개인적인 기록들이다. 특히 개인적인 기록들 중에는 코넌트 개인의 관심사로 혹은 차후에 영화화하기 위해 찍어두었던 한국 곳곳의 모습들이 다수를 차지하는데, 그중에서도 가장 많은 것은 서울의 풍경을 찍은 기록물이다. 그러나 대부분의 영상이 매우 짧을 뿐더러 정확한 정보도 존재하지 않기 때문에 촬영 배경이나 시점을 정확하게 판별하는 데에는 어려움이 있다. 여기에서는 그중에서 중요하다고 판단되는 영상 몇 편에 대해서만 간략하게 설명하려 한다.

1. 영화 현장 스케치: 〈Air Force Cadet〉, 〈Bad Boy〉, 〈Making film of Korean Film "*Dream*"〉

〈Air Force Cadet〉는 공군 장교와 한 여성의 만남을 다룬 영상으로, 비편집 촬영 테이크들을 그대로 담은 것이다. 영상에 등장하는 슬레이트에는 연출에 이형표, 촬영에 PAI[31]로 표기되어 있으며, 컬럼비아대학교에서 작성한 목록에는 이 영상이 1952년에 촬영된 것으로 기록되어 있다. 무성이고 같은 장면이 여러 차례 반복되는 것으로 미루어, 이형표, PAI 등 한국 영화인들의 연습용 필름으로 보인다.

〈Bad Boy〉 역시 공원 벤치에서 영화 관련 잡지를 읽다가 카메라를 두고 간 여성이 자신의 카메라를 들고 간 남성의 뒤를 쫓다가 결국 되찾는 단순한 내용을 여러 테이크로 찍고 있는데, 다양한 각도와 앵글 그리고 편집을 통해 일종의 추격 신을 그리고 있다. 컬럼비아대학교의 목록에 따르면, 이 영상은 1952년 신상옥의 장편 영화 오프닝을 위한 러시필름이라고 기록되어 있다. 그러나 신상옥 감독의 장편 데뷔작인 〈악야〉(1952)에 대한 기록을 상기할 때,

---

31   여기서 PAI는 배성학일 것으로 추정된다. 배성학은 임병호, 임진환과 함께 진해 USIS에서 활동했던 촬영기사였다.

〈악야〉와 이 영상 사이에는 큰 관련이 있어 보이지 않는다.[32]

코넌트에 따르면, 이형표 감독은 실력 있는 촬영자였으며 신상옥 감독 역시 코넌트와 밀접한 관계를 맺으면서 1950년대 초에 다양한 영화적 실험을 하고 있었다.[33] 이러한 사실은 〈Making film of Korean Film *"Dream"*〉에서도 드러나는데, 신상옥 감독의 〈꿈〉(1955) 촬영 장면을 현장에서 스케치한 이 영상은 〈꿈〉을 컬러 필름으로 촬영해보려는 일종의 테스트 촬영이었으리라는 추측도 가능하게 한다. 코넌트가 소장한 위와 같은 영상들은 당대의 한국 영화인들과 코넌트의 친분 그리고 그들의 영화적 발전을 지원한 코넌트의 역할을 짐작할 수 있게 해준다.

2. 공식 행사 스케치

공식 행사 스케치에 해당하는 영상으로, 이승만 대통령의 80세 생일잔치를 찍은 〈Birthday Ceremony of President Rhee〉와 이승만 대통령의 주한 영국군 방문을 다룬 뉴스, 테일러 장군과 밴 플리트, 미 부통령 닉슨의 방한 등을 다룬 영상 및 1954년 조선호텔에서 열린 공연으로 추정되는 오페라 〈카르멘〉의 공연 실황 등이 존재한다. 이 중에서 가장 흥미로운 영상은 〈Panmunjum〉이다.

35mm 컬러 필름으로 촬영된 이 영상의 대부분은 여름의 판문점 회담 장면을 촬영한 것이나, 영상의 마지막 부분에는 겨울옷을 입은 기자들이 등장하는 판문점의 풍경이 덧붙여져 있다. 영상의 중심 사건은 북한군 대표 남일과 유엔군 대표 해리슨의 판문점 휴전 회담 장면이며, 그 뒤로 유엔군과 북한군 포로 송환 장면이 이어지는데, 여기서 웃옷을 벗고 기쁜 얼굴로 트럭에서 뛰어내리거나 인공기를 흔들며 노래를 부르는 듯 보이는 북한군 포로들의 모습이 인상적이다. 한편 취재를 위해 대기하고 있는 유엔군과 중공 등에서 파견된 수십 명의 기자들이 모여 환담을 나누고 낮잠을 자고 서로에게 반갑게 인사하는 등의 장면도 포함되어

---

32 한편 이형표의 구술에 따르면, 이형표가 신상옥 감독을 처음 만났던 것은 1954년경이었다고 한다. 이형표 구술, 이순진 채록, 앞의 책. 1952년경부터 코넌트와 이형표 감독이 공동작업을 통해 긴밀한 관계를 맺고 있었음을 고려하면, 코넌트는 1954년 무렵에 신상옥 감독을 처음 만났을 가능성도 배제할 수 없다.

33 1부 2장의 코넌트 구술, 64~65쪽 참고.

있다.

이 영상에 대해서는 코넌트가 구술에서 자세히 언급한 바 있다.[34] 북한 쪽의 강력한 요구로 남한을 비롯하여 자유진영의 기자들이 출입과 취재의 제한을 받던 상황에서 유엔 소속이었던 코넌트는 자유롭게 판문점을 드나들 수 있었고, 당시 한국인들에 비해 월등한 기자재를 보유하고 있었으므로 코넌트의 촬영 영상은 한국 언론에 매우 중요한 소스였음이 틀림없다. 그의 기억에 따르면, 판문점 회담과 관련해 한국에서 제작한 대부분의 뉴스릴이나 자료 화면은 자신의 영상을 사용한 것이었으며, 그 영상들이 TV에 방영되기도 했다고 한다. 유엔군 소속 배지 덕분에 코넌트는 반미 감정이 심하여 위협적이었던 상황에서도 북한이나 중공을 여러 차례 방문하여 촬영을 진행할 수 있었다.[35]

한 가지 재미있는 사실은 코넌트와 이형표 감독은 판문점을 찍은 이 영상과 한국의 사찰을 찍은 영상을 편집하여 〈판문점에서 부처님까지〉라는 영화를 기획했다는 것인데, 이 영화는 1차 편집본까지 만들었으나 완성되지는 못했다고 한다. 아마도 이때 활용하기 위해 찍은 영상일 것으로 추측되는 것은 다음의 카테고리인 '일상 스케치'에 속하는 〈Temple〉이다.

3. 일상 스케치

앞서 언급한 바처럼 일상적인 스케치 영상의 대부분은 개인 소장용이라 할 수 있다. 그중에는 〈Sokulam: Stone Cave Shrine〉과 같이 코넌트가 한국에 대한 강의를 하기 위해 만든 영상도 있고, 〈Temple〉처럼 영화 제작을 위해 촬영해둔 푸티지들도 있다. 〈한국의 예술가〉나 〈한국의 이야기〉에 사용되었을 법한 청전 이상범 화백의 작업 모습을 담은 〈Yi Song-bun〉이나 살풀이 춤을 담은 〈Korean Classical Dance〉 등도 있다.

한편 이 카테고리에서 가장 많은 분량을 차지하는 것은 〈Country Town〉, 〈Celebration〉, 〈Downtown Sketch〉, 〈Seoul〉, 〈Small Town and City〉, 〈Small Town People〉 등 도시와 시골의

34　1부 2장의 코넌트 구술, 42~45쪽 참고.

35　특히 코넌트는 영국 BBC 방송국에 다큐멘터리를 제공했던 스티븐 피트를 도와 북한에서도 촬영을 진행했다고 밝혔는데, 앞서 언급했듯이 스티븐 피트는 시어도어 코넌트가 사운드 엔지니어로 참여한 영화 〈먼 곳의 외침〉을 연출하기도 했다. 이때 스티븐 피트가 만든 영화에 대해서는 1부 2장의 코넌트 구술, 42쪽, 주 17번 참고.

일상적 풍경들을 담은 영상들이다. 이 영상들은 1950년대의 서울과 한결 평화로워 보이는 시골 마을의 풍경을 담고 있어 일상사와 같은 미시사 연구에도 유용한 자료가 될 수 있을 것이다. 그리고 보너스처럼, 10년의 시간을 건너뛰어 1970년 무렵 서울과 도쿄를 방문한 코넌트 가족의 모습을 볼 수 있는 영상 〈Seoul(R-10-Choson Hotel, Tokyo R2-3)〉도 있다.

부록4
소장 영상 목록

시어도어 코넌트 영상 컬렉션은 총 73편으로 구성되어 있다. 2009년 한국영상자료원은 시어도어 코넌트로부터 〈위기의 아이들 Children in Crisis〉 1편을 수집한 이래, 2011년 〈긴 여정 The Long Journey〉, 〈이상범 Yi Song-Bun〉, 〈영화통신: 판문점의 상병포로 교환 Operation Little Switch(Screen Report)〉 등 3편을, 미국 컬럼비아대학교 동아시아도서관으로부터 〈나는 트럭이다 I'm a Truck〉를 포함 13편을 추가 수집했으며, 2011년 말부터 2014년까지 한국학중앙연구원의 지원으로 고려대학교 한국사연구소 역사영상융합연구팀과 해외 소재 한국 기록영상물을 조사 수집하던 차에 2013년과 2014년, 컬럼비아대학교 동아시아도서관 '시어도어 코넌트 컬렉션'에 소장된 영상 56편을 추가 수집하여, 총 73편의 컬렉션 목록이 완성되었다. 여기에 정리된 영상 정보는 고려대학교 한국사연구소 역사영상융합연구팀이 작성한 정보를 바탕으로 본 단행본의 성격에 맞추어 정리한 것이며, 영상의 제목은 수집 당시의 영문 제명을 그대로 사용하였다.

A Far Cry	
제작연도	1959년
BW/COLOR	BW
제작	The Save the Children Fund, Oxford Committee for Famine Relief
연출·편집	Stephen Peet
음악	Max Saunders
한국 녹음	Ted Conant
내레이터	Peter Finch
언어	영어
상영시간	20분 34초
내용	한국의 자연과 명승고적지, 서울 및 시골의 풍경과 함께 한국전쟁으로 인한 피난민과 고아들의 모습, 보육원에서의 생활, 거리에 내몰린 아이들의 모습 및 이들을 위한 어린이보호기금(The Save the Children Fund), 미국 가톨릭구제회, 구세군 등의 구제 활동을 전달하는 영상

Air Force Cadet

제작연도	1952년 추정
BW/COLOR	BW
연출	이형표
촬영	배성학(추정)
상영시간	7분 49초
내용	공군사관생도와 한 여성의 만남을 그린 멜로드라마로 추정
특기사항	사운드 없음

Bad Boy

제작연도	미상
BW/COLOR	BW
연출	신상옥
상영시간	11분 30초
내용	한 여성이 공원 벤치에 두고 간 카메라를 집어간 남성을 쫓아가 카메라를 되찾는다는 내용의 영상
특기사항	신상옥 감독의 편집 연습 영화 사운드 없음

Barpali Orissa-India

제작연도	1955~1957년 추정
BW/COLOR	BW
언어	한국어
상영시간	10분
내용	미국의 도시와 전원주택의 삶을 통해 현대 미국 중산층 사회의 모습을 전하는 영상
특기사항	초반 한 릴 정도가 소실된 것으로 보임 원 영상은 미국 종교친우회(American Friends Service Committee)가 제작하고 코넌트가 연출한 것으로, 인도의 퀘이커교도 재건 프로그램의 중심지였던 동부 지역 바팔리(Barpali) 마을의 일상을 기록한 영상임. 본 영상의 제목은 잘못 기입된 것으로 추정됨

Birthday Ceremony of President Rhee

제작연도	1955년
BW/COLOR	COLOR
상영시간	9분 44초
내용	1955년 3월에 개최된 '이승만 대통령 제80회 탄신경축제'를 담은 영상
특기사항	〈ROK Government-Military Parade〉의 장면과 상당 부분 일치하나, 일부 장면을 추가하고 장면의 순서를 다르게 편집한 버전 사운드 없음

Celebration

제작연도	미상
BW/COLOR	COLOR
상영시간	7분 11초
내용	한국의 잔치 모습을 기록한 영상
특기사항	영상의 후반부, 우봉 이매방 선생의 승무(중요무형문화제 제27호) 모습이 기록되어 있음. 사운드 없음

Children in Crisis 1

제작연도	1955년
BW/COLOR	BW
제작	Ted Conant
연출	Ted Conant ·이형표
언어	영어, 한국어
상영시간	10분 14초
내용	6·25전쟁 직후 어린이들의 열악한 환경을 고발하는 영화. 전쟁으로 폐허가 된 서울에서 구걸을 하고 구두를 닦거나 각종 물건을 팔며 생계를 연명하는 어린이들의 모습을 묘사
특기사항	전반부의 거리 아이들 장면은 영상 컬렉션 〈Children in Crisis: Beggar Kids, Shoeshine Boys in Seoul〉의 쇼트들과, 후반부의 북진통일을 촉구하는 학생들 시위 장면은 영상 컬렉션 〈Children in Crisis 2〉와 동일. 본 영상이 〈Children in Crisis〉의 최종본으로 추정됨 이 작품은 후에 Film Images를 통해 배급된 것으로, 크레디트 타이틀에 Film Images Presents라 명기되어 있음

Children in Crisis 2

제작연도	1955년
BW/COLOR	BW
제작·연출	Ted Conant
언어	영어
상영시간	2분 37초
내용	1953년 6~7월경 전국적 규모의 북진통일 촉구 학생 시위로 추정되는 모습이 기록된 영상
특기사항	영상의 후반부, 거리에 누워 있는 어린이 장면은 〈Children in Crisis: Beggar Kids, Shoeshine Boys in Seoul〉의 장면과 동일

Children in Crisis: Beggar Kids, Shoeshine Boys in Seoul

제작연도	1955년
BW/COLOR	흑백
상영시간	4분 20초
내용w	한국전쟁 이후 가난으로 거리에 내몰린 한국 어린이들의 모습을 기록한 영상
특기사항	사운드 없음

Country Town

제작연도	미상
BW/COLOR	COLOR
상영시간	1분 5초
내용	농촌 마을의 풍경을 기록한 영상
특기사항	〈Small Town and City〉의 일부 장면과 중복 사운드 없음

Downtown Sketch

제작연도	미상
BW/COLOR	COLOR
상영시간	2분 24초
내용	시내 거리의 어린이들의 모습을 기록한 영상
특기사항	사운드 없음

Election OPI Newsreel	
제작연도	1960년 3월
BW/COLOR	BW
제작	공보실 영화과
언어	한국어
상영시간	9분
내용	3·15정부통령 선거의 선거 운동, 투표·개표 현장 등을 보도한 〈대한뉴스〉 특보에 영문 타이틀 롤을 추가한 영상

Encounter in Korea	
제작연도	1952년
BW/COLOR	BW
제작	United Nations Korean Reconstruction Agency
연출·각본	Richard Bagley
촬영	임병호
사운드	Ted Conant
조연출	이형표
편집	Walter Ruchersberg
출연	이승만, 우희완, Lt. Chales Pitts
언어	영어
상영시간	2분 21초
내용	한국전쟁 교전 중 통신이 끊겨 낙오된 군인이 산의 묘목을 돌보는 한국인 노인과 소년을 만나 겪는 이야기를 다룬 영화로, 해당 영상은 전체 15분 분량 중 2분가량의 도입부임

Farewell General Coulter (General Coulter Favorite Son of Korea)

제작연도	1959년
BW/COLOR	BW
언어	영어
상영시간	6분 35초
내용	6·25전쟁의 영웅이었던 콜터(John B. Coulter) 장군이 자신의 동상 제막식 참석을 위해 한국을 방문, 이승만 대통령 등 여러 인사 및 기관을 방문하는 모습을 기록한 뉴스 영화

First Trials of Government Leaders

제작연도	1960년
BW/COLOR	BW
제작	공보실 영화과
언어	한국어
상영시간	4분 32초
내용	1960년 7월 5일 서울지방법원에서 열린 3·15 부정선거 관련자들의 심리 및 1960년 7월 29일 예정된 총선거 입후보 현황과 감독기관 회의 모습을 전하는 〈대한뉴스〉 제271호에 영문 타이틀 롤을 추가한 영상

Gen. MacArthur, Good Shots of Refugee, Good Shots of War Footage

제작연도	1950년, 1960년
BW/COLOR	BW
언어	한국어
상영시간	6분 2초
내용	6·25전쟁의 비극과 북한군의 만행, 미국과 유엔에 의한 대한민국 원조 내용을 홍보하는 영상
특기사항	영상의 앞부분 "유엔의 대한민국 원조" 영상(1950년, 유엔사령부 제공) 이후 1분가량 "새로 단장된 김포공항"(출처 미상)이라는 제목의 1960년 김포공항 종합청사 준공 뉴스가 삽입되어 있음

General Taylor	
제작연도	미상
BW/COLOR	BW
상영시간	10분 20초
내용	한국에서 1953~1955년까지 제8군 사령관으로 복무한 맥스웰 테일러 장군의 방한 환영식을 기록한 영상. 후반부는 이승만 대통령의 제9사단 방문 소식을 전함
특기사항	전반적으로 사운드가 없으나 중반부에 영어 내레이션 사운드가 삽입되어 있음

General Van Fleet	
제작연도	미상
BW/COLOR	COLOR
상영시간	7분 8초
내용	밴 플리트 장군의 환영식을 기록한 영상
특기사항	사운드 없음

I'm a Truck	
제작연도	1953년
BW/COLOR	BW
제작	리버티 프로덕션·한국차량재생회
연출	김기영
언어	한국어
상영시간	17분 35초
내용	6·25전쟁으로 파손된 트럭을 재생하는 과정을 트럭의 일인칭 시점으로 기록한 문화영화

Ko-Chip, Excellent North Korean Troops	
제작연도	1952년
BW/COLOR	BW
언어	한국어
상영시간	27분 17초
내용	한국전쟁의 실황과 전쟁으로 파괴된 서울 시가지, 피난민과 전쟁고아들의 모습, 서울 탈환 등을 보여주는 뉴스영화와 〈고집〉으로 추정되는 극영화의 일부 장면이 섞여 있는 영상
특기사항	〈고집〉으로 추정되는 영상은 사운드 없음

Korea, Battle Ground for Liberty 1	
제작연도	1959~1960년 추정
BW/COLOR	COLOR
제작	United States Air Force, Korean Film Corporation
연출	John Ford
출연	Mark Tapscott
언어	영어
상영시간	11분 8초
내용	휴전 이후 10년 뒤, 문산리에 주둔한 미군들의 훈련과 일상생활을 보여주는 영상. 주인공 워커 중사가 해설자로 등장함
특기사항	〈Korea, Battle Ground for Liberty〉 본편의 도입부 일부를 발췌한 영상

Korea, Battle Ground for Liberty 2	
제작연도	1959~1960년 추정
BW/COLOR	COLOR
제작	United States Air Force, Korean Film Corporation
연출	John Ford
출연	최무룡, 김지미, Mark Tapscott
언어	영어, 한국어
상영시간	17분 40초
내용	주인공 워커 중사가 연대장과 함께 임진면사무소를 방문, 미군과 임진면 간의 갈등을 중재하고 4H클럽 창안을 제안, 한국인 김 상사(최무룡)와 그의 여동생(김지미) 등, 김 상사의 가족과 친목을 쌓는 모습을 그린 영상
특기사항	〈Korea, Battle Ground for Liberty〉 본편 일부 장면을 발췌한 영상으로, 본 영상 중반부, 내용이 급작스럽게 끊기고 다른 장면으로 전환. 후반부 역시 장면이 끊기고 엔딩 크레디트로 전환됨. 엔딩 크레디트에는 다음과 같이 명기되어 있음. Produced for the Office of Armed Forces Information and Education, Department of Defense, for the Pacific Command "People-To-People Program."

Korea in Review no.10	
제작연도	1959년 10월
BW/COLOR	BW
제작	공보실 영화과
언어	영어
상영시간	13분 18초
내용	10월 24일 유엔의 날 기념행사, 콜터 장군의 동상 제막식(이태원) 참석, 한강의 에어쇼, 농촌 추수 풍경, 백일장·미술전시회 등의 문화 생활, 국민학교 운동회 등을 기록한 〈Korea in Review〉 10호와 한국의 서예를 소개하는 푸티지가 합쳐진 영상

Korea News (British Military Parade for Coronation)

제작연도	1953년
BW/COLOR	COLOR
상영시간	4분 14초
내용	주한 영국군 부대를 방문한 이승만 대통령의 모습을 기록한 영상
특기사항	사운드 없음

Korea-Suwon

제작연도	미상
BW/COLOR	BW
상영시간	2분 14초
내용	수원 지역 남녀교사의 활동상을 소개하는 영상
특기사항	사운드 없음

Korean

제작연도	미상
BW/COLOR	BW
언어	한국어
상영시간	8분 27초
내용	6·25전쟁 당시의 인적·물적 피해와 유엔군의 원조를 기록한 영상
특기사항	내레이션 사운드가 고르지 못한 것으로 미루어, 여러 출처의 영상이 조합된 것으로 추정됨. 중반부 〈Children in Crisis〉의 마지막 쇼트가 삽입되어 있음

Korean Artist	
제작연도	1955년
BW/COLOR	COLOR
제작·연출	Ted Conant
상영시간	13분 32초
내용	한국의 고적지와 전통회화, 민속놀이, 현대회화, 현대적 여가 생활, 농촌 풍경 등을 기록한 영상
특기사항	사운드 없음

Korean Classical Dance	
제작연도	미상
BW/COLOR	BW
상영시간	6분 15초
내용	한국 전통 무용 '살풀이'를 촬영한 영상
특기사항	중반부 이후 살풀이 촬영 영상이 끝나고, 극영화의 한 장면으로 추정되는 촬영분과 어린이들의 쇼트가 덧붙여져 있음 사운드 없음

Korean Classical Dancer, Seoul	
제작연도	미상
BW/COLOR	BW
상영시간	4분 34초
내용	한국 전통 무용 '살풀이'를 촬영한 영상
특기사항	사운드 없음 〈Korean Classical Dance〉의 전반부, 살풀이 촬영분과 동일한 영상

Korean Fantasy	
제작연도	1955년
BW/COLOR	COLOR
제작	Ted Conant
연출	Ted Conant, 이형표
언어	영어
상영시간	15분 43초
내용	시골 마을의 생활 풍경과 전쟁으로 폐허가 된 모습, 재건되어가는 모습, 한국의 전통문화 등을 보여주는 영상
특기사항	시어도어 코넌트 문서 컬렉션 중 코넌트의 영상 배급 정보가 적힌 문서 "Asian Studies: Korea"에 〈Korean Fantasy〉의 상영시간이 15분으로 기재되어 있는 것으로 미루어 본 영상이 〈Korean Fantasy〉라는 제명으로 유통된 최종본이라 추정됨

Korean Fantasy	
제작연도	1970년 8월
BW/COLOR	COLOR
상영시간	19분 25초
내용	도시 서울의 풍경을 기록한 영상
특기사항	사운드 없음 영상 후반부, 한 가정의 식사 장면 삽입

Korean Film-Titles(Korean Research Document Film)	
제작연도	미상
언어(자막)	영어
상영시간	10분 30초
내용	시어도어 코넌트가 수집한 영상을 재편집하기 위해 작업한 것으로 추정되는 타이틀 필름으로, 〈Preparations for 1960 Election〉의 초반부에 삽입된 타이틀을 비롯하여 "OPI, ROK Archival Footage, Seoul 1960", "The Fall of Rhee, The Student Revolution" 등의 타이틀이 묶여 있는 영상

Korean Fundamental Education Center(신생활교육원)

제작연도	1957~1958년 추정
BW/COLOR	BW
그림	김영우
상영시간	9분 20초
내용	신생활교육원의 생활을 소개하는 영상. 시각 자료를 활용한 교육 방식, 과외 활동, 영상 교육 장면 등을 소개하고, 이 내용을 일러스트레이션으로 정리하여 전달하는 영상
특기사항	사운드 없음

Korean Landscape Footage

제작연도	1952년
BW/COLOR	BW
제작	United Nations Korean Reconstruction Agency
연출·각본	Richard Bagley
촬영	임병호
출연	이승만
상영시간	4분 32초
내용	〈Encounter in Korea〉의 일부 장면으로, 비편집 촬영분으로 추정
특기사항	촬영 조수이자 주인공인 이승만의 클로즈업·바스트 쇼트 등이 여러 차례 촬영되어 있음 사운드 없음

Korean Perspective

제작연도	1953년
BW/COLOR	COLOR
제작	공보처 영화과
연출	이형표
언어	영어
상영시간	26분 40초
내용	한국의 자연경관과 명승고적을 소개하는 영상

Korean Research Document(Town's end?)

제작연도	1960년
언어	한국어
상영시간	38분 8초
내용	조선민주당 간부의 이승만 대통령 방문, 이승만 대통령의 정무활동, 3·15선거의 준비와 전개 및 결과, 4·19 발발과 이승만 대통령의 하야, 3·15부정선거의 주요 피고인 공판 내용 등, 〈대한뉴스〉 253호, 262호, 271호의 일부 내용과 출처 미상의 영어 방송을 편집한 사운드 필름. 사운드 필름의 후반부, "공명선거의 노래"가 덧붙여져 있음
특기사항	영상 없음

Korean Student Revolution

제작연도	1960년
BW/COLOR	BW
언어	한국어
상영시간	30분 50초
내용	1960년 3·15선거 및 진행 과정을 기록한 〈대한뉴스〉 특보(시어도어 코넌트 영상 컬렉션 제목: Election OPI Newsreel)와 한 시골마을의 투표 장면을 담은 〈Voting in Village〉, OPI 파티 푸티지인 〈OPI Party Celebrating Election〉, 4·19혁명을 전하는 〈대한뉴스〉 262호와 〈Korea in Review〉 15호를 붙인 〈Newsreel on April Revolution〉, 3·15부정선거 공판을 전하는 〈대한뉴스〉 271호를 편집한 〈First Trials of Government Leaders〉, "공명선거의 노래"를 홍보하는 〈Song for a Clean Election〉을 이어붙인 영상

Korean Traditional Arts

제작연도	미상
BW/COLOR	COLOR
상영시간	9분 4초
내용	한국 전통회화 및 미술품, 서예 등을 보여주는 영상
특기사항	〈Korean Artist〉와 일부 쇼트 중복 사운드 없음

Korean War–US troops	
제작연도	미상
BW/COLOR	BW
상영시간	30분 46초
내용	2차 대전 종식으로 기뻐하는 군인과 민간인들의 모습, 전쟁으로 폐허가 되는 사회를 묘사한 상징적 그림과 사진, 세계사의 다양한 전쟁의 참상을 기록한 영상들을 편집한 영상
특기사항	사운드 없음

Making Film of Korean Film "*Dream*"	
제작연도	1955년
BW/COLOR	COLOR
상영시간	4분 29초
내용	신상옥의 1955년 영화 〈꿈〉의 촬영 현장을 기록한 영상
특기사항	사운드 없음

Memorial Ceremony	
제작연도	1953년
BW/COLOR	COLOR
상영시간	5분 3초
내용	1953년에 개최된 육·해·공 삼군 전몰장병 합동위령제 과정을 기록한 영상
특기사항	사운드 없음

News: Selected Story (한국뉴스)	
제작연도	1953년 1월 추정
BW/COLOR	BW
제작	주한 미 공보원(USIS) 리버티 프로덕션
언어	한국어
상영시간	7분 38초
내용	'국내소식'으로 덴마크 병원선 유트란디아 호의 전재민 치료와 소방대원 화재 진압 현장, '서울 대 부산 권투시합', '화랑소년단 소식', '행복산 보육원', '겨울을 맞은 한국전선' 등의 소식을 전하는 뉴스영화

Newsreel on April Revolution	
제작연도	1960년
BW/COLOR	BW
언어	한국어, 영어
상영시간	16분 37초
내용	4·19를 보도하는 〈대한뉴스〉 제262호와 해외 공보용 〈Korea in Review〉 15호를 이어 붙이고, 영문 타이틀 롤을 추가한 영상

Old Titles, neg.	
제작연도	1955년
BW/COLOR	BW
언어	영어
상영시간	1분 8초
내용	한국전쟁 발발 소식을 알리는 신문기사 헤드라인을 시작으로, 역사학자들이 전쟁의 의미를 기록할 것이며 아이들의 얼굴을 통해 전쟁을 되돌아볼 수 있다는 내용을 전달하는 자막 영상
특기사항	〈Children in Crisis〉(최종본) 오프닝 타이틀의 자막과 유사한 것으로, 상기 영화를 위해 작업한 자막 가편집본으로 추정됨

Opening Segment of Ko-Caip-Seoul	
제작연도	1952년
BW/COLOR	BW
제작	United Nations
연출	Alfred Wagg
촬영	Richard Bagley
상영시간	4분 36초
내용	〈고집〉의 일부 영상. 주인공의 아버지와 형이 북한군에게 잡혀가는 장면, 어머니가 죽는 장면, 미군 간호장교에게 자개함을 파는 장면 등 수록
특기사항	〈Ko-Chip, Excellent North Korean Troops〉 중 〈고집〉의 영상과 일부 중복 사운드 없음

Opera "Carmen"	
제작연도	1954년 12월 추정
BW/COLOR	COLOR
상영시간	5분 36초
내용	1954년 12월 14일 유엔 한국경제조정처 후원으로 조선호텔 대모도실에서 개최된 오페라 〈카르멘〉의 공연 실황을 기록한 영상으로 추정
특기사항	사운드 없음

Operation Little Switch(Screen Report) [영화통신: 판문점의 상병포로 교환]	
제작연도	1953년 추정
BW/COLOR	BW
제작	주한 미 공보원(USIS) 리버티 프로덕션
언어	한국어
상영시간	9분 56초
내용	1952년 12월, 제네바 국제적십자 연방위원회의 상병포로 교환 결의 보도 및 판문점 상병포로 교환 현장을 기록한 〈영화통신〉 영상

OPI Party Celebrating Election	
제작연도	1960년 3월
BW/COLOR	BW
상영시간	55초
내용	1960년 3월 공보실 축하연을 담은 영상
특기사항	사운드 없음

Panmunjum	
제작연도	1952~1953년 추정
BW/COLOR	COLOR
상영시간	17분 42초
내용	북한 대표 남일과 유엔군 대표 해리슨의 판문점 휴전회담 장면, 회담장 인근에서 대기 중인 양측 군인들의 모습, 유엔군과 북한군 포로 송환 장면 등을 기록한 영상
특기사항	전반적으로 사운드가 없으나, 후반부에 일시적으로 사운드가 삽입되어 있음

Parade	
제작연도	미상
BW/COLOR	COLOR
상영시간	6분 16초
내용	휴전협정을 반대하는 관제 데모에 동원된 학생들의 모습 등을 기록한 영상
특기사항	사운드 없음

Personal Footage Seoul	
제작연도	미상
BW/COLOR	COLOR
상영시간	4분 50초
내용	서울의 전경 및 한국과학기술원의 모습 등을 기록한 영상
특기사항	사운드 없음

Preparations for 1960 Election	
제작연도	1960년
BW/COLOR	BW
언어	한국어
상영시간	3분 11초
내용	〈대한뉴스〉 제253호의 경무대 소식 및 다른 제호의 이승만 대통령 김천시 유세 장면을 조합한 영상
특기사항	영상 앞에 "Korean Research Document Film. Prepared for the Center for Korean Studies, University of Hawaii, by Theodore R. Conant"라는 자막이 삽입되어 있음

Red Army Chorus	
제작연도	1943년
BW/COLOR	BW
제작	Central Film Studios, USSR
제공	ARTKINO
연출	O. Podgoretskaya
촬영	S. Semionov
언어	영어, 러시아어
상영시간	10분 14초
내용	러시아 민요를 소개하는 영상
특기사항	북한군의 서울 점령 시 극장에서 상영되었던 영상

ROK Government—Military Parade	
제작연도	1955년
BW/COLOR	COLOR
상영시간	5분 44초
내용	1955년 3월에 개최된 '이승만 대통령 제80회 탄신경축제'를 기록한 영상
특기사항	〈Birthday Ceremony of President Rhee〉의 장면과 상당 부분 일치하나, 장면의 순서를 다르게 편집한 버전 사운드 없음

Seoul	
제작연도	미상
BW/COLOR	BW
언어	한국어
상영시간	7분 51초
내용	한국의 고적지와 서울 도시의 풍경 및 6·25전쟁으로 폐허가 된 서울의 모습 등을 기록한 영상
특기사항	출처 미상의 여러 영상들을 편집한 것으로 추정되며, 후반부에 〈고집〉으로 추정되는 짧은 장면이 삽입되어 있음 일부 푸티지에는 사운드 없음

Seoul	
제작연도	1972년 추정
BW/COLOR	COLOR
상영시간	17분 15초
내용	조선호텔 일대의 고층건물과 상가 등이 자리한 서울의 풍경을 촬영한 영상
특기사항	사운드 없음

Seoul (R-10-Choson hotel, Tokyo R2-3)	
제작연도	1970년대 초반
BW/COLOR	COLOR
상영시간	9분 16초
내용	조선호텔과 환구단 위주로 촬영된 서울의 풍경과 일본 도쿄의 시가지 풍경 및 촬영자 가족들의 모습을 기록한 영상
특기사항	사운드 없음

Seoul (United Nations Review)

제작연도	미상
BW/COLOR	BW
제작	United Nations Television
출연	John MacVane
언어	영어
상영시간	6분 44초
내용	유엔 텔레비전에서 제작한 〈United Nations Review〉로, 운크라와 유엔 민간원조사령부의 원조에 의한 한국 재건 상황을 전달하는 영상
특기사항	한국 재건 상황을 보여주는 삽입 영상은 출처 미상의 여러 푸티지들을 편집한 것으로 추정됨

Small Town And City

제작연도	미상
BW/COLOR	COLOR
상영시간	12분 43초
내용	시골의 풍경과 고적지 및 경복궁 등의 풍경, 민속춤 등을 담은 영상
특기사항	사운드 없음

Small Town People

제작연도	미상
BW/COLOR	COLOR
상영시간	2분 31초
내용	농촌 풍경과 함께 보육원으로 추정되는 곳의 아이들을 기록한 영상
특기사항	사운드 없음

Sokulam: Stone Cave Shrine

제작연도	1955년
BW/COLOR	COLOR
언어	영어
상영시간	2분 31초
내용	석굴암 소개 영상

Song for a Clean Election (공명선거의 노래)

제작연도	1960년
BW/COLOR	BW
언어	한국어
상영시간	1분 56초
내용	1960년 7월 29일 총선을 앞두고 공명선거를 선전하는 "공명선거의 노래"를 담은 공보실 제작 영상에 영문 타이틀 롤을 추가한 영상

Spring Fragrance (춘향전)

제작연도	1957년 추정
BW/COLOR	COLOR
감독	Ted Conant
그림·촬영·녹음	김영우
언어(자막)	한국어, 영어
상영시간	8분 53초
내용	춘향전의 줄거리를 삽화로 표현한 영상
특기사항	애니메이션. 사운드 없음

Temple

제작연도	미상
BW/COLOR	COLOR
상영시간	1분 55초
내용	절에서 불공을 드리는 모습을 기록한 영상
특기사항	사운드 없음

The Long Journey

제작연도	1954년
BW/COLOR	BW
제작	United Nations Dept. Public Information
언어	영어
상영시간	27분 30초
내용	자유를 찾아 북한에서 남한으로 피난 온 한 농부 가족을 중심으로 한국전쟁으로 인한 가난과 전쟁고아 등의 문제를 묘사, 운크라의 한국 재건 활동을 보여주는 영상

The Story of Korea no. 19

제작연도	1959~1960년 추정
BW/COLOR	BW
제작	공보실 영화과
언어	영어
상영시간	13분 30초
내용	한국 전통 음악의 종류와 역사를 보여주는 영상

Untitled—UNKRA Film Unit

제작연도	1952년
BW/COLOR	BW
제작	United Nations
연출	Alfred Wagg
촬영	Richard Bagley
상영시간	7분 59초
내용	〈고집〉의 일부로, 전쟁의 모습과 서울의 일상, 폐허가 된 서울의 모습을 기록한 푸티지와 함께 주인공의 여동생이 교통사고 후 병원으로 이송되어 간호장교의 보살핌을 받는 장면, 주인공이 사고 현장에 떨어진 조각난 베틀 부품을 주워 담는 모습, 주인공의 부축을 받으며 퇴원하는 여동생의 모습 등이 수록된 영상
특기사항	〈Ko-Chip, Excellent North Korean Troops〉 중 〈고집〉의 영상과 일부 중복 사운드 없음

Vice President Nixon	
제작연도	1953년
BW/COLOR	COLOR
상영시간	2분 58초
내용	미국 닉슨 부통령의 1953년 방한 환영 행사를 기록한 영상
특기사항	사운드 없음

Voting in Village	
제작연도	1960년 3월
BW/COLOR	BW
제작	공보실 영화과
언어	한국어
상영시간	22초
내용	농촌마을에서 주민들이 투표하는 모습을 담은 영상
특기사항	공보실 제작 뉴스영화의 일부 푸티지에 영문 타이틀 롤을 덧붙인 영상

Welcome to Motion Pictures	
제작연도	1959년
BW/COLOR	BW
제작	공보실 영화과
언어	한국어
상영시간	9분 37초
내용	보도기술 개량사업의 일환으로 운크라와 미 국제협조처의 원조를 받아 진행된 공보실 영화과의 시설 및 기자재 구축과 영화 제작 과정을 소개하고 〈대한뉴스〉, 〈Korea in Review〉, 〈The Story of Korea〉 등 공보실 제작 영상과 그 역할을 소개하는 영상

With the Quakers in Korea	
제작연도	1954년 추정
BW/COLOR	BW
제작	Friends Service Unit, Kunsan, Korea
제작지원	United Nations Korean Reconstruction Agency
연출	Ted Conant
언어	영어
상영시간	20분 1초
내용	군산 피난민 마을에서의 친우봉사회(퀘이커교도)의 의료·생활·교육 원조 등을 소개하는 영상

Yi Song-Bun	
제작연도	미상
BW/COLOR	BW
언어	영어
상영시간	4분 20초
내용	근대 한국화의 대표 산수화가 청전 이상범의 산수화 창작 모습을 기록한 영상

한국뉴스	
제작연도	1952~1953년 추정
BW/COLOR	BW
제작	주한 미 공보원(USIS) 리버티 프로덕션
언어	한국어
상영시간	7분 17초
내용	유엔 민사처가 운영하는 순회 의료반 활동, 전재민 주택 재건, 전쟁고아 보육 시설, 양로원 시설 등의 원호 활동을 소개하는 영상

이방인이 기록한 전후 한국, 영화

시어도어 코넌트 컬렉션

초판 인쇄	2015년 12월 15일
초판 발행	2015년 12월 21일
기획	한국영상자료원
펴낸이	류재림
펴낸곳	한국영상자료원
주소	서울시 마포구 월드컵북로 400
출판등록	2007년 8월 3일 제313-2007-000160호
대표전화	02-3153-2001
팩스	02-3153-2080
이메일	kofa@koreafilm.or.kr
홈페이지	www.koreafilm.or.kr
편집 및 디자인	현실문화연구(02-393-1125)
총판 및 유통	현실문화연구

값 25,000원

ISBN 978-89-93056-53-2 93680